主　编：陈　恒

光启文库

光启随笔

光启文库

光启随笔　　光启讲坛
光启学术　　光启读本
光启通识　　光启译丛
光启口述　　光启青年

主　编：陈　恒

学术支持：上海师范大学光启国际学者中心

策划统筹：鲍静静
责任编辑：秦　原
装帧设计：纸想工作室

商务印书馆（上海）有限公司　出品
The Commercial Press (Shanghai) Co.Ltd

大师的传统

王 路 著

图书在版编目（CIP）数据

大师的传统 / 王路著. —北京：商务印书馆, 2022
（光启文库）
ISBN 978-7-100-20713-3

Ⅰ.①大… Ⅱ.①王… Ⅲ.①哲学家—生平事迹—世界　Ⅳ.①K815.1

中国版本图书馆 CIP 数据核字（2022）第025882号

权利保留，侵权必究。

大 师 的 传 统

王　路　著

商 务 印 书 馆 出 版
（北京王府井大街36号　邮政编码100710）
商 务 印 书 馆 发 行
山 东 临 沂 新 华 印 刷 物 流
集 团 有 限 责 任 公 司 印 刷
ISBN 978-7-100-20713-3

2022年6月第1版	开本 889×1194　1/32
2022年6月第1次印刷	印张 12

定价：68.00元

出版前言

梁启超在《清代学术概论》中认为,"自明徐光启、李之藻等广译算学、天文、水利诸书,为欧籍入中国之始,前清学术,颇蒙其影响"。梁任公把以徐光启(1562—1633)为代表追求"西学"的学术思潮,看作中国近代思想的开端。自徐光启以降数代学人,立足中华文化,承续学术传统,致力中西交流,展开文明互鉴,在江南地区开创出海纳百川的新局面,也遥遥开启了上海作为近现代东西交流、学术出版的中心地位。有鉴于此,我们秉承徐光启的精神遗产,发扬其经世致用、开放交流的学术理念,创设"光启文库"。

文库分光启随笔、光启学术、光启通识、光启讲坛、光启读本、光启译丛、光启口述、光启青年等系列。文库致力于构筑优秀学术人才集聚的高地、思想自由交流碰撞的平台,展示当代学术研究的成果,大力引介国外学术精品。如此,我们既可在自身文化中汲取养分,又能以高水准的海外成果丰富中华文化的内涵。

文库推重"经世致用",即注重文化的学术性和实用性,既促进学术价值的彰显,又推动现实关怀的呈现。文库以学术为第一要义,所选著作务求思想深刻、视角新颖、学养深厚;同时也注重实用,收录学术性与普及性皆佳、研究性与教学性兼顾、传承性与创新性俱备的优秀著作。以此,关注并回应重要时代议题与思想命题,推动中华文化的创造性转化与创新性发展,在与国外学术的交流对话中,努力打造和呈现具有中国特色的价值观念、思想文化及话语体系，为夯实文化软实力的根基贡献绵薄之力。

文库推动"东西交流"，即注重文化的引入与输出，促进双向的碰撞与沟通，既借鉴西方文化，也传播中国声音，并希冀在交流中催生更绚烂的精神成果。文库着力收录西方古今智慧经典和学术前沿成果，推动其国内的译介与出版；同时也致力收录汉语世界优秀专著，促进其影响力的提升，发挥更大的文化效用；此外，还将整理汇编海内外学者具有学术性、思想性的随笔、讲演、访谈等，建构思想操练和精神对话的空间。

我们深知，无论是推动文化的经世致用，还是促进思想的东西交流，本文库所能贡献的仅为涓埃之力。但若能成为一脉细流，汇入中华文化发展与复兴的时代潮流，便正是秉承光启精神，不负历史使命之职。

文库创建伊始，事务千头万绪，未来也任重道远。本文库涵盖文学、历史、哲学、艺术、宗教、民俗等诸多人文学科，需要不同学科背景的学者通力合作。本文库综合著、译、编于一体，也需要多方助力协调。总之，文库的顺利推进绝非仅靠一己之力所能达成，实需相关机构、学者的鼎力襄助。谨此就教于大方之家，并致诚挚谢意。

清代学者阮元曾高度评价徐光启的贡献，"自利玛窦东来，得其天文数学之传者，光启为最深。……近今言甄明西学者，必称光启"。追慕先贤，知往鉴今，希望通过"光启文库"的工作，搭建东西文化会通的坚实平台，矗起当代中国学术高原的瞩目高峰，以学术的方式阐释中国、理解世界，让阅读与思索弥漫于我们的精神家园。

上海师范大学光启国际学者中心
2020年3月

序　言

"哲学"一词的希腊文字面意思是"爱-智慧"。最初读哲学著作，以为自己懂哲学的时候，并不知道这个意思，觉得它给人启迪，有些深奥，可以"引用"，可以"炫耀"。进入专业学习多年以后，才知道哲学是科学，柏拉图、亚里士多德、康德、黑格尔、弗雷格、罗素等一系列闪光的名字，本身就是荣耀。学习他们的著作，懂得了什么是经典；读懂经典，才在哲学中进步，才像今天这样登堂入室。

我学英语出身，读逻辑专业有些误打误撞。感谢恩师周礼全先生给了我一个学习的机会，还使我认识了金岳霖先生，并在金先生工作过的哲学所、创建的逻辑研究室工作21年。这一段学习和工作的经历弥足珍贵，不仅与金先生的学生和同事建立起深厚的友谊和情感联系，还有幸认识了贺麟先生，并和他的学生及同事成为朋友。当然，还有哲学所许多不同专业的师友，年长的和年轻的，他们引领并伴随我成长进步。

离开哲学所到清华工作至今20年。清华哲学系是新建系，口口声声"继承金岳霖传统"，我才意识到有这样一个传统，我也开始反思和认识这样一个传统。在我看来，无论是不是有一个金岳霖学派，假如它有一个传统的话,那就是为学术而学术。这是一种科学精神,中国传统文化不乏学而优则仕、学以致用、理论联系实际的传统,唯独没有这个传统,因而缺乏这样的精神。在今天这个急功近利的时代,在喧嚣焦躁的学界,宣扬这种精神总会显得有些不合时宜,这其实恰恰表明,我们缺乏这样的精神。

逻辑和哲学来自西方。在过去几十年中我到过德国、英国、美国、荷兰等国家学习和访问,与外国学者交流,有幸结识达米特、辛迪卡、谢波斯等著名哲学家,和许多学者成为好友。这些交往改变了自己一些固有的认识,极大提高了我的哲学眼界,不仅使我看到哲学是可以这样理解和认识的,更使我认识到,哲学研究是应该这样做的。他们对我的帮助实实在在,正所谓他山之石可以攻玉。

近年来我提出哲学就是形而上学,哲学是关于认识本身的认识,以此将哲学与其他科学区别开来。我还提出加字哲学,以此将形而上学与其他哲学区别开来。我认识到,在我国,大行其道的是加字哲学,比如中国哲学、马克思主义哲学,而不是形而上学,不是那种逻辑和哲学结合在一起的哲学。我以为,哲学本来是可以不加字的。

本书收集大致两类短文,一类是自己过去20多年的读书随笔,是自己研究论著以外的另一类文字。结集整理时发现,虽是短文,但多是关于经典哲学家及其著作思想的认识,关于哲学的观念和性质的认识。所以,虽然不是学术论文,仍然与学术相关,少了些学术的严谨,多了些阅读的趣味。

另一类与自己的老师、同学、朋友相关,与自己的学术生涯相关。1978年我读研究生时23岁,风华正茂,是同学中最年轻的。那是一个特殊的年代,有些同学年长我20岁,同窗3年,我们成为好友。1983年我出国学习,认识了几位年长我许多的德国老师,成为终身朋友。近年来一些老师、学兄相继离去，令我悲痛。时常怀念他们，感到自己确实也有些老了。这类文字又分两类，一类是写来交给报纸杂志的，另一类是日记，有的经朋友之手在微信群中发出。前者有斟酌修改，是文章；后者只是触景生情，有感而发，未加修饰。再次阅读，与师友相聚的日子历历在目，对师友的怀念，不仅是情感的继续，而且是学术的延伸：把我们凝聚在一起的，是情感，也是哲学。

最后一部分不是随笔，而是为自己一些专著写的序。它们不是专著，而是关于那些专著的，记录了一些相关的故事。将它们选编在一起有两个想法，一是从中可以看出我的学术思想和认识的一些发展轨迹，二是反映出我对"传统"的一些认识。一个传统是由一些人形成的：前人开创，后人继承，大致说来不错。以前我也是这样认为的，20年前我在《寂寞求真》（中国文联出版社，2000年，第117页）中曾写下：

> 我来到逻辑室工作的时候，金先生已待在家里，不来室里了。两年以后我就去德国读书，84年金先生去世的时候，我也不在北京。所以我和金先生的接触很少很少。如今我保留着几张和金先生的照片。其中有一张是82年金先生学术活动56周年纪念大会上的一个情景。当时，正式的大会刚刚结束，金先生还坐在主席台上，我在金先生身边为他拿着话筒。四周围着胡乔木、胡愈之、周培源、于光远、钱昌照等人。这张照片曾经出现在不少书刊上。为此，室里的师友有时候开我的玩笑，说我也快成名人了。其实，照片上的我不

过是一个毛头小伙子，才跨入研究领域不久。岁月如流，人总有两鬓霜白的时候。一旦真是到了那一天，我们是不是都能像金先生那样呢？

这段话多少体现了这种认识。今天我对继承传统有了一些新的认识，这就是，继承传统重要，但更重要的是超越。超越很难，不是标新立异，不是填补空白，不能靠花拳绣腿，要在把握传统的实质上、继承上前行，要超越前人，要在学术上做出扎扎实实的贡献，做出能够推动学科发展的贡献。

最后一篇是十几年前的一个访谈，其最后一节的题目是"我们这一代人是铺路石"。这是40年前我们那批研究生常说的话。我喜欢这个比喻，它可以让你在正确地认识自己的时候有一个基调，同时成为一种鞭策。

去年我从清华大学退休，接受了郑州大学盛情邀请，任新成立的哲学学院特聘首席教授。无论如何，"铺路石"依然是我的认识，也是我的想法，不同之处是，40年后的今天，我可以对它做出注释，这就是：面向未来，继承传统，超越传统。

感谢好友商务印书馆陈小文总编辑！他建议以"大师的传统"为名，并对文集的结构编排提出了很好的意见。

感谢商务印书馆上海分馆鲍静静总编辑！她对本文集的出版给予了极大的关注和帮助。

感谢商务印书馆上海分馆秦原编辑为本书的出版付出的辛勤劳作!

感谢商务印书馆上海分馆所有为本书出版付出辛劳的同志!

王　路

2021年6月

目录

序　言　　　　　　　　　　　　3

哲学家

永远的柏拉图　　　　　　　　3
思想巨人亚里士多德　　　　　10
康德的意义　　　　　　　　　13
从《小逻辑》到《逻辑学》　　18
没有保留下来的文字　　　　　24
感受"胡塞尔档案馆"　　　　31
在哲学史的主线上　　　　　　40
我喜欢的哲学家　　　　　　　49
走近哲学家　　　　　　　　　55

哲学与学术传统

哲学家的理解　　　　　　　　65
为学术而学术　　　　　　　　70

大学者的大学问	75
不聪明的哲学家	85
大师的传统	93
哲学所的学术传统	105
世纪之交话逻辑	109
历史源头话哲学	113

前辈与老师

金岳霖先生与清华大学哲学系	119
陈康先生的学术理念	130
追思汪子嵩先生	141
天真奇特	146
周礼全先生的四本书	151
童真童趣	161
如今,他真的走了	165
追思梁存秀先生	170
叶秀山先生的哲学追求	175
一生只为哲学想	183
怀念敬爱的李赋宁先生	188
怀念王炳文先生	193
没齿不忘是师情	197

同学和朋友

怀念老苏　　　　　　　　　　　　203
怀念吴元梁学兄　　　　　　　　　210
纪念刘奔学兄　　　　　　　　　　215
怀念翁绍军学兄　　　　　　　　　222
怀念杨成凯学兄　　　　　　　　　225
怀念老毕　　　　　　　　　　　　229
怀念徐奕春　　　　　　　　　　　233
悼好友小邵　　　　　　　　　　　237

外国前辈、老师和朋友

感受奎因　　　　　　　　　　　　243
走访达米特教授　　　　　　　　　257
向往戴维森　　　　　　　　　　　267
逻辑的创新与应用　　　　　　　　271
怀念辛迪卡　　　　　　　　　　　283
怀念Bob　　　　　　　　　　　　 287
怀念谢波斯教授　　　　　　　　　294
怀念尼尔斯　　　　　　　　　　　304
德雷本教授　　　　　　　　　　　311

继承与超越

逻辑的观念 321
"是"与"真" 326
一"是"到底论 336
逻辑与哲学 342
逻辑的视野 346
求真不辞漫漫修行 355

哲学家

永远的柏拉图

拉斐尔的名画《雅典学院》气度非凡：古希腊建筑金碧辉煌，学员众生簇拥着柏拉图和亚里士多德，如众星捧月；柏拉图身披红袍，手指向天，亚里士多德蓝装素裹，手心朝地，两人对视交流，暗示着不同风格趣向的哲学观与学说。刚出版的《柏拉图全集》中译本选用画中的柏拉图做封面，那向上的手指似乎在诉说着什么；而在封底，比肩的柏拉图和亚里士多德，给人无限的遐想。

不知道柏拉图的人大概不多。"理念论""实体说""洞穴假说"等如今已是哲学讨论的常识；"哲学王"的政治理想更是闻名遐迩。他建立的学院以开创了教育和学术自由的传统而流芳百世；他对诗人的批评，他对诗歌、音乐、绘画的评论，他的对话文体和散文风格，成为文学艺术研究不尽的话题。他教育培养了多少学生，大概无法统计，但是有亚里士多德一人，足以名垂千古。

柏拉图十分尊敬老师，这与我们中国人有些相像。在许多对话中，他的老师、古希腊最著名的思想家苏格拉底都是主角。通过这些对话，我们知道了苏格拉底的奇闻逸事，他的思想学说，包括他的视死如归，他的"助产士"的称号，以及他那著名的格言"知道自己无知"。不过，在柏拉图的笔下，苏格拉底不是完人，他有出错和无助的地方，也有受窘和被冷落的时候。这样的师生关系反映出求知求真的传统。"吾爱吾师，吾更爱真理"，亚里士多德为它做出了最精辟的注解。

我喜欢拉斐尔的这幅画，也愿意把柏拉图和亚里士多德放在一起比较。过去常常企图从柏拉图的著作中阅读亚里士多德的思想，如今则总是努力在亚里士多德的著作中寻找柏拉图的痕迹。我相信思想是有传承的，不会像花果山的石猴那样凭空蹦出来。没有思想来源的所谓原创往往没有根基，注定是浅薄无知的。真正开创性的工作无疑是伟大的，但是，看不到它的渊源，对它的理解难免失之肤浅。

柏拉图与亚里士多德的思想有很大不同，最大的区别却是在学科的分类。柏拉图的著作涉及哲学、政治、伦理、教育、艺术、数学等诸多方面，却几乎从来也没有对这些方面进行分门别类的论述，亚里士多德则区分出逻辑、修辞、物理学、天文学、动物学、形而上学、诗学等等。其实，在柏拉图的著作中也可以看到对学问的探讨和对学科的提及，他曾经提到学习几何学、天文学等，他的学园门口还有一块牌子，上面写着"不懂几何学者莫入"。因此我们大概很难说在柏拉图那里没有学科的分类。亚里士多德的著作都是后人按照他的手稿整理编排的，许多著作的名称也是编者所加，比如"工具论"和"形而上学"。一些学科也由此而得名。一如从"工具论"产生了逻辑，从"形而上学"产生了形而上学。但是从学科的意义上讲，柏拉图的著作没有分门别类的论述，所有思想都散见在那些对话之中，而亚里士多德的著作本身就是这样分门别类论述的，从而为后人以学科的方式整理编辑提供了可能。虽然一些学科的名称为后人所取，但是分类研究的工作却是他本人亲自做的。学科分类至关重要。正是这种学科分类促进了分门别类的研究，从而形成科学，并最终导致科学的形成和发展。

柏拉图与亚里士多德不同，也导致对他们理解的差异。千百年来，西方的思想研究要么追溯到柏拉图，要么追溯到亚里士多德。但是在过去的几十年里，有一种声音突出强调要回到柏拉图。有人甚至认为，以往对柏拉图的理解和解释，包括亚里士多德对他的解释，都是错误的。这种观点认为，亚里士多德分学科的做法是错误的，应该回到柏拉图，甚至回到苏格拉底和前苏格拉底，回到那种对思想的综合、整体的思考，因此应该重新理解柏拉图。持这种观点的人虽然不是多数，却也颇有影响。不过，我对它却深表怀疑。

由于年代久远和知识背景的差异，今天一般读者阅读柏拉图的著作有时会感到难解和乏味：讨论一个问题为什么会有那么冗长的论证？而烦琐的讨论为什么最后好像往往不了了之，要么是从已知到不知。比如，为了获得政治家的定义，仅仅一个划分就用好几页,而对知识讨论了几十页,最后却不过得出知识不是什么。难怪与苏格拉底对话的人会在讨论后说:"我现在比以前更加茫然了。"甚至苏格拉底本人也说:"经过大量研究,我发现自己比没研究之前更加困惑。"编译者说:"苏格拉底经常竭尽心智,就一些无关紧要的事情做出许多错综复杂的论证。"这样的说明太过取巧,无法令人满意。我们还是不得不认真思考,像苏格拉底和柏拉图这样有大智慧的思想家,为什么会进行如此"错综复杂"的论证?

阅读柏拉图的著作,我也有这样的感觉。但是通过对比亚里士多德,我终于明白,不是我们比苏格拉底和柏拉图更聪明,而是我们从他们那里受益,才有了今天的知识结构,才会提出对他们的疑问。他们的讨论是为了求知,他们的论证是为了追求知识的确定性。当智慧的运作超出经验的水平而追求普遍性的时候,就不能仅凭常识做出断定,更不允许随心所欲信口开河,而必须回答疑问和批评,解释并论证自己的观点,由此导致对所讨论问题不断深入的追问。如果不是为了求知,苏格拉底怎么会常说自己"不知"?如果不是为了追求知识的确定性,柏拉图为什么要进行那样冗长笨拙的论证?这里的精髓是求真。在科学没有形成、逻辑没有产生的时代,这样的讨论和论证恰恰是对科学性的追求,反映的正是一种科学的精神。有了它,人们不仅会对问题不懈地深入探讨,也会形成对问题的专门研究。正是继承和发扬了这种精神,才有了亚里士多德的学科分类,才有了我们今天的科学。

对话是一种文体，也是一种从事哲学研究的方式。我们常说的"辩证法"同样也来源于古希腊，原本的意思是"论辩术"，指两个人之间的诘问和回答。对话是人际思想的交流。对话者相互之间不仅试图阐述自己的立场观点，而且努力反驳对方的立场观点，由此形成思想的碰撞和交锋。以对话的方式阐述自己的思想，在哲学史上不乏其人，贝克莱、休谟、莱布尼兹，以及维特根斯坦都有这方面的杰作。但是开创哲学对话文体先河的无疑是柏拉图。与其说这是一种哲学文体，不如说这是一种哲学方式。它离不开关于正确与错误的思考，核心就是求真的论证。在这样的思维活动中，没有高高在上的权威，大家都有阐述自己观点的权利；没有人为的思想禁区，人人都可以进行批判和质疑。即使我们今天习惯于哲学专著的写作，因而抛弃了这种对话的形式，似乎变成一个人在独白，但是难道我们不依然是在与他人进行对话吗？哪一本好的哲学书不是在讨论前人和同时代人提出的问题？又有哪一本好的哲学书不是在期待着别人的提问和批评？对话的前提是平等，平等的实质是思想自由。柏拉图不仅在学园亲身实践了思想自由的学术精神，而且以这些对话为后人展示了活生生的思想自由的实践。

柏拉图是杰出的思想家。他思考什么是民主，什么是正义，探讨国家机制的改革。他认为，"只有正确的哲学才能为我们分辨什么东西对社会和个人是正义的。除非真正的哲学家获得政治权力，或者出于某种神迹，政治家成了真正的哲学家，否则人类就不会有好日子过"。在历史上，哲学王的理念受到无数赞誉，即使在今天，也有不少哲学家对它念念不忘。确实，哲学家搞政治的大有人在。亚里士多德做过亚力山大大帝的老师，罗素坐过牢，萨特认为哲学不与政治结合就没有意义，乔姆斯基至今仍然在写犀利的政治檄文。不过，哲学与政治毕竟不是一回事。不知道这些人对柏拉图的理念如何理解，我倒是认为，柏拉图的"哲学王"理念值得深入研究，但是千万不要从字面上来理解，否则太过肤浅。在柏拉图的时代，学科尚未划分，因此，他所说的"哲学王"绝不是今天学科分类以后的哲学家，而是智慧和理性的代表，是社会中最富有知识学养、充满自由平等精神、追求科学理念的人。正是在这种意义上，"哲学王"的理念至今仍有意义。

柏拉图是伟大的哲学家。他的哲学反映了古希腊哲学的风貌，也体现出哲学的根本特征。这就是哲学的不确定性。古希腊哲学家们最初不仅问"世界的本原是什么？""什么是正义？""什么是幸福？"，而且给出自己的回答。他们的回答虽然丰富多彩，却也蕴涵了不确定性。这种不确定性暴露出人类认识能力的局限，同时展示了人类理性的根本特征：人类对未知领域充满了好奇心和探索精神，不懈地追求对普遍性的认识，执着地思考先验问题。这样一种认识活动形成了早期的哲学，并且成为孕育各种自然科学和社会科学的母体。亚里士多德区分出智慧的层次，提出"第一哲学"，大概是对哲学最初的划分。进入近代社会以后，随着科学的发展，许多具有确定性的东西作为独立的学科从哲学独立出去了，但是哲学的基本精神没有变，即对未知领域的探索、对普遍性的追求、对先验问题的思考依然没有变，因此哲学的包容性依然存在。由于这种包容性，哲学谈论的范围可以比较广泛，可以从各种不同的学科汲取素材和营养。但是，正由于许多科学已然独立门庭，哲学就必须也有自己的专门领域。因此它必须想办法把来自其他学科的东西变成自己的东西，使之成为哲学。哲学家可以谈天说地，也可以点评政治、经济、文化、社会、历史、思想，但是绝不能以为所谈论的东西就一定是哲学。要想把这些内容变成哲学，必须要符合哲学自身的机制，必须要有哲学自己的东西。以柏拉图为楷模，人们确实可以包罗万象地谈论，并以哲学著称。但是，正由于有亚里士多德，有亚里士多德以后的发展，我们必须对自己的谈论进行反思，必须质疑自诩的哲学。

第一次读《柏拉图全集》是在20年前明斯特大学图书馆，一排浅绿色的布面精装小开本让人过目不忘。10年前在圣安德鲁斯一家旧书店购买了一套英文版《柏拉图全集》，灰色的封面也许意味着"理论是灰色的"。如今案头又摆放着一套刚刚出版的《柏拉图全集》中译本。褐色的封面，朴实无华，柏拉图站在那里，成为我永久的陪伴。开放的学习使我们深切感到，柏拉图是人类思想文化的一个宝贵源头。流逝的岁月无声地告诉世人，中国的学术确实是在扎扎实实地进步。

（原载《中华图书商报》2003年8月1日）

思想巨人亚里士多德

如果有人问谁是西方哲学史上最伟大的哲学家,我一定会毫不迟疑地回答:亚里士多德。即使说亚里士多德是西方历史上最伟大的思想家,我也是不会反对的。因为他对西方思想文化的贡献和影响不是局限于某一个或几个领域,而是方方面面的,特别是,他在众多的领域中做出了开创性的贡献,他对西方思想文化的根本倾向产生了重大和持久的影响。因此,对亚里士多德,无论怎样评价也不会过高。

自然科学和社会科学发展到今天,有两个非常显著的特点。一个是分门别类,另一个是各门学科除了专门研究外,还有史学的研究。各科学者可能是出于对本学科的钟爱,总是愿意回顾它丰富的历史,追寻它那悠久的起源。然而,无论是自然科学的还是人文社会的,许多学科的源头竟然都是亚里士多德。站在今天的立场,我们当然不能说,亚里士多德是所有学科之父。但是,他至少是逻辑学、形而上学、物理学、生物学、心理学、伦理学、政治学、方法论等学科的创始人。其实，只要开创了这些学科中任意一门，都可以当之无愧地承受"伟大"二字，更何况它们都是出自亚里士多德一人！

哲学史的著作一般把哲学的起源追溯到苏格拉底以前，直至泰勒斯。但是它们又都认为，是亚里士多德使哲学与其他智慧和学问真正区别开来，成为一门成熟的学科。因此，亚里士多德对于哲学这门学科的产生、形成和发展做出了开拓性的贡献。海德格尔的说法则更明确：在赫拉克利特那里尚还没有哲学，哲学是到了亚里士多德时代才产生的。海德格尔的说法可能有些极端，但是仔细想一想，它与上述哲学史著作的一般说法其实也不是完全不一致的。一门学科能够与其他学科区别开，独立起来，标志着这门学科的成熟，因为在这个时候，它的内在机制一定是真正明确地显示出来了。正是这种机制的显露，才为它的发展奠定了坚实的基础。亚里士多德的工作恰恰就是揭示出哲学的本质，从而哲学家们才能考虑形而上的东西。在这种意义上说，海德格尔确实也是很有道理的。因此，无论如何，作为哲学家，亚里士多德的成就是任何人所无法比拟的。

也许有人会不以为然，因为毕竟可以从不同的角度来评判哲学家和思想家。既然标准可以不同，也就没有争论的必要，自己有个看法就够了。

亚里士多德研究的东西极为广泛，除上述领域外，还包括修辞学、诗学等，可以说，他几乎研究了他所处时代的一切领域，而且几乎都有开创性的成就。他的著作不仅为我们展现了这许许多多学科的雏形，而且表现出一位思想巨人对这些学科独特的认识和深刻的见地。从中我们可以看到古人的聪明才智，西方的思想源流，以及古希腊的灿烂文化。亚里士多德的思想无疑是人类文明非常宝贵的财富和十分重要的遗产，因此，多少年来，亚里士多德思想的研究一直随着人类文化的长河在流动，激荡着富有生机的浪花。

1923年，英国著名哲学家、亚里士多德学者罗斯先生（W. D. Ross）出版了名著《亚里士多德》。他在书中丝毫没有使用"最伟大的"这样的字眼，最高的评价大概就是序中的一句话："亚里士多德思想的真谛已成为所有受过教育的人的文化遗产的一部分，并且是相当大的一部分。"但是，罗斯先生通过客观的笔调，对亚里士多德的生平和思想做了全面而通俗的介绍，特别是对亚里士多德的逻辑学、自然哲学、生物学、心理学、形而上学、伦理学、政治学、修辞学和诗学进行了深入浅出的阐述和解释，把一位伟大的哲学家和思想家非常丰满地展示在我们面前。该书多次再版，始终不衰，被《英国哲学百科全书》称为至今仍是用英文全面解释亚里士多德著作的最好的书。翻译这本书，已是15年前的事情了。今天，我的研究兴趣早已转移，但是看到这本刚出版的译著，仍然思绪万千。读着书中那些十分熟悉的思想，我不禁又想起德国著名莱布尼兹研究专家谢波斯（H. Schepers）教授对我说过的一句话："亚里士多德总是十分重要的！"

（原载《中华读书报》1998年5月13日）

康德的意义

　　康德的思想对我们来说实在是太熟悉了。他的"永久和平论"是人们的热门话题；他的"头顶的星空和心中的道德律"之说被人们广为称颂。似乎谁都知道他的"哥白尼革命"，还知道他关于自由、意志的论述。至于像分析判断和综合判断的区别，人们似乎更是耳熟能详。哪怕是没有读过康德的著作，人们好像也知道"三大批判"。

　　不仅如此，康德的生平我们似乎也了如指掌。众所周知，他几乎没有离开过哥尼斯堡这座小城；他与费希特的交往直至分道扬镳被人们津津乐道；他的生活规律守时，他的活动成为周围人时间的坐标，被人们说得活灵活现；人们甚至会讲述一个神话般的故事：他在教堂前彻夜凝立，任凭雪花纷飞，随着晨钟的鸣响，《纯粹理性批判》中的不朽思想诞生了！

　　康德的伟大是公认的。但是对他的伟大之处，人们的看法可能各有不同。在我看来，康德是一位伟大的哲学家。他的伟大在于他站在哲学的主线上，继承了西方哲学自古希腊以来的主要传统，批判了西方哲学中对这种主要传统的侵害，从而使这种传统更加鲜明和明确地凸现出来；他提出了一系列极为深刻的问题，并且对这些问题做出了回答，形成了理论，从而为后来的研究和发展奠定了基础，提供了极为宝贵和丰富的思想资源。

西方的哲学传统，简单地说，就是形而上学。在柏拉图的对话中我们看到，苏格拉底一遍又一遍地问什么是知识，每一次尝试的回答又使他产生更深的困惑。亚里士多德则明确地说，求知是人类的本性，他由此出发探求一种不依赖于任何学科的关于"是什么"的认识。而当笛卡尔鲜明地提出"我思故我是"（*cogito ergo sum*）之后，与认识相关的"思"的问题完全凸现出来。在康德看来，柏拉图和亚里士多德代表了关于认识的两个传统，一个是理性的传统，一个是经验的传统。而他所做的，就是基于这个传统，探讨认识和认识的能力，努力使这样一种探讨成为科学。人们一般认为，古希腊哲学的探讨是本体论的，近代哲学的探讨是认识论的。在我看来，重要的不在于康德的探讨究竟是本体论的还是认识论，而在于他的探讨始终没有脱离这样一个传统。康德关于柏拉图和亚里士多德的解释可能并不是完全有道理的，康德对已有哲学的批判也可能并非完全正确，但是他明白无误地告诉我们，我们的一切认识都以经验开始，但是除了有经验的认识以外，还有一些认识不是经验的，而是超验的；同样，我们的认识不仅要依靠经验，而且要依靠理性。认识到这一点，我们也就可以清楚地看到，康德是如何继承和发展了古希腊哲学的。

谈论康德，我们都知道上述思想非常重要。这些思想如今已是常识，即使不联系康德，我们也不会轻易地忽视它们，因为它们已经成为我们讨论的基础和出发点。由此我们可以看到康德思想对于我们的一个重要意义。但是在我看来，就康德的哲学遗产而言，还有比这些思想更为重要因而也更加值得重视的东西，这就是康德提出和论证这些思想的方式。

如何能够使形而上学成为科学，绝不是一句空话。康德告诉我们，应该从可靠的科学出发，借鉴可靠的科学为我们提供的思想方法，运用我们的理性，用概念的方式把我们的思想认识尽可能清晰准确地表达出来。在《纯粹理性批判》中，康德从逻辑出发，运用逻辑提供的概念和框架，建立起相应的概念和框架，并且由此出发建立起自己的思想体系。康德的理论体系如何，结果怎样，乃是可以讨论的，但是他运用逻辑的理论和方法来建立形而上学这门科学的努力乃是不言而喻的。

现代哲学的发展发生了很大的变化。简单地说，它可以归结为英美分析哲学和欧洲大陆哲学，再简单一些，则可以说它以语言哲学和现象学为代表。现象学的开创者是胡塞尔，他提出的问题与康德确实不同，但是他研究问题的方法，与康德大致没有什么区别。他的所有研究都是从逻辑研究开始的，这与康德所说的从可靠的科学出发如出一辙。至于他的学派、学生和追随者是不是（愿意或者实际上）遵循他的教导，沿着他的道路前进，那是他们自己的事情，也是他们自己应该思考的事情。分析哲学似乎与康德分道扬镳，有的分析哲学家甚至说："一切形而上学的命题都是没有意义的。"在我看来，就从逻辑出发，运用逻辑的理论和方法来从事哲学研究而言，分析哲学与康德是一致的，区别仅仅在于，康德因循的是基于亚里士多德创建的传统逻辑，而分析哲学使用的是基于弗雷格建立的现代逻辑。因此，从方法论的意义上说，分析哲学与康德哲学的精神是一致的。认识到以上问题，也就可以看到康德思想对于我们的另一个重要意义。

康德的意义是多方面的。但是，认识到思想内容和方法论两个方面的意义，不仅有助于我们理解康德哲学、理解现象学和语言哲学，从而理解后者与康德哲学之间的关系，理解康德哲学与古希腊哲学之间的关系，而且有助于我们理解西方哲学的主线，从而更好地理解西方哲学。

康德著作的译介一直是我国学者孜孜以求的事业。老一辈学者如蓝公武、关文运、宗白华、韦卓民、苗力田等，如今一线学者如杨祖陶、邓晓芒、李秋零、韩水法等，他们都为这一事业做出巨大的贡献。康德全集的出版，不仅为广大中国读者接近、理解、研究康德提供了一个平台，也为我们理解康德的时代以及那时德国的思想文化提供了丰富的资料。为此我要感谢译者李秋零教授，他用自己多年的辛勤工作，使人们阅读康德的愿望得以实现！感谢中国人民大学出版社，在他们的帮助下，康德全集中译本终于问世，广大中国读者终于可以阅读康德，终于可以走进康德所展示的精神世界！

《康德著作全集》的翻译可以说是一项过程，竟然由李秋零教授一个人独立完成，这几乎是不可想象的事情：他不仅完成了一次翻译工作，也为我们提供了一项重大学术成果。唯一可以理解的是，这项成果体现了一种学术的方式。它告诉我们，哲学研究是个人的事情，需要长期潜心的阅读和思索，付出艰辛的努力。这种方式与目前学界的运作方式——组织团队申请项目、量化成果满足名目繁多的学科点申请和评议、借助媒体来炒作和提高知名度、根据头衔来评判学术水平的高低等等——乃是格格不入的。我们都知道，为了撰写《纯粹理性批判》，康德曾经沉寂了10年。他的学术生涯为我们诠释了一个简单的道理：学术是学者的第一生命，学术研究是学者的生活方式。不知在翻译康德全集的漫长过程中，李秋零教授是不是以康德为楷模。我想说的是，对于康德，我充满了景仰，而对李秋零先生，我表示深深的敬佩！

（原为参加《康德著作全集》翻译出版座谈会的发言稿）

从《小逻辑》到《逻辑学》

1950年，黑格尔的名著《小逻辑》中译本首次出版，去年岁末，它的一个新译本《逻辑学》又悄然问世。旧本译者贺麟先生已然仙逝，新本译者梁志学先生也步入了古稀之年。半个多世纪的岁月印证了我国西学研究的艰难历程，两个译本体现了师生两代乃至几代学者矢志不渝的求真精神。

在我国，黑格尔是幸运的，又是不幸的。由于他的哲学被看作马克思主义的三个来源和组成部分之一，他的辩证法又是马克思主义辩证法的先驱，因此在改革开放以前很长的时间里，他是少数可以被翻译介绍的西方经典作家之一。但是这译介也是有代价的。他的哲学总是被当作资产阶级唯心主义思想的典型代表，他的辩证法一直被看作彻头彻尾倒立着的，他本人也始终没有逃脱批判的厄运。黑格尔的思想浸透了辩证法，如此的命运也成为辩证法的绝好说明。

黑格尔如此，他的译者大概也没有什么太大的不同。贺先生翻译《小逻辑》，研究黑格尔，始终要按照马克思、恩格斯、列宁的论述，站在"揭露和批判"的立场上来理解。在译著的序中，他要介绍列宁研究黑格尔的著作，介绍自己学习马列经典著作的体会，在正文中，他要以脚注的方式标明马、恩、列著作中评论和引证黑格尔相关思想的页码。所有这些，一方面显示出贺先生真正是在马列主义的指导下进行研究，心悦诚服，中规中矩，丝毫不敢越雷池一步，另一方面似乎也是理直气壮地暗示给读者，黑格尔及其思想十分重要。这种论证方式虽然巧妙，却有一个很大的弊病，好像贺先生只知道马、恩、列的相关论述，其他一概不知，甚或好像对黑格尔除马、恩、列有研究论述外再无他人。要知道，今天能够读出这种暗示是因为我们与贺先生是同时代人，有过共同的经历，因此可以产生这种充满时代感的同情理解。但是，多少年以后，当贺先生的论述成为纯粹的文本，谁能保证研究黑格尔的读者不会产生以上印象呢？历史是由文字记载和延续的。黑格尔的思想白纸黑字永远不变，贺先生的文字既然写下，同样无法改变。命运就是这样的有趣：现实中的贺先生虽被批判为"资产阶级教授"，毕竟还是贵尊为黑格尔研究专家权威，这一点大概多少会令无奈的贺先生感到欣慰，因为他还可以在私下里指导像梁先生这样的学生和后辈，向他们传授自己肚子里的学问，讲述无法写下的知识。而历史上的贺先生尽管永远告别了资产阶级教授的命运，却很有可能会失去权威的地位，真不知贺先生在天之灵会作何想？

历史的发展也许正像黑格尔所说的那样，充满了否定之否定的精神，通过这样的否定，历史得到进步。当年追随贺先生的"右派学生"，今天成为硕果累累的德国古典哲学研究专家：梁先生不仅完成了五卷本的费希特译著，而且为贺先生喜爱的《小逻辑》推出了一个新译本。这种学习辩证法大师的过程也许在某种程度上确实体现了历史发展的辩证法。新译本无疑是有进步的。但是在我看来，新译本的进步主要不在于第一次从德文原版译出，也不在于一些具体翻译细节上的改进，更不在于将书名恢复为《逻辑学》，而主要在于它所体现出来的学术理念和学术精神。

新译本的序是张世英先生写的。张先生认为，黑格尔哲学是传统形而上学的顶峰，又蕴涵和预示了传统形而上学的倾覆和现当代的某些重要思想。不懂黑格尔哲学特别是他的逻辑学，就既难以理解西方古典哲学，也难以理解西方现当代哲学，它是通达西方哲学以至整个思想文化的一把钥匙。张先生的评价来自他自己对黑格尔思想研究的结果，合适与否当然可以讨论。但是他把黑格尔当作一个具体的历史人物，放在整个西方哲学史乃至思想文化史上加以考察，而且，他对黑格尔思想的论述不是依据什么先入为主的意见，也不是在某种既定的框架下，因此比较充分地体现出他自己个人的学术见地。与贺先生的序相比，张先生的序来得直白而自然，无疑体现了一种完全不同的学术方式与精神。

在翻译注释中，梁先生继承了贺先生译本的一些优点，同样注明了马克思、恩格斯相关论述的出处，从而说明马、恩的一些思想与黑格尔思想的联系。但是，梁先生还做了一些贺先生没有做的工作。一方面,他在注释黑格尔的逻辑思想的时候,结合考察了黑格尔的其他一些著作,比如《哲学史讲演录》,从而使黑格尔的思想与柏拉图、亚里士多德、康德、费希特、谢林等人的思想联系起来;另一方面,他把黑格尔的思想与西方历史上的一些典故、逸事、诗歌、谚语等联系起来,从而使黑格尔的思想融入整个西方思想文化的历史。通过这样的注释,读者看到和理解的黑格尔就不是一个仅仅与马克思、恩格斯和列宁相关的哲学家,而是西方哲学史乃至思想文化史上的一个前有来者、后有继人,与历史、思想和文化息息相通的思想家。

Sein的翻译问题也很引人注目。贺先生在1954年的译本序中仅谈到"总念""共相"和"知性"三个译名,没有谈及Sein的问题。但是在1980年的译序中,贺先生谈了11个译名,其中包括Sein以及与它相关的Dasein和Existenz。这里是否有针对其他译法的意思(如1976年扬一之先生在其译本《逻辑学》[即黑格尔的《大逻辑》]中采用不同译法,并在后记中谈到Sein的译名问题),姑且不论,至少表明贺先生已经认识到并在考虑这里的问题。梁先生的译本虽然在Sein的译名上遵循贺先生,仍然采用"存在"的译法,但是他在后记中谈到王太庆先生的话,"全部问题都在于如何翻译作为开端的Sein,这是一个大祸根"。王先生说得尽管诙谐,对问题的严重性却没有含糊。梁先生指出:"近几年来,关于如何理解和翻译Sein的问题,我们的学者已经提出一些改进意见。但这里的情况是牵一发而动全身的,看来还得继续加以研讨。"梁先生所说的"改进意见"已经不是贺先生所谈论的把Sein

翻译为"存在"还是翻译为"有",谁优谁劣,而是今天许多人所谈的把Sein翻译为"是"还是"存在",孰是孰非。

Sein是黑格尔逻辑学的初始概念,如果想到他是从逻辑出发,因而是从逻辑寻求开端,那么把Sein理解为"A是B"中的那个"是",则是显然的,至少是自然的。这个概念难以理解,绝不是简单地因为黑格尔的著作语言晦涩,也不是仅仅因为它上溯古希腊的亚里士多德直至巴门尼德,下达当代的胡塞尔到海德格尔,因而复杂万分。这里,东西方语言思想文化背景的差异也是很重要的原因。从中国人的语言和思想方式出发,谈论"有"和"无"是自然的,谈论"存在"与"虚无"也容易理解,唯独谈论"是"好像会让人有些不知所云。从学术的角度说,翻译的问题绝不能满足于自说自话,归根到底还是如何理解西学。如果我们的语言和思想方式成为一种先入为主的意见,成为一种固定的无法逾越的框架,那么它们同样会成为我们理解西学的一种人为束缚。"是"与"存在"乃是对Sein的根本不同的理解。提出"是"的理解恰恰是对既定的"存在"的理解的一种否定,因此是一种进步。但是,正因为它是一种否定,代价可能就会很大:已经读过的文献需要重新阅读,已经翻译的文献需要慎重对待,已经形成的结论需要重新考虑,因此才会有所谓"牵一发而动全身"这种刻骨铭心的感受。指出这里的问题,实际上也是对自己的翻译提出了问题,梁先生的学者风范跃然纸上。

一本重要的哲学著作值得反复学习和深入研究。一部名著的多个译本恰恰是这种学习和研究的体现。我钦佩贺先生的"可以和老婆离婚,但不能与黑格尔离婚"的追求,也理解梁先生把这个新译本作为贺先生百年诞辰的祭礼献给老师的心愿。从《小逻辑》到《逻辑学》,不仅展示了学术本身的否定之否定精神,而且也告诉我们一个不那么辩证的学术道理:经典就是经典。

(原载《中华图书商报·书评周刊》2003年3月21日)

没有保留下来的文字

1935年9月，在巴黎召开的国际科学哲学大会上，德国明斯特大学哲学系主任、著名逻辑学家肖尔兹（H. Scholz）教授详细报告了准备出版弗雷格遗著的情况，并呼吁人们把自己手中的弗雷格的信件赠送给明斯特弗雷格文献档案馆。许多学者，包括罗素，纷纷响应肖尔兹的提议，但是维特根斯坦却没有任何反应。1936年4月2日，肖尔兹教授专门致信维特根斯坦，希望他能够提供弗雷格写给他的信件。4月9日，维特根斯坦复信肖尔兹，信中写道："我手中有不多的几件弗雷格写来的明信片和信件，但是内容是纯粹私人的、非哲学的。它们对于弗雷格的著作选没有什么价值，倒是对我具有纪念的价值。我非常不愿意把它们提供给公开出版的选集。"后来人们试图从维特根斯坦遗留的手稿中找到这部分信件，结果也没有成功，因为在维特根斯坦遗留下来的他人来信中，根本就没有弗雷格的东西。这样，弗雷格写给维特根斯坦的文字永远石沉大海,20世纪两位思想大师的思想交流也就成为一个无法破解的谜。

在这个问题上,我对维特根斯坦是有看法的。坦白地讲,我不太相信他的说法。

西方学者历来有通过书信往来进行学术交流的习惯,许多重要的思想也确实是在书信中表达的。因此西方学术界一直非常重视编辑出版一些著名的、重要的学者的通信集。从弗雷格的书信集来看,他与当时许多著名学者通过信,包括罗素、希尔伯特、皮亚诺、胡塞尔等人,所谈内容基本是逻辑与数学问题。与这些人相比,维特根斯坦与弗雷格的交往更为独特。一方面,他们有很长一段时间的私人交往。1911年,维特根斯坦第一次访问了弗雷格,以后又有几次访问。他们的书信往来也是从第一次访问之前开始的,至少一直持续到1919年。另一方面,开始交往时维特根斯坦还很年轻,才20岁出头,而弗雷格已经60多岁了,这可以说是一种忘年交。我想,也许弗雷格与维特根斯坦的交往有一些个人化的东西,但是基础大概主要还是纯学术的。因此,在长达八九年的交往中,他们的通信不可能不谈学术,尤其是弗雷格这样的学者。此外,维特根斯坦在谈到与弗雷格的交往时说过:"除了逻辑和数学,弗雷格是什么也不会去谈的。如果我开始谈起另一个题目,他就会彬彬有礼地谈上几句,然后又回到逻辑和数学的讨论。"我比较相信这段描述,它真实地反映出弗雷格的学者形象。正因为这样,我也更有疑问:一个只谈逻辑和数学的人所写的信件怎么可能会是"纯粹私人的、非哲学的"呢?

在维特根斯坦与弗雷格的书信交往中，有一件事情值得注意。维特根斯坦参加了第一次世界大战，并于1918年11月被俘，在一个战俘营里被关押到第二年8月。这期间，他还通过他的姐姐与弗雷格通信。据说，他的《逻辑哲学论》的一份初稿也是通过他的姐姐寄给弗雷格的，可见他与弗雷格的交往不是一般性的交往。而从弗雷格的角度说，通过维特根斯坦的姐姐与维特根斯坦进行交往，大概不会是在谈天说地吧！

1919年8月19日，维特根斯坦在写给罗素的一封信中说："我也把《逻辑哲学论》寄给了弗雷格。一星期以前他给我写信来。我以为，他根本一点也没有读懂它。"弗雷格写了些什么，我们不知道，但是从维特根斯坦的陈述我们可以推测，在弗雷格写给维特根斯坦的信中，要么有对《逻辑哲学论》的具体评价，而这评价是维特根斯坦所不能接受的，要么表现出对《逻辑哲学论》的一种态度，比如像有些人说的那样，"很冷淡"，这种态度也是维特根斯坦所无法忍受的。然而不论是哪一种情况，弗雷格的信都不可能不谈哲学。1919年10月6日，维特根斯坦在写给罗素的信中说："我与弗雷格保持通信。他一点也不懂我的工作，我已经解释得筋疲力尽了。"为什么维特根斯坦要进行解释？如果弗雷格对维特根斯坦的思想没有提出批评和质疑，还解释些什么呢？因此，弗雷格与维特根斯坦的通信不可能没有学术内容。

正是由于以上原因，无论如何我也无法相信弗雷格写给维特根斯坦的信件是"纯粹私人的、非哲学的"。因此我自然会问：维特根斯坦为什么要这样说呢？也就是说，为什么维特根斯坦不提供弗雷格的信件呢？也许，弗雷格的信件确实没有能够妥善地保留下来。但是，许多人的信件维特根斯坦都保留下来了，为什么单单把弗雷格的信件丢失了呢？特别是那些被他称为具有"纪念价值"的信件！也许维特根斯坦不大愿意别人看到弗雷格给他的信件。如果真是这样，我就更要问为什么。

维特根斯坦与弗雷格交往的时间大约是从1911年到1919年。这一段时间，正是维特根斯坦早期学习逻辑和哲学，思考、写作《逻辑哲学论》的时候。在《逻辑哲学论》的序中，他提到弗雷格和罗素，感谢他们的著作在很大程度上激发了他的思想；他亲口对人说过，弗雷格的概念实在论使他抛弃了早年的唯心主义观点；他写出《逻辑哲学论》以后，首先寄给弗雷格，希望听到他的评价；所有这些都说明，弗雷格对维特根斯坦的思想产生了很大的影响。但是，这只是一些一般的印象，我们确实说不出弗雷格对维特根斯坦有哪些具体的影响，我们不知道他们具体讨论过哪些问题，又是怎样讨论的。

维特根斯坦在描述与弗雷格最后一次见面后分手时说："在等火车时我对他说：'在你的数是对象的理论中，你从来也没有发现困难吗？'他回答说：'有时候我似乎看到困难——但是随后我就又看不到了。'"由此可见，他们一定讨论了数的问题。从维特根斯坦的其他一些叙述来看，弗雷格与维特根斯坦讨论的主要是逻辑和数学问题。然而，即便是这样的文字，也非常少见。所以，我们更多地只能靠推测。

弗雷格收到《逻辑哲学论》的时候，大约正是他的《思想》

（1918—1919）一文在《德国唯心主义哲学》杂志上刚刚发表不久。他给维特根斯坦写了一封信，同时也给他寄去了这篇论文。根据维特根斯坦的请求，弗雷格还把《逻辑哲学论》推荐给这份杂志，由于杂志社要求对这篇文章进行很大的修改，维特根斯坦最后拒绝在这份杂志上发表。从一位年过七十的老人的做法来看，显然弗雷格对维特根斯坦是非常友好的，对《逻辑哲学论》也是肯定的。而从维特根斯坦给罗素的信来看，似乎他与维特根斯坦的分歧又是很大的。那么这种分歧是什么，自然就值得深思。

虽然我们不知道弗雷格给维特根斯坦直接写了些什么，但是从给他寄去《思想》这篇论文来看，大概可以推测，如果不是单纯的以书会友，那么这篇论文应该表现出弗雷格与维特根斯坦一些不同的看法。根据我的理解，维特根斯坦的《逻辑哲学论》有许多思想方式与弗雷格是完全一致的，比如，其中从句子出发来考虑问题，用现代逻辑方法来分析处理句子，还有强调符号语言比自然语言更有优越性，等等。此外，《逻辑哲学论》的许多观点，甚至使用的语言与弗雷格的都是一样的。比如，句子的意义就是它的思想，这显然是弗雷格的观点，还有，只有句子才有意义，必须在句子中名字才有意义，这几乎是直接引用了弗雷格在《算术基础》（1884）中提出的语境原则，至于像意义、意谓、思想、句子、函数等术语，完全是来自弗雷格。看到这些，我们完全有理由相信，要么维特根斯坦仔细学习研究了弗雷格的著作，要么在早期与弗雷格通信交往中获益良多。当然，除了相似之处，维特根斯坦显然也有一些思想与弗雷格是不同的。其中最主要的差异有两点。一点是《逻辑哲学论》引入了图像的说法，认为事实的逻辑图像是思想，我们自己构造事实图像。而这种看法是弗雷格所没有的。还有一点是关于"真"的看法。弗雷格认为真是实体，维特根斯坦却不这样认为，而且批评了弗雷格。应该注意的是，弗雷格在《论意义和意谓》（1892）这篇论文中明确提出，句子的意义是句子的思想，句子的意谓是句子的真值，但是他主要探讨和阐述的却是句子的意谓。后来他在《逻辑》（1892）、《逻辑导论》（1906）、《数学中的逻辑》（1914）等遗著中对句子的意义是其思想进行了大量讨论，并于1918年在发表的《思想》一文中详细阐述了自己的看法。他认为，思想是我们借以把握真的东西；思想既不是客观外界的事物，也不是内心世界的表象，而是属于第三范围；思想是我们可以把握的共同对象。简单地说，《思想》一文论述的恰恰就是真和思想这两个问题。

弗雷格读了《逻辑哲学论》以后，不会不明白自己与维特根斯坦之间的差异。在这种情况下，他写信给维特根斯坦并寄去《思想》一文，也许仅仅是过去思想交流的继续，因为很可能以前他曾和维特根斯坦谈过这方面的问题，但是不系统，不成熟，而现在有了完整的结果；也许弗雷格完全不同意维特根斯坦的观点，因此对他的思想进行了批评讨论，并寄上自己的正面阐述。如果真是后一种情况，应该说是非常遗憾的，因为我们再也无法看到弗雷格直接针对维特根斯坦的文字是怎样进行批评讨论的，特别是对比弗雷格与胡塞尔、皮亚诺等人的通信，我们完全有理由相信这样的批评讨论是非常精彩的。

维特根斯坦是一个很有天赋的思想家，对20世纪的哲学发展做出了重要的贡献，但是作为一个人，在一些地方他又是不容易理解的。他容易激动，爱挑剔，有时候还有些神经质，甚至会粗暴地对待别人，这些还都好说，最让人费解的是他经常抱怨别人不理解他，特别是不理解他的著作和思想。他不仅对弗雷格有这样的抱怨，而且对罗素也有。说别人不理解他的著作和思想倒也罢了，他偏偏要说弗雷格和罗素不理解他的著作和思想。这是我觉得最不可思议的地方，因为他的思想从一开始就是在与弗雷格和罗素的交往过程中发展起来的。

退一步说，尽管弗雷格与维特根斯坦交往多年，又是一位思想犀利的逻辑学家、哲学家，但是难免会有对维特根斯坦的思想理解不了的地方。作为后辈，我们确实希望看到这两位思想大师的对话，看一看他们是如何不能相互理解的。然而事实是，我们充其量只是从维特根斯坦的口中知道弗雷格根本不理解他的思想，至于说究竟是怎样不理解的，我们却不知道，而且也根本无法知道了，因为那些本可以为我们提供说明的文字让维特根斯坦丢掉了。不管怎样猜想，我也弄不明白，这究竟是为什么。也许，这也是维特根斯坦与众不同的地方，而我则只是感到深深的遗憾！

（原载《读书》2000年第2期）

感受"胡塞尔档案馆"

比利时鲁汶大学哲学系很有些名气。不是因为她有或者曾经有过哪一位著名哲学家,而是因为她拥有一个"胡塞尔档案馆"。胡塞尔是德国人,是20世纪最著名的哲学家之一。他遗留下来的手稿和图书资料存放在鲁汶大学哲学系,因此这里就有了出名的理由。正所谓山不在高,有仙则名。学习哲学和从事哲学研究的人总是会慕名而来——这个名就是胡塞尔,就是这个"胡塞尔档案馆"。

胡塞尔是现象学的创始人。他于1859年4月8日出生在普罗斯尼兹(Prossnitz),这个小城今在捷克境内的摩拉维亚(Moravia)。他在莱比锡、柏林和维也纳大学学习数学和哲学,1883年获得博士学位。他于1887年在哈雷(Halle)获得大学授课资格,并在那里教书至1901年。随后,他到哥廷根大学做了副教授,并于1906年提升为教授,在那里他居住了大约15年。1916年,他接受了弗莱堡大学哲学系的邀请，离开哥廷根，来到弗莱堡，并在这里居住直到去世。胡塞尔一直有一个非常宏大的计划，他想建立一门超验的纯意识的科学。他发表了许多著作和论文，在他的身边聚集了一群学者和学生，形成了一个现象学的研究中心。他常常提到他有大量未发表的手稿。他说，他发表的那些著作勾画和介绍了他的计划，这些手稿则更清楚地说明了这些计划。胡塞尔晚年受到纳粹的迫害，不能在大学里教书，不能出席国际会议，出版受到审查。但是他在家中继续从事他的研究，他身边有两位助手协助他整理和誊写他的手稿。1938年4月27日，胡塞尔去世。这以后，他的手稿成为人们关注的对象。

"胡塞尔档案馆"始建于1938年10月27日，至今已有70年的历史。范·布雷达神父（H. L. Van Breda）是它的创始人，也是它的第一任馆长，直到1974年去世。胡塞尔去世的时候，范·布雷达正在鲁汶大学学习胡塞尔的哲学，准备写论文。1938年8月，他从鲁汶来到弗莱堡，想为论文收集一些资料，包括阅读胡塞尔的一些手稿。出发的前几天和路途上，他突发奇想：出版胡塞尔的遗著。与胡塞尔夫人见面之后，这个想法又逐渐演变成"建立胡塞尔档案馆"。正是这个想法使他的弗莱堡之行，以及"胡塞尔档案馆"的建立充满了传奇色彩。在弗莱堡，他没有阅读和收集论文所需要的资料，而是把全部时间和精力用来实现一个计划：拯救胡塞尔遗留下来的手稿。出于这个目的，他在胡塞尔的家里与胡塞尔夫人多次会谈，向她讲述自己的想法，征求她的同意和支持，与她和胡塞尔生前的助手一道商量如何实现这个计划；他给鲁汶写信，找相关人士协商，申请经费；他奔波于弗莱堡和法兰克福、弗莱堡和柏林之间，与比利时驻德国领事馆和大使馆的有关人员协商沟通；他还尝试通过朋友把胡塞尔的手稿运出德国，送往瑞士。从8月29日范·布雷达在胡塞尔家中与胡塞尔夫人第一次见面，到9月24日他亲手把胡塞尔的手稿交到比利时驻德国大使馆官员的手中，并且一起把它们放进大使馆的保险柜里，在短短不到一个月的时间里，他竟然完成了胡塞尔手稿的拯救计划。如果我们想到当时的历史情景，那是第二次世界大战的前夜，想到胡塞尔本人的特殊情况，他有犹太血统，而纳粹已经开始大规模迫害犹太人，想到德国这个特定民族的特定文化背景，就会明白这是一件多么不容易的事情。这里我只就最后这一点提一件事。范·布雷达是以自己个人财产的名义把胡塞尔手稿存放在比利时驻德国大使馆的，因为只有比利时公民的财产才能这样做。为了这一点，就需要进行财产转让。这样就要签署一些文件。在德国做这样的事情非常复杂。当时，胡塞尔的儿子已经去了美国，胡塞尔夫人本来早就可以离开德国，而她继续留在德国，就是为了丈夫的这些手稿，她已经把它们视作自己生命的一部分。授权别人来保存和出版这些手稿与转让它们是完全不同的两件事情。因此，当她决定以法律的形式把这些手稿转让给他人，她不会是心血来潮。这里有她与范·布雷达的交流和沟通，饱含她对这个年轻人的信任，还寄托着她对自己丈夫这些手稿未来的希望。做这样一个决定是非常不容易的。

特别需要说明的是，"胡塞尔手稿"以及"胡塞尔档案馆"

是一个什么样的概念。"胡塞尔手稿"不是一两部书或几部书，不是放在书包或藏在箱子里可以带走的，而是大约4万页胡塞尔的文稿，还有约1万页由他的助手在他生前帮助誊写的文稿。"胡塞尔档案馆"则除了这些手稿，还有胡塞尔生前自己建立的一个图书馆，主要是他自己从1880年到1938年收集和使用的大约2700册哲学书和将近2000份论文单行本。不少书上有作者送给胡塞尔时的签名；许多书和论文上有胡塞尔在阅读过程中做的批注。这些内容使这些书具有了史学的意义和学术的意义，因而具有超出它们本身的价值。仅仅转移这5万页手稿就不是一件容易的事情，更何况要建立一个"胡塞尔档案馆"。

范·布雷达于1938年9月27日从德国返回鲁汶，开始为出版胡塞尔遗著和建立档案馆的工作上下奔走。胡塞尔的手稿存放在比利时驻德使馆只是权宜之计，只是使它们暂时脱离了遭到纳粹毁坏的危险。出版和建馆谈何容易！学校有关领导和同事大都不知道范·布雷达在过去的一个月里做了些什么，也不太理解他要做些什么。1938年10月27日是"胡塞尔档案馆"成立的日子。不过在这一天，并没有今天这样一个档案馆。实际上，胡塞尔的手稿是在11月底才被运回鲁汶，放进鲁汶大学图书馆里，而胡塞尔家中的那些图书和家具则是在1939年6月才运到鲁汶的。人们称1938年10月27日这一天为"胡塞尔档案馆"成立日，是因为这一天比利时方济各会基金会决定资助范·布雷达提出的这个计划，为期两年。有了资金来源，范·布雷达才可以具体实施他的计划。即便如此，也有许多麻烦和意想不到的事情。他要与使馆联系把胡塞尔的手稿运回比利时；胡塞尔的手稿，当时只有他的两位助手能够识别，因此就需要与他们协商，聘请他们来鲁汶工作，并请他们培训相关人员；胡塞尔的手稿，虽然到了范·布雷达的手中，真正要出版，却还要有胡塞尔远在美国的儿子的授权，因此还要与他沟通协商；此外，还有找房子、雇用工作人员等一系列问题。特别是，范·布雷达把胡塞尔的手稿转移到鲁汶是为了使它们脱离纳粹的魔掌，可是他做梦也没有想到，两年以后，就在1940年，纳粹侵占了比利时。多事之秋的故事，难免又多了一些曲折。今天讲起来，这些曲折不过增添了这个故事的色彩和魅力，但是坐在"胡塞尔档案馆"里，我们还会想到范·布雷达神父当年建馆所经历的那些风风雨雨的日子吗？当我们被告知范·布雷达神父是"胡塞尔档案馆"的创始人和第一任馆长，我们真能体会到他为建馆所付出的心血和艰辛吗？

"胡塞尔档案馆"是在一座三层小楼里面。这座小楼在哲学系小院一进门的左手处，很不起眼。一层是哲学系的教授会议室和系主任办公室，"胡塞尔档案馆"则在顶层的阁楼上。上楼时经过楼梯旁堆放的饮料箱等杂物，你绝不会想到你是在去著名的"胡塞尔档案馆"：它和寻常百姓家似乎没有什么两样。走进三层右手的房间，也就进入了"胡塞尔档案馆"。这里存放着胡塞尔的手稿和他自己使用的图书，他生前使用的写字台和座椅，还有后来收集的胡塞尔与许多学者的来往信函。除了存放手稿的保险柜，工作人员使用的电脑和复印机外，屋子里面没有什么现代的设备，也没有什么现代的迹象。在这里，我看到了胡塞尔的一些手稿，也在他的写字台前他那把木质座椅上坐了一坐，留了影。不过，最让我感到满足的还是翻阅了胡塞尔保留的一些弗雷格的著作。

哲学史上有一段十分出名的故事。弗雷格在1884年出版了《算术基础》一书。不过，和他的《概念文字》一样，这本书没有得到人们的重视。胡塞尔在1891年出版了《算术哲学》第一卷，其中他谈到了弗雷格的这本书，但主要是批评。弗雷格则为胡塞尔的这本书写了一个书评，对他的主要论证进行了详细的分析，指出了其中的矛盾和混乱。弗雷格的批评使胡塞尔转变了自己的学术观点。由此也开始了这两位思想巨匠之间长达16年（即1891—1906年）的通信。

这个故事当然不是这样简单，它还有一些细节。一个细节是，据说弗雷格的批评主要是针对胡塞尔的心理主义基础，最终促使胡塞尔转变自己的看法，彻底地放弃了心理主义观点。这一点是人们在研究中常常会关注的问题，如今学界也有一些不同的看法。一种观点认为，胡塞尔放弃心理主义并不是由于受到弗雷格的影响，而是他自己哲学思想发展的自然结果。这与前面的看法显然不同，甚至是完全对立的。我对这个细节很感兴趣，以前也曾这样考虑这两位哲学家之间的关系。但是现在有了变化。如今我主要思考的是，这样两位伟大的哲学家，一位是现代逻辑和分析哲学的创始人，一位是现象学的创始人，他们最初有着几乎共同的背景和知识结构，思考过几乎相同的问题，为什么最后能够导致完全不同的结果，形成完全不同的哲学流派，引领了20世纪两种最大的哲学思潮呢？

另一个细节是，据说胡塞尔仔细阅读了弗雷格的所有著作，并且在上面做了详细的批注。这一直是我非常感兴趣的。在档案馆里，我终于亲眼看到了这些批注。胡塞尔所做的批注有三类。一类是画线。这与大多数人看书画线差不多。画线的地方可能是觉得重要或有疑问。一类是画线加页边注释。在这样的地方大致可以看出画线的理由。有些注释很简单，只有一个词，比如"不清楚""某物，一个数"。有些注释则比较详细。比如在《函数和概念》一文中，胡塞尔在弗雷格谈到函数和函数值的地方画线并加边注如下："$2·1^2+1$似乎确实是这样一个值，它是一个有效的对象，即3。但是值确实应该是与真值相区别的。"还有一类是贴页加注。这种情况非常少，我只在《概念文字》一书中看到。可以看出，胡塞尔是一个非常细心的人。弗雷格的公式利用了书写的二维空间，很占地方，在边页上写这样的公式是不够的。胡塞尔在加页上画出弗雷格表达推理的公式，详细写出自己对各种真值情况的理解。这样的注释对于研究胡塞尔的思想无疑是非常有价值的。

我注意到，胡塞尔的这些批注与他手稿的文字不同，基本没有用简写的方式。所以阅读起来也没有什么问题。档案馆研究员给我展示了胡塞尔的手稿，并应我的请求念了一段。他告诉我，阅读胡塞尔的手稿需要专门培训，不过比较简单，只要两三个月就可以了。他还给我简单解释了他念的那一段中几个缩写字母的意思。我曾经在德国明斯特大学莱布尼兹研究所学习，在显微镜下亲眼看过莱布尼兹的胶片手稿，听德国朋友给我讲过如何识别莱布尼兹的手迹；近年来也常听身边的朋友谈起国际上编辑出版马恩全集MEGA版的故事，看过马克思、恩格斯本人的一些影印手稿。因此我知道这里面有很大的学问，不会像这位专家说的那样轻松容易。不过，无论是手稿还是在弗雷格著作中加的注释，胡塞尔的字迹非常清楚，没有修改或涂改。可以推想，他是一个思想非常清晰，考虑问题非常细致的人。

这次访问鲁汶大学是在2007年11月，我随清华大学代表团参加这里的"清华-鲁汶周"校际交流活动。由于时间短暂，我只参观了"胡塞尔档案馆"两次，一次是鲁汶大学专门为清华大学哲学系老师安排的活动，大约40分钟；另一次是第二天我自己抽时间专门去看胡塞尔对弗雷格的批注，在那里待了一个多小时。当我把这两次访问的感受说给鲁汶大学哲学系的一位教授时，他告诉我，当年贝尔（David Bell）来到档案馆，对这里的研究员说，我只看胡塞尔在弗雷格著作上的批注。结果他在这里待了好几年，只看这些批注。我们都笑了。我知道贝尔，也读过他的书。他先研究了弗雷格，后来又研究了胡塞尔，先后还都写出专著。如今他已是这个圈子里的名人了，否则也不会被别人拿来说事。我想，这个故事夸张得大了一些，但绝不是空穴来风。它包含着哲学家们对胡塞尔、弗雷格的崇拜，可能也表示出人们的猎奇心理，但更多的还是体现了一个学者的本分。

离开"胡塞尔档案馆"的时候，馆里的研究员送给我一本2007年由Springer出版社以德文和英文两种文字刚刚出版的书，题目是《"胡塞尔档案馆"史》(*Geschichte des Husserl-Archivs / History of the Husserl-Archives*)。如今，"胡塞尔档案馆"的馆长已经是第三任了。档案馆的工作也有了很大的发展。除了保存胡塞尔的手稿、信件和书籍，接待来这里参观访问的学者，还要编辑出版胡塞尔全集。这是一项浩大的工程。此外，档案馆的研究员也在从事胡塞尔思想的研究，参加有关胡塞尔思想研究的学术会议，参与鲁汶大学一些教学工作。作为一家档案馆，70年的时间不算太长，讲"史"也许甚至有些年轻。作为学校的一个单位，它的工作按部就班，平凡之至。但是，"胡塞尔档案馆"的价值是毋庸置疑的。它为人们提供文献和历史，拓展人们的认识空间，使人们能够深入思考许多问题。由于停留时间太短，这样的感受可能仅仅是表面的，甚至是肤浅的，然而，它却是实实在在的。

（原载《博览群书》2008年第6期）

在哲学史的主线上

海德格尔是20世纪声名显赫的哲学家,在中国也备受青睐。老一辈学者如熊伟先生,今日中坚学者如陈嘉映、王庆节、孙周兴、邓晓芒、倪梁康、张祥龙教授等,都对翻译海德格尔的著作、介绍和研究海德格尔的思想表现出极大的精力和热情,贡献巨大,成绩斐然。就连一向很少涉足翻译的靳希平教授,也翻译了一本洋洋几十万言介绍海德格尔生平思想的著作《来自德国的大师——海德格尔和他的时代》(商务印书馆,2007年,以下简称《大师》)。海德格尔的魅力可见一斑。青年学者和学生对待海德格尔就更不用说了。"趋之若鹜"是我10年前做出的评价。今天大概依然如此。

海德格尔的一生毁誉参半,一件主要的事情是他与胡塞尔的关系。尤其是这里涉及他们对纳粹的态度以及在纳粹时期他们所受的不同待遇等,比如,胡塞尔不被允许在大学授课,出版受到审查，而海德格尔却荣登大学校长宝座，在学术界如日中天；胡塞尔对纳粹保持沉默，本人被边缘化，并受到迫害，而海德格尔却与纳粹打得火热，如鱼得水，因此他与胡塞尔分道扬镳，他后来对待胡塞尔的态度，包括不出席胡塞尔的葬礼等，在人们眼中就不仅仅是纯粹的学术问题，而是具有浓厚的政治色彩。虽然后来海德格尔多次表白，为自己的所作所为做过辩解，似乎也得到了人们的谅解，但是这毕竟是一段历史，而且是一段与他的老师，现象学的创始人胡塞尔的关系的历史，一段与纳粹——那个时代给人类带来毁灭性灾难的一群人——之间的关系的历史。历史无论轻重，总是需要承受的。

海德格尔与阿伦特的关系也是备受关注的事情。阿伦特是海德格尔的学生，小他17岁，两人保持情人关系秘密往来两个学期。阿伦特后来成为国际上的风云人物，著名政治哲学家。时至今日，海德格尔写给阿伦特的情书还不能完全公开，但是依据阿伦特保留的这些情书，还有她写给其他人，包括写给雅斯贝尔斯的信，这一段恋情也已昭示天下。在两人的交往中，海德格尔一直居主导地位。阿伦特离开海德格尔，固然为了保护自己，主要还是因为海德格尔为了自己的声誉和前程而要求她离开。虽然几十年后二人重叙友情，阿伦特似乎也原谅了海德格尔，但是终归心有不甘。

中国人讲究道德文章。以此评判，海德格尔实在是不值得推崇的。《大师》的英译本加了一个副标题"在善恶之间"，大概多少也反映出一点这样的倾向。人们也许会觉得遗憾：如果海德格尔没有那段与纳粹的瓜葛，假如阿伦特不是名人，没有受到人们的关注，该有多好啊！我倒是觉得，人们可以评价海德格尔这个人怎样，但是也可以把学术与学术以外的东西分开。作为哲学家，其实我们可以只看海德格尔留下来的学术著作，这样，我们也可以只对他的思想做出评价。但是，即使在这种视野下，对海德格尔依然褒贬不一。称赞他的人说他是20世纪最伟大的哲学家、思想家。批评他的人则认为他把哲学搞坏了，对哲学产生了很坏的影响。在我看来，好也罢，坏也罢，能够得到这样的评价本身就说明他是一位非常重要的哲学家。

海德格尔的著作很多，我没有全读过，只读过他的主要著作，特别是早期的一些著作。说实话，我不喜欢海德格尔，但是我承认他很重要，因为他提出和思考的问题是在哲学的主线上。我不认为他对他自己提出的问题推进了多少，给出了什么有创见的答案。西方的一些评价也认为，海德格尔最大的贡献不在于他对问题的解答，而主要在于他的提问方式。但是我认为，正由于他的问题是在哲学史的主线上，因此才会引起人们的重视，才会产生如此重大的影响。这个问题就是"是"（Sein）的问题，就是亚里士多德提出要研究的那个"是本身"。上自柏拉图、巴门尼德，下到托马斯·阿奎那、笛卡尔、康德、黑格尔等人，几乎各个时代的哲学家无不讨论和重视这个问题，为它贡献出聪明才智。

海德格尔的著作以难读难懂著称，对于中文读者尤其如此。但是我认为，中译文中存在的问题加剧了这种难读难懂。最主要的原因就是对其中最主要最核心的概念"Sein"和与之相关概念的翻译。我们不是把它翻译为"是",而是翻译为"存在"。为了迁就这个翻译,我们还抛弃了"Existenz"一词的本来译法"存在",将它改译为"生存"或"实存"。当然,这里主要是理解的问题,不仅是对海德格尔一个人著作的理解,而且是对整个西方哲学的理解,对西方哲学最核心的概念和问题的理解。

《大师》再次显现了这个问题。在讲述海德格尔最主要的思想时,我们看到以下文字:

(1)海德格尔从"语义问题开始他的追问。当我们在表达中使用'是[seiend]'的时候,我们想说的意思到底是什么?我们在什么'意义'上谈论'存在[Sein]'?"

在这同一页和下一页上,我们还看到:

(2)对"存在者[Seiende]的处理研究";
(3)"在什么意义上让人作为实存[Seiend]而存在";
(4)"把这种关系称之为'生存'[Existenz]"。

《大师》依循了国内通常的译法,但是译者无疑知道这些翻译的差异以及这里存在的问题,显然有意识地标示出这里的区别。感谢译者,不用对照原文,我们就可以看出这里存在的一些问题。首先,"Sein"和"seiend"的翻译不同(1),前者翻译为"存在",后者翻译为"是",二者本是同一个词的不同形式,一个是名词，一个是分词，中文中却根本看不出来了。其次，同一个"seiend"，这里竟然有三种译法："是"（1）、"存在者"（2）、"实存"（3）。尽管列出的德文有动名词、大小写和词尾的不同，但它们都是同一个词根、同一种形式的变异，绝非中译文所显示出来的那样大的差异。再次，把"Existenz"译为"生存"。我不知道在中文中"生存"与"实存"会有什么样的区别，与"存在"又能够有什么区别。但是我知道，在德文（或英文）中，"Existenz"与"Seiend"的区别，因而与"Sein"的区别却是实实在在的。不仅从字面上，而且在词义上，它们可以区别得清清楚楚。但是在中文中，只要带着这个"在"或"存"，它们就不可能得到根本的区别，无论是字面上，还是词义上。我曾经说过，在翻译中，只要不影响我们的理解，用词的问题大概还不太大。问题是这样的翻译会不会影响我们的理解？这里的问题大不大？为了说明这一点，让我们集中考虑（1）。

（1）的意思其实不难理解。它基于一个前提，似乎提出两个问题。这个前提是：我们在语言中使用"是"一词。基于这个前提，第一问是：用它想说什么？这个问题很直接，因此也很简单，不过就是问我们说话时使用"是"这个词乃是什么意思。这一点很容易理解，因为在西方语言中，"S是P"是语言表述的基本句式。第二问是：我们在什么"意义"上说到"是"？这一点可以有两种理解。其一，它换了一种角度或方式提问，意思与前一个问是一样的。其二，它是前一问的继续和深入。因为这里有两点变化，一点是"意义"加了引号，另一点是从分词的

"seiend"变成名词的"Sein"。这种变化似乎说明，前一问是思考在语言中具体使用"seiend"这个词，后一问是思考一般说到"Sein"这个概念，于是就从思考具体使用这个词的意思上升为思考说到这个词时的一般意义。但是无论有什么区别，这至少表明，后一问和前一问谈的是同一件事情，即这里谈到的"seined"和"Sein"是同一个东西，只是思考的层次不同罢了。这一点，从德文来看是清楚的，也是没有问题的，但是中译文的"是"与"存在"显然没有表达出这里的意思，因为它把本来谈论的相同的东西变成了完全不同的东西。若是如下翻译这段话：

（1*）"当我们在表达中使用'是'的时候，我们想说的意思到底是什么？我们在什么'意义'上谈论'是'？"

还会有上述问题吗？《大师》列出原文，可以使有心或仔细的读者看到这里的差异和问题。要知道，这些问题仅仅是在一两页上出现的，又加注了原文！可我们那些大量的翻译著作呢？它们一般没有原文注释，而且也不可能总是带着原文注释。那么这样的翻译会有助于我们读懂海德格尔的思想吗？我的意思是：(1)本来不应该有什么理解的问题，产生这样的问题是由翻译造成的；引申一步，这样的翻译会有助于我们读懂海德格尔那些本来还是比较清楚的思想吗？

（1）是作者讲解海德格尔的思想说的话，它使我想起海德格尔自己说的一段话，也是非常出名而重要的话，它的中译文如下：

（5）"我们不知道'存在'说的是什么，然而当我们问道'"存在"是什么？'时，我们已经栖身在对'是'（'在'）的某种领悟之中了，尽管我们还不能从概念上确定这个'是'意味着什么。"

这是海德格尔在《存在与时间》中说的话。我实在是读不懂：既然谈论"存在"，怎么又扯上"是"了呢？我尤其不懂，为什么问"'存在'是什么？"就已经栖身在对"在"的理解之中？这里无法理解的关键之处在于，如果说栖身于对"是"的理解，那就说明，"是"乃是比"存在"更基础的概念，就应该探讨"是"。既然如此，探讨"存在"还有什么意义呢？或者说，为什么不探讨"是"这个更基本的概念，而要探讨"存在"这个不那么基本的概念呢？但是，如果把这段话翻译如下：

（5*）"我们不知道'是'说的什么。但是，当我们问'"是"乃是什么？'时，尽管我们还不能在概念上确定'是'意谓什么，我们却已经处于对'是'的一种理解之中。"

以上问题还会存在吗？很清楚，"是"乃是最基本的东西，对它不能问"是什么"，因为这样的提问本身就已经包含了"是"本身，因而依据了对它的理解。想一想海德格尔著作中常举的例子，"天空是蓝色的"，"我是高兴的"，等等，他还常常把其中的"是"加上重点符号。用他自己的说法，随便一说，就会谈到这个"是"。这本应该是显然的，因为在西方语言中，"是"这种系词结构起着一种不可或缺的作用，西方人表达关于世界的认识一般是离不开它的。所以海德格尔才会对它进行追问。但是"存在"的译法使人根本无法看到这一点。退一步讲，即使认为海德格尔是在"存在"的意义上说"是"，或者，他说的乃是"是"，而他所考虑和谈论的却是别的东西，比如"存在"，难道我们不应该在翻译中首先考虑如何在字面上符合他所说的东西，而不要扭曲他说的东西吗？以"存在"来翻译他说的"Sein"，不仅无法使人看出他所探讨的"是"的这种最基本的含义，而且无论怎样下功夫来翻译"seined""Seiende""Dasein""Existenz"等用语，想什么办法使它们与"Sein"区别开来，大概也解决不了根本的问题。近年来，我反复强调应该以"是"来翻译"Sein"（或"being"），不应该以"存在"来翻译它。而且在我看来，这不是关于某一个哲学家的问题，而是关于整个西方哲学史的问题；这不仅仅是一个术语翻译的问题，而是理解西方哲学的问题。围棋大师吴清元先生在谈论围棋的时候说，布局好比在高速公路上跑车，方向对了，开得快一些，慢一些，总会到达目的地的；而若是方向错了，车开得越快，离目的地就会越远。我赞同吴先生的这个说法。

《大师》的结束语借用了海德格尔在舍勒去世时讲的一句话："哲学之路又一次重归黑暗。"这是作者对海德格尔的高度评价，大概也包含了译者对海德格尔的理解和崇敬。但是我认为，这句话可能翻译错了。它说的似乎不应该是"哲学之路"，而是"一条（研究）哲学之路"（英译文是"a way of doing philosophy"）。我说"可能"，因为我手边只有英译本，没有德文本。我猜想，德文原文大概也不会是"der Weg"。当然，我这种猜想可能是错的。如果原文真是如此，我就要说，作者的看法是错误的，也就是说，海德格尔的看法是错误的。海德格尔（或舍勒）的研究方式或途径，只是研究哲学诸多方式或途径中的一种，而不是全部，更不是当代哲学最主要的研究方式。因此，他的方式或途径不是唯一的，他也无法代表哲学之路。

（原载《博览群书》2007年第12期）

我喜欢的哲学家

奎因生前十分喜欢弗雷格。1942年他在巴西讲学期间,一位教师特地从一本书的卷首撕下一张弗雷格的照片送给他,令他高兴不已。后来这张照片丢失了,他按照一本逻辑书封面上一张一英寸大小的弗雷格画像,用钢笔画了一张很大的弗雷格的像。据说,他办公室里挂的唯一一幅照片就是弗雷格。像奎因这样喜欢弗雷格的哲学家大概不是少数。一位德国朋友告诉过我,帕兹希教授(G. Patzig,德国著名哲学家,古希腊哲学研究专家)对弗雷格情有独钟,他的办公室里挂着一幅巨大的弗雷格照片,谁要是批评弗雷格,他就跟谁急。按照我的理解,这里说的"批评",意思是"贬低"。我想,在自己的办公室里挂上弗雷格的像,除了喜欢,大概还表示尊敬或崇拜。

我似乎从来也没有想过我是不是尊敬或崇拜弗雷格,但是坦白地说,我喜欢弗雷格。这并不是因为我写了研究他的著作,也不是因为他重要。举一个例子就可以说明这一点：近年来我也研究海德格尔，还写过关于海德格尔的文章，但是我不喜欢海德格尔；尽管我不喜欢海德格尔，我却绝不会认为他不重要。我喜欢弗雷格是因为我喜欢这一类哲学家：他们始终执着于哲学基本问题，能够清晰地表达自己的思想，并且给人以启示。而在这类哲学家中，弗雷格是最出色的一位。

什么是哲学的基本问题？对此可以见仁见智。在我看来，讨论哲学问题的方式可能会有所不同，比如本体论的、认识论的、分析哲学的等等，形成的哲学流派也可能五花八门，比如欧陆哲学、英美哲学等等，但是哲学的基本问题一定是哲学史主线上的问题，是哲学史贯彻始终的问题。在弗雷格这里，就是"真"这个问题。弗雷格的语言哲学无疑是围绕着"真"这个概念展开的，比如句子的涵义（意义）是思想，句子的意谓是真值；人们总是不满足于句子的思想，而总是努力从句子的思想进到句子的真。值得注意的是，他又明确地说，"真为逻辑指引方向"，由此似乎可以认为，真乃是逻辑研究的问题。这里显然就有逻辑与哲学的关系这样一个问题。

传统上说，逻辑虽然是独立的学科，但是始终被看作哲学的一部分。因此，逻辑的问题也可以看作哲学的问题。今天，逻辑已经脱离哲学，成为一门独立的科学，因此逻辑所研究的问题似乎就应该是逻辑自身的问题，与哲学没有任何关系。分与不分，似乎确实存在着问题。按照维特根斯坦的说法，弗雷格总是只谈逻辑和数学，如此来看，逻辑和哲学在弗雷格那里似乎是无法分的。而根据达米特的看法，即使弗雷格在语言哲学领域没有做出任何成绩，仅凭弗雷格在逻辑领域的成就，就可以奠定他的历史地位。这样，逻辑和哲学在弗雷格这里似乎又是可以分的。作为不同的学科，逻辑和哲学当然会有自己的研究领域和方式，也会有各自的问题。但是在像弗雷格这样的人——现代逻辑的创始人，分析哲学之父——身上，能不能画出一条鲜明的界线，应该如何画出这样一条鲜明的界线，乃是需要深入研究和思考的。

在我看来，这个问题可以简单加以说明，也可以深入思考。简单地说，弗雷格的《概念文字》和《算术的基本规律》无疑是逻辑著作，而且前者是现代逻辑的奠基之作。其他论著则是哲学著作。如果深入思考，则会发现问题不是这样简单。比如，在《概念文字》中，弗雷格也有一些关于语言和思维的探讨，而在其他论著中，弗雷格也有以"逻辑"和"逻辑导论"为题的遗稿，其中的许多内容在我们看来肯定是哲学讨论。因此，很难说他的逻辑著作就没有哲学讨论。我认为，简单地说，这里有一个逻辑理论和逻辑理论的运用的问题。建立逻辑系统，试图从逻辑推出数学，这是弗雷格的逻辑研究，形成的也是逻辑的理论。而在哲学讨论中，弗雷格运用逻辑理论，从逻辑出发来进行哲学研究。因此，在弗雷格的著作中，逻辑与哲学密切结合，浑然一体。当然，如果深入思考，问题就复杂多了。比如真、思想与真的关系、对象与概念之间的关系、对象与真的关系、思想的结构、普遍性等等，这些问题究竟是哲学问题还是逻辑问题？关于这些问题的思考究竟是逻辑的思考还是哲学的思考？引申一步，有一些基本问题无疑是逻辑与哲学都涉及的，比如真、必然、可能、存在等，关于它们的研究究竟属于逻辑还是属于哲学？说明这样的问题，无疑需要我们进行深入的研究和思考。但是简单地说，逻辑的理论对哲学的讨论肯定是会有重大帮助的。

达米特认为，弗雷格使我们认识到语言的运作方式。戴维森说，是弗雷格使我们知道了探索意义理论的途径。这些无疑都是弗雷格给我们的启示。深入思考，这些启示牵涉到语言哲学的实质，以及语言哲学最核心的一些内容。但是简单地说，仍然有一个逻辑与哲学的关系问题。对语言进行分析可以有多种途径，可以有语言学家的途径，比如进行语法和概念的分析，也可以有修辞学的途径，比如进行词义和词源的分析。但是，当人们明确主张"哲学的根本任务就是对语言进行逻辑分析"的时候，逻辑分析就成为关键所在。弗雷格本人与形成这个主张可能没有直接的关系，但是他的思想对直接导致形成这一主张的那些主要哲学家，比如罗素、维特根斯坦、卡尔纳普等等，却有直接的影响。这主要就是现代逻辑。而在这一主张蓬勃发展的过程中，他的思想直接参与进来，并产生十分重要的影响。他关于涵义与意谓（涵义与所指）的区别，他关于对象与概念的讨论，他所提出的语境原则等，都成为分析哲学讨论中的基本内容。他的一些基本看法，比如真与意义的联系，也成为人们的常识看法。他所使用的一些术语成为哲学讨论的基本概念，他的一些分析方法也成为哲学分析的基本方法。他的一些讨论，比如关于从句的讨论，关于内涵语句的讨论，等等，尽管没有形成完整而成熟的理论，却为后人的讨论提供了素材和基础，也提供了他自己解决这些问题的独特思路。所有这些，在我看来，若是简单地表述，则可以说是弗雷格把逻辑用于哲学研究所做的工作和取得的成就。

对于弗雷格的思想，也许有人会不赞同或不完全赞同，但是大概不会是因为他的思想表达得不清晰。对于他的著作，也许有人会读不懂，但是这也不会是因为他的表述不清楚。清楚地表达思想，至少可以有两个层次。一个是常识的层次，比如一个人聪明，思维有逻辑性，文字能力强，等等。这样他可以做到清楚地表达自己的思想。还有一个科学或者说超出常识的层次，在这个层次上，一个人借助科学的理论和手段来分析和处理日常的一些表述，从而能够发现一些本以为没有问题，甚至是自明的表述中的问题，揭示一些本以为清楚而实际上并不清楚的表述，指出其中一些本来没有被发现或被忽略了的问题，并且认识和解释语言表述的运作规律，最终使自己的表述符合这种运作规律并在自己的表述中排除那些问题，清楚地表达自己的思想。第一个层次是许多人都可以做到的，而且不仅从事哲学研究的人可以做到，甚至一般老百姓也可以做到。弗雷格则做到了第二个层次。所以，当他看到在他同事的讣告上说这个人从未使用过一个不知其意思的词时，他为这种赞誉感到吃惊。我想，这种吃惊是直观的，但是其原因却一定是多方面的。

人们一般认为西方哲学富有逻辑分析的传统，而这一传统可以追溯到亚里士多德，甚至也许更早。逻辑观不同，对于逻辑分析的理解大概也会不同。但是从弗雷格的著作出发，什么是逻辑分析则看得十分清楚。我认为，应该在学科的意义上理解逻辑，因而应该在学科的意义上理解逻辑分析。这样，我们对于西方哲学的逻辑分析传统才会有更加清楚和深刻的认识。近年来我也明确提出了这一看法。我的这种看法，主要是来自我对弗雷格著作的学习和对他的思想的研究，因而得益于弗雷格。我认为，这一看法，对于我国学术界，应该是有益的。

（原载《博览群书》2007年第5期）

走近哲学家

有一套哲学丛书我非常喜欢。它的题目是"在世哲学家图书馆"（The Library of Living Philosophers）。当然，"library"一词也有"文库""丛书"的意思。把它翻译为"在世哲学家文库（或丛书）"也许更合适，更恰当。但是这里我愿意用"图书馆"这个比较大的词，主要是想夸张一些，突出它的意义，以示区别。因为我觉得这套丛书确实与众不同。

这套丛书创始于1939年，至今已70年，主编业已更换两次。它的创始人、第一任主编希勒先生（F. C. S. Schiller，在任时间为1939—1981年）有一个想法：学界有一个奇怪的礼节，就是当一个哲学家活着的时候，不能问他他提出的一些观点、他表达的一些思想是什么意思。而哲学史上总是有没完没了的争论。因此，如果可以向在世的哲学家提一些敏锐的问题，让他们直接做出明确的回答，不就可能会终止那些哲学争论吗？正是在这种思想指导下，希勒先生主编了这套丛书。也正因为有这样的想法，丛书每一本选择一位成就卓著、依然在世的哲学家，选择哪一位，书名就是关于他的哲学，比如第一本《约翰·杜威的哲学》（1939），最近出的一本《迈克尔·达米特的哲学》（2007）。而且每一本都要有以下四项内容：

第一，由所选哲学家亲自撰写的学术思想发展过程。

第二，请一些著名的相关学者撰文，对该哲学家的思想提出批评和讨论。

第三，请该哲学家针对这些批评和讨论答辩。

第四，该哲学家所发表的文章著作目录。

第二任主编哈恩（L. E. Hahn，在任时间为1981—2001年）认为，前任主编关于终止哲学讨论的乐观想法无疑走得太远了，但是尽管如此，该丛书的基本指导思想不变。第三任主编奥克希厄（R. E. Auxier，在任时间为2001年至今）接手时已进入21世纪，但是他认为，没有理由改变该丛书的历史形态和使命。因此，这套丛书的基本形式和内容一直保持不变。

这套丛书目前共出版约31部，选择的都是赫赫有名的人物，如杜威、怀特海、罗素、摩尔、卡西尔、卡尔纳普、波普尔、萨特、奎因、冯·赖特、艾耶尔、利科、伽德默尔、施特劳森、戴维森、辛迪卡、达米特，等等。当然，也有一些非常有名的哲学家没有入选，比如维特根斯坦、海德格尔。我猜想，这里的原因可能是多样的。该丛书的出版周期比较长，前期的策划，取得所选人同意，找不同作者写文章，再把写好的文章交给所选人写答辩，等等。在哪一个环节出了问题，都可能影响该书的出版。比如，《让-保罗·萨特的哲学》一书就比较例外。其中没有萨特本人撰写的学术生平和答辩，取而代之的是一个对他的访谈。萨特接受该书出版计划之后视力出现问题，很快就不能看书写作。为了该书的顺利出版，三位学者应出版社的邀请，认真阅读了专家们写的大约30篇文章，撰写出提问提纲，然后到萨特家里对他做了两次访谈，并做了录音。几经周折，该书毕竟还是出版了。但不知有的书是否在运作过程中流产。此外，专门找人写文章来批评商榷，是不是所有人都可以接受，尤其是那些名人，也是个疑问。我猜想，维特根斯坦大概就不会接受，因为他认为别人总是曲解他的思想。还有，即使找人写文章，大概也不是容易的事情。找的必须是专家，而且是比较有名气的专家。但是专家往往个性十足。哥德尔曾经应邀给《勃兰特·罗素的哲学》写过一篇文章，指出并批评了罗素在逻辑中的一些问题。不知为什么，一向潇洒的罗素没有答辩，这使哥德尔非常恼火，因此拒绝了该丛书以后的再次约稿。哥德尔批评罗素的这篇文章大概也是人们能见到的为数不多的一篇哥德尔撰写的商榷文章。

我喜欢这套丛书，因为里面有每位哲学家撰写的学术自传，从中可以看到许多有意思的东西。有人的自传非常长，比如卡尔纳普，好像国内还出版了一个中译本。有人比较详细地讲自己的家族、身世、婚姻，不厌其烦，比如罗素。但是也有人的自传比较短，对这些事情谈得也非常少，甚至不谈，比如施特劳森。从这些地方可以体会到这些学者的一些不同秉性。不过，我对这些内容不是特别感兴趣。我感兴趣的是这些哲学家的学术经历，特别是他们对哲学的不同理解。

雅斯贝尔斯在讲述自己的学术历程时谈到他最初得不到哲学同行的承认，他所在的哲学系主任里科特教授（Rickert）就反对他当哲学教授，而且这不是一种个人意见，而是一种比较普遍的看法。因此在职业哲学家的圈子里，他觉得自己被看作一个外人。雅斯贝尔斯一开始深受韦伯的影响，认为韦伯是哲学家，而里科特则认为，他有权从韦伯的思想出发构造一种哲学，但是称韦伯是哲学家则是不可思议的。反过来，雅斯贝尔斯也认为里科特根本不是哲学家，他不过是像一个物理学家那样进行哲学研究。他还认为，学院学者们的哲学实际上不是哲学。他们关于哲学看法的分歧确实非常明显，也非常大。

如果说里科特和雅斯贝尔斯关于哲学的看法区别牵涉到学院哲学与一般哲学的关系，或者说，传统的形而上学与涉及其他领域，尤其是自然科学领域的学科的关系，那么在萨特那里，关于哲学的不同看法则典型地反映出哲学与政治的关系。萨特认为，哲学是一种有关"是"和"是者"的研究。任何不导致有关"是"的研究的思想都不是有效的。这样的哲学大概与政治没有什么关系。但是他又认为，在笛卡尔时代做哲学也许可以不考虑政治，但是今天不可能做哲学而没有一种政治态度。当然，这种态度将根据哲学而变化；但是不可避免要有一种态度。每一个哲学家也是一个人而且每一个人都是政治的。有人反对萨特区别意识形态和哲学，认为这是一种困扰人的区别。萨特对此的回应非常明确:"那是因为他们都想当哲学家!"但是他又认为,对他来说,哲学就是一切。它是人们生活的方式。人们作为一个哲学家而生活。我想,这样的认识在萨特这里出现大概是奇特的,也是自然的,因为他早期有专门的形而上学著作,后来则主要撰写与现实问题密切相关的著作。若是不承认哲学有这种区别,则会把自己混同于那些只会或只知道侈谈现实问题的哲学同行,而真要承认并强调有这种区别,难免会有贬低甚至否定自己后来那些文字属于哲学著作之嫌。不管怎样,哲学就是一切,这种认识固然走得太远,但是他从骨子里蔑视那些妄称哲学家的人却是有深刻理由的。

这套丛书最有特色的地方,是专家的商榷和所选者的答辩。我的老师周礼全先生曾经向我推荐过《勃兰特·罗素的哲学》这本书,他对罗素在答辩时表现出来的睿智和风度称赞不已。我认真读了这本书,还曾专门讨论过罗素对摩尔的答辩。我正是从这本书走进了这个"图书馆",仿佛认识了一个个著名的哲学家。但是在那些答辩的背后,可能还有更多的故事。2000年我在哈佛大学图书馆借到了1999年出版的《唐纳德·戴维森的哲学》,从该书预告上知道要出达米特、罗蒂、辛迪卡等人的书。但是直到2007年,我才从网上查到并托人弄到《迈克尔·达米特的哲学》一书。2000年在波士顿大学,辛迪卡教授对我说他已经完成了他的学术自传,正在写他的答辩。但是直到今年2月在巴黎第一大学科学哲学与技术史研究所,我才第一次见到《亚可·辛迪卡的哲学》,该书于2006年出版。不知是因为去世还是其他什么原因,关于罗蒂的书一直未出，而从以上两本书的预告上却看不到该书了。不管怎样，辛迪卡和达米特的答辩居然写了六七年，似乎有些不可思议。前者我只是翻了一下，没有细看。但是从后者看，达米特的学术自传是2000年写的，他在出版时补充了几行，说了几件事，作为跋，注明2006年5月。这说明，他的答辩确实是从2000年写到了2006年。时间是长了一些，不过，看一看答辩的内容就可以理解，这其实是很正常的。达米特一共写了27篇答辩。短则几页，长的甚至有十几页，几乎每一篇答辩都是一篇论文。学术上的事情，真是急不得、快不了啊！

达米特写的跋中有两个地方特别值得一提。一个是哀悼他的朋友戴维森："令我极其悲痛的是，我的朋友唐纳德·戴维森2003年8月在医院做膝盖手术时出乎意料地去世了；他86岁，本来预计还要活许多年的。"在一个答辩中，达米特也谈到戴维森，他说，戴维森是自己一个非常好的朋友，而且也是自己觉得很容易能够一起谈论哲学的人，尽管他们的分歧很大。我喜欢读达米特写的东西，也推崇戴维森的思想和提出的问题。他们学术观点不同，却能够相互交流，而且成为朋友，这一点真让我羡慕。

另一个地方是最后一句话："I am now a month off my eighty-first birthday, to the relief or chagrin of the editors of the Library of Living Philosophers."前面一句比较清楚，说再过一个月就是他81岁的生日了，后面这句也是清楚的，但是两句加起来就不太好翻译。这里有两个意思，一个是说，自己年事已高，答辩写了六七年，迟迟不交，编辑们难免担心出什么事情，如今完成了，他们也就可以放心了，另一个意思是说，他总不交稿，万一完不成，势必影响该书的出版，这是令编辑们懊恼的事情。其中的联结词"or"（或者）大概表明了达米特对丛书编辑的体会和理解，它左边的"松一口气了"是显然的，而它右边的"懊恼"大概是可以猜测到的。这可能说明，在这些年中，编辑们大概一直与达米特保持着"正常的"联系，没有怎么"迫不及待"地催稿。其实真有这样的担心，也是人之常情，毕竟是80岁的人了。

国内丛书的出版，近年来几乎成了学术出版物的模式。不能说这些丛书的出版没有学术方面的想法和追求，但是出版效益大概是考虑比较多的因素，即使不是第一位的因素。我觉得，出书不仅是求生存、做市场、赚钱，而且应该是一项事业；出好书不应该是理论上的说辞，而应该是实际的追求。如今这个时代，对好书当然也会见仁见智。但是像"在世哲学家图书馆"这套丛书，它的创意、规模和运作模式，它的学术水平、特色和影响，至少是值得我们思考的。该丛书的经济效益怎样，我不知道，但是其中一些已经再版，而《约翰·杜威的哲学》一书已经两次再版。我相信，好书总有人看，而且是会有很多人看的。

（原载《博览群书》2008年第8期）

哲学与学术传统

哲学家的理解

近年来"终结"之声不绝于耳,什么"科学的终结""哲学的终结"。不知科学家每天走进自己的实验室会不会有失落感,我在自己的书桌前倒是感觉良好。最近读了《德国著名哲学家自述》一书,品味20世纪一些德国哲学大师的哲学感受,更觉得"终结"之说既失之肤浅,又危言耸听,实在是不必当真。

哲学家对哲学的理解与一般人肯定是不同的。考尔巴赫认为,一些具有市场价值的词,如"科学理论""社会""社会上的重要性""批判理论""反思"等等,会在哲学中流行并影响到教授讲席的设置、科研计划的确立、出版著作的命名,甚至影响到科研人员的任用。"这种哲学语言的过分忙碌是反映哲学衰弱的信号。"它说明哲学已经失去了过去那种作为理论体系代言人的风光。但是,在科学大行其道的今天,哲学仍然可以寻找到使人弘扬理性的可能途径,从而认识物的本质,"使自由、社会和国家的公正成为现实","扬弃种种异化"。李卜卢克斯则认为,哲学生命的根据就在于对人类自身和周围世界的认识之中。

哲学家的背景不同,对哲学的理解也不相同。有人认为哲学神学是哲学的"中心和高峰"(魏舍德尔),"真正的哲学能够返回到与神学的最初的统一"(皮佩尔);也有人认为"人的自由构成哲学的中心问题"(马克斯)。偏向逻辑和科学的人主张"把逻辑学的哲学革新列入议事日程"(京特),"摒弃数理逻辑就意味着退回到从前时代"(波亨斯基);而解释学大师伽德默尔则引入艺术和文学的思考,主张一种基于理解的实践哲学。这些不同的理解极其自然,也反映出哲学的一种独特性质。具有悠久历史的哲学容纳了丰富的内涵,涉及语言、思想、文化、宗教、科学等众多领域。对哲学的理解往往与对哲学历史的把握和理解密切相关,因此自然会涉及这些方方面面的关联和影响,也会体现出多元的特点。但是在哲学家那里,尽管他们对哲学的理解各种各样,有一点却是共同的,这就是主张哲学应该自由思考。

哲学产生于古希腊,它的字面意思是"爱智慧",它的具体体现就是不断地询问"是什么?"和"为什么?",一如魏舍德尔所说,"哲学的命运就是彻底地提问的命运"。人的认识无疑是有局限性的。但是人的认识权利却不应该受到限制。因此,不应该人为地规定什么可以思考,什么不可以思考。这样的思考方式与结果构成了哲学与宗教的不同。宗教从信仰出发,对上帝不能提出怀疑。而哲学的性质决定了它不能从信仰出发,不能为自己划定思考的禁区。这样,哲学不能屈从于宗教信仰或宗教式的意识形态的束缚。任何这样的束缚都会阻碍哲学的发展，扭曲哲学的面貌。普列斯纳指出，"千万不要把某个理论称为'神圣的理论'，我们对理论的神圣化已厌恶至极"。因此，对现有的观点和结论进行质疑和反思，准备自己的观点遭到质疑和批判，乃是哲学自由思考的实质。一个哲学家可以对任何一个结论进行质疑和反思，提出自己的不同见解，同时又必须准备自己的结论遭到质疑、批判甚至推翻。

不同的国家和不同的文化也造就了对哲学的不同理解。在我国，受过教育的人都知道世界是物质的，物质是发展变化的哲学道理，"对立统一""一分为二"也是张口就来，因而似乎都懂哲学。在日常语言中，"生活哲学""处事哲学""爱情哲学"也是司空见惯。文学家不写小说了，可以写自己的"哲学"；运动员说起自己的项目，也是"哲学"长，"哲学"短。哲学真是变成人人都能说几句，因而似乎人人都懂的东西了，它的价值和吸引力大打折扣也就在所难免。格洛克纳一针见血地指出，"今天的学生们只学会思考本专业的科学知识，局限于一种理智的文化，缺乏人的历史，更缺乏人文科学的素质教育"。在崇尚实际的今天，"素质教育"显然是一个比较虚的概念，远不如具体的学科专业那样清晰明确，而从未来就业和收入的角度考虑，"人文学科"当然不如计算机那样的学科来得实惠。MBA无疑是通向企业管理的通行证，却无论如何不是"Ph. D"。问题是，一旦连书法、戏剧、声乐等专业都设立了博士学位以后，我们还能明白"Ph. D"的真谛吗？这里的"Ph"（"哲学"一词的缩写）难道仅仅是个摆设吗?

哲学与实际的关系,哲学的具体用处确实是一个问题。习惯了理论联系实际的思维方式,用"有用"和"没有用"作为评判标准,又有什么不自然的呢?如果连肚子都填不饱,还要一天到晚讨论什么"本质",什么"真",那不是有毛病才怪。虽然人们的论证理由一般比这会冠冕堂皇得多,道理却是一样的。至少人们相信,如果哲学与实际没有任何关系,如果哲学对现实没有什么作用,那就没有什么价值可言。

其实,亚里士多德早就说过,只有保证了起码的生活以后才能从事哲学研究。这种说法已经暗含了一种观点:哲学与人们的衣食住行没有什么直接的联系。也许是哲学在历史上曾经取得的辉煌淡化了这一观点的意义,也许是柏拉图所说的"哲学王"更令人向往,也许是中国的传统文化有太强的影响,因此亚里士多德的这种观点无法让我们从心眼里喜欢,无法成为我们看待哲学的基点。无论是"修身、齐家、治国、平天下"的古代理念或"学而优则仕"的传统信条,还是"改造世界"这一新时代的革命口号,无不淋漓尽致地体现了"务实"和"有用"的精神。京特说,我们应该"摆脱一切功利主义的考虑去探求真理",这无疑是在重申亚里士多德的观点。不能说功利主义的考虑就没有任何道理,但是为什么亚里士多德会提倡这样一种没有什么实际效用的研究?为什么这样一种研究在西方2000多年来延绵不断,经久不衰?

在众多哲学家的论述中,使我倍感亲切的是皮佩尔的自述。

它使我想起20世纪80年代初在明斯特大学留学时听他课的情景。那时他已是80岁高龄的退休老人，但是仍然在周五晚上开哲学讲座。1993年我重访德国的时候，他的周五讲座竟然依旧。如今，他讲的内容是什么已经记不清了，有记忆的只有两点。一是他的德语非常清楚，这可能是我最初听他一学期课的主要原因。二是他的讲座在一个很大的报告厅里，许多听众是老年人，一些人甚至步履蹒跚。我曾对皮佩尔的讲座感到惊奇，德国朋友告诉我说，他的讲座是对明斯特整个城市开的。这一现象使我终生难忘，它使我看到了哲学文本以外一种对哲学的理解：皮佩尔教授执着地讲授哲学表达了一种对哲学的理解，一种专业哲学家对哲学的理解；听众参与的热情也表达了一种对哲学的理解，一种不同年龄、不同知识背景的普通老百姓对哲学的理解，从而使我感受到哲学在一个国家、一个民族中源远流长、生生不息的命脉。

我理解德国人对哲学的理解。我对哲学的理解在很大程度上也是从德国和德国人那里得到的。

（原载《中华图书商报·书评周刊》2003年7月11日）

为学术而学术

最初人们是由于好奇而开始哲学思考的，先是对身边困惑的事情感到惊讶，然后逐渐对那些重大的现象如月亮、太阳和星辰的变化，以及万物的生成产生疑问。一个感到疑难和惊奇的人会觉得自己无知，人们是为了摆脱无知而进行思考的，显然他们是为了知识而追求知识，并不是为了其他有用的目的。事实可以证明，只有当种种生活必需品全都具备以后，人们才会去进行这样的思考。我们追求它并不是为了其他的用处，正如我们将一个为自己而不是为他人而活着的人称为自由人一样，在各种知识中唯有这种知识才是自由的，只有它才是为了它自身，才是自由的。

这段话出自亚里士多德的《形而上学》，学习西方哲学的人是再熟悉不过了。然而引人注目的是，汪子嵩先生在2001年发表的三篇文章中都全文引用了它。汪先生认为，在亚里士多德看来，哲学的自由就在于研究哲学的人应该有自己独立的见解，而不应盲目地屈从他人，屈从于某种权威。这里，是亚里士多德第一次提出了"为知识而知识"的思想，这也是"为学术而学术"的思想。2001年正是汪先生深入研究亚里士多德，撰写《希腊哲学史》第三卷的时候，如此多次引用谈论这段话并阐述对它的理解，绝不会是随口说说。

在我国，"为学术而学术"肯定不是一个可以大行其道的观念。可以说它和"为无产阶级政治服务""改造世界"等理念格格不入，也与"修身、齐家、治国、平天下"的精神大相径庭。批评学者脱离实际、不关心政治、不关心现实的声音几乎从未终止过。而且这样的批评不仅来自学界外部，也产生于学界内部。前几天在一个会上还听到有人讽刺批评说，不知道这种为学术而学术"是个什么东西"。亚里士多德的话十分清楚，这样的研究应该在解决了生存问题之后再进行，因为它不是以实用为目的，不会为我们的生存提供帮助。汪先生在这里看到了"为学术而学术"的思想，而他的解读则是，进行这样的研究必然是自由的。它不是指只顾自己，不顾别人的自私自利的人，而是指研究者有独立思考的权利和能力，可以根据自己的喜欢和爱好，选择研究的问题，不受外力干扰，产生自己的研究结果。我同意汪先生的解释，也赞成他的引申见解。然而令我感触更深的还是他由此总结出来的一句话："学术需要自由！"

汪先生研究亚里士多德多年，从亚里士多德的著作中得出这样的结论自然十分正常。而且他也确实不是今天才对亚里士多德的话有这样的认识的。在1995年的文章中，他明确地说有两类哲学家，一类热衷于关心人类的前途，试图用哲学来济世安民，另一类对哲学问题有兴趣，为学术而学术，没有其他实用目的。亚里士多德就属于后一类哲学家。而在1993年的文章中，他也提到哲学是为了知识而追求知识，不像其他学科那样是为了其他目的和效益。甚至在1988年的文章中他就谈到，从古希腊哲学开始，以寻求知识为目标的这一特点就十分鲜明了。但是，如果我们再往前追溯，这样的认识在汪先生的文章或著作中表达得就不是这样清晰明确了。我想，同样是读亚里士多德的书，并不一定就能够认识到为学术而学术的思想，即使认识到为学术而学术的思想，也不一定能够把它明确地表达出来并加以强调。因此，汪先生的思想认识大概也有一个发展变化的过程。

1979年或1980年，我曾经听过汪先生讲的"亚里士多德的《形而上学》"这门课。如今依然记得两点，一是他关于"本体"（相对于"实体"）的解释，我觉得很有意思；二是他依据列宁的观点评价亚里士多德，我感到有些教条。那个时代的烙印是深刻的，在我的身上也不是没有，不过是多些少些而已。今天，我们都懂得，不是不可以讨论唯物唯心，也不是不能依据列宁的观点来评价亚里士多德，问题是不能把它当作评价的唯一尺度。一个人可以主张学术为现实服务，也可以提倡学术研究要结合实际问题，但是他不能因此而禁止别人的不同做法。一个人可以依据某一种理论为前提或原则来进行研究，但是他不能因此而不允许别人使用不同的理论。尤其是在哲学讨论中，把某一种理论观点绝对化、终极化、教条化，与哲学这门智慧之学的性质恰恰是相悖的。因此，从自身的学术经历和体会，尤其是从学习研究西方哲学而产生的认识出发，我完全可以理解汪先生推崇的为学术而学术，也赞同他强调学术需要自由。但是我相信，与汪先生这样的老一辈学者相比，我的这种体会肯定肤浅得多。

汪先生早年在北大哲学系任教，担任一些行政职务，后到人民日报社理论部工作。在他工作的几十年里，经历了中华人民共和国成立以后的每一场政治运动，在特定的情况下，他甚至只能抛开学术，投身政治。同许多年轻人一样，汪先生当年也曾"自以为是，想怎么说就怎么说"，但是挫折不小，他曾被批判为修正主义，被指责为有右倾机会主义倾向，并受到批评处分。从他所处的那个时代走过来的人，经历了大大小小的政治运动，大概都可以体会到，有些东西可以说，有些东西则是不能说的。这种当说与不当说不仅成为一个人的一种思维方式，甚至就是一种生存方式。身处这种状况，汪先生研究哲学也要时时刻刻绷紧这根弦，必须小心谨慎地考虑，什么能说，什么不能说。很难想象，在这样一种条件下汪先生会认识到还有为学术而学术的事情。即使他有这样的认识，也无法想象他怎样把它表达出来，更不用说提倡和推崇它。近年来汪先生对我说过多次，他以前研究哲学主要是在工作之余，直到退休以后他才可以真正研究哲学。我觉得，"为学术而学术"不仅是汪先生全身心投入古希腊哲学研究所获得的思想认识，也是他生活经历的体验。正因为这样，我看重汪先生由此引申出来对自由的理解和体会,对自由的渴望和追求。它绝不是来自书斋的空想,而是发自心灵的呼声。难怪汪先生给自己的文集命名《亚里士多德·理性·自由》。"亚里士多德"是汪先生研究最多的人,是汪先生学术思想的记录。"理性"与"自由"则是汪先生几十年风风雨雨对学术真谛的感悟。

文集收入了汪先生自1980年以来写的一些文章,有纯学术的,也有不是纯学术的。前一类文章都是关于古希腊哲学的,最主要的就是亚里士多德。而后一类文章讲述了他学习和工作的不少经历,阐述了他关于学术的一些看法,谈到他的许多师友,包括金岳霖、冯友兰、汤用彤、郑昕、陈康、贺麟、沈有鼎、苗力田、王太庆、周礼全等。汪先生的文笔清晰明快,道理说得明白,故事讲得生动,字里行间流露出一位学者深刻的反思,包括一些真诚的自我批评和歉疚。我体会,"自由"是一种状况,也是一种境界。一个人也许一辈子也无法达到它,即便如此,也还是要去想、去追求的。

(原题为《汪子嵩先生的学者情怀》,载《中华读书报》2005年4月20日)

大学者的大学问

　　金岳霖先生的《论道》《知识论》和《逻辑》构成了他的哲学体系，涵盖本体论、认识论和逻辑三大领域。以此金先生也成为我国哲学界的一代宗师。最近读"金岳霖年表"（以下简称"年表"，刘培育主编：《金岳霖思想研究》，中国社会科学出版社，2004年），特别留心了金先生的学术历程，却由几件平凡的事情产生一些疑问。事情早就知道了，问题却是新的。想想还是挺有意思的。

　　"年表"说：1922年金先生接触了罗素的《数学原理》，该书对金先生影响很大；1924年金先生在巴黎街头参与了一场争论，由此便引起对逻辑学的兴趣。

　　这似乎表明，金先生是从1922年开始学习逻辑的，但是真正对逻辑感兴趣却是在1924年。罗素的逻辑是由符号表达的公理系统，街头辩论是各持己见，争论不休，二者风马牛不相及。难道

图1 1982年纪念金岳霖先生从事教学和研究工作56周年庆祝大会：周培源（左一）、钱端升（左二）、胡乔木（左三）、钱昌照（右一）、邢贲思（右二）、胡愈之（右三）、于光远（右四）等人向金先生（前排中坐者）祝贺。持话筒者为作者

金先生正经地学习逻辑并没有对逻辑产生兴趣，倒是街头的辩论使他有了对逻辑的兴趣吗？金先生从街头辩论而对逻辑发生兴趣的故事我听过多次，"年表"大概也是根据这个故事而写的。金先生在回忆中曾谈到这个故事。他自己的说法是：街头辩论的人"好像都提到了逻辑"，而他"不知道逻辑是什么"，"可是，不久就同逻辑干上了"。显然，他并没有说街头辩论引起了他对逻辑的兴趣。不过，他的说法似乎难以使人相信他在此前学过罗素的逻辑。也许，金先生从罗素的《数学原理》只是知道了有那样

一种东西,并没有深入学习?倒是街头的辩论使他回过头来学习以前曾经接触过的逻辑?学院里的逻辑和街头辩论中隐含的逻辑是根本不同的。金先生在中国做的逻辑主要是学院里的逻辑,尽管后来也写过普及读物。不过,在从事逻辑的教学和研究工作之初,从不知道逻辑是什么到同逻辑干上了,其间难道不会还有些什么东西吗?

"年表"说:1926年,金先生受聘于清华大学接替赵元任先生讲逻辑,并于同年创办清华大学哲学系,任教授兼系主任。

32岁的金先生大概可以有一万个理由到清华来讲逻辑和搞哲学,但是清华大学为什么会让他来讲逻辑?又凭什么让他来创办哲学系?金先生的文凭是政治学博士,此前在中国大学讲授英文和英国史,没有逻辑著作,甚至连一篇逻辑论文也没有。用今天的话说,他在应聘的硬件方面是根本不合格的。难道就是因为当年国内学界水平低,只要是在国外拿个学位回来就了不得了吗?从金先生后来的发展来看,显然不是这样。因为他是当之无愧的。那么,在没有硬件评判的情况下,又是以什么为依据呢?我猜想,这里大概有一个学术共同体认同的问题。在当时,金先生在逻辑和哲学方面所表现出来的能力和水平,虽然没有见之于文字,但是在那个不大的学术圈内很可能有口皆碑。如果不是基于这种学术共同体的认同,清华大学哲学系能有后来的辉煌,大概凭的只是一种运气。今天评判标准已经物化和量化,教授、博导、委员、主任、长等头衔不可或缺,专著、文章,甚至字数等也是考量的重要因素。不能说人们完全忽视学术共同体的认同,但是它至少已经不是考虑的必要因素。也许是习惯了今天的这一套，我才会对金先生的这一经历提出疑问。当然，这样的疑问本身在今天也许根本就是不合时宜的。

"年表"说：金先生1927年发表文章《序》。1931年去哈佛大学专门学习一年逻辑。1936年出版《逻辑》一书。

《序》是金先生第一篇与逻辑相关的文章，《逻辑》则是金先生第一部著作。在《序》中，金先生探讨了什么是逻辑，论述了逻辑与其他学科的关系，而在《逻辑》中，他介绍了传统逻辑的对当方阵及其推理和三段论，也介绍了罗素的逻辑系统，并分别对它们进行了评价。从1922年接触罗素的逻辑到写出第一篇与逻辑相关的论文，金先生用了5年的时间，而到出版第一部逻辑专著，尽管是教材，他用了14年。这些数字本身是枯燥的，但是它们记载了金先生的学术历程，似乎就不会是那样简单。

今天研究生毕业要满足的要求之一是发表一定数量的论文。理工科我不懂，文科的面很宽，许多也说不清楚。仅就哲学而言，怎么也觉得这一要求是有问题的。那么多文献，需要多少时间才能读完呢？没有文献基础，又怎样写论文呢？对照金先生，不管个人的知识背景，也不说个人的聪明才智，单论时间，一篇论文至少也需要5年吧！我总对学生说我同情他们的处境，因为我内心里知道，这样充数写出来的哲学文章是没有任何意义的，这种做法也是培养不出像金先生这样的大学者的。我们的教育确实不是为了培养大学者的。但是，作为一种教育制度，难道本身不应该为造就大学者保留一些空间和提供一定的可能性吗？

今天，如果没有一本专著，要当哲学教授大概想都不要想。金先生从博士毕业到出版第一部专著用了16年的时间，而且这部专著并不是他的博士论文的修订，而是与博士论文没有任何关系。这一时间跨度可以换算为：本科+硕士+博士+6年。也就是说，金先生没有写出专著就当了教授，而在当上教授之后也是10多年没有专著。是金先生已经当上了教授，没有职称的压力而有些养尊处优吗？是金先生兴趣广泛，精力分散，而把时间荒废了吗？熟悉金先生的人都知道，他几十年如一日，每天上午在自己的书房里读书写作，别人是不能去打搅的。直觉上，金先生一下子就当教授了，挺幸运的。不过，这里面实在是有值得思考的东西。

"年表"说：1950年，艾思奇到清华大学讲演，否定形式逻辑，说形式逻辑是形而上学。金先生主持会议并总结说，艾思奇说的话完全符合形式逻辑。

这个故事曾听许多人讲过。金先生的意思话里话外也可以理解。奇怪的是金先生说的是"形式逻辑"而不是"逻辑"。20世纪50年代以前，金先生一般只谈逻辑，几乎从来也不谈形式逻辑，出的《逻辑》一书也不带"形式"二字。但是20世纪50年代以后，金先生谈论逻辑的时候，却总是要谈形式逻辑，他主编的逻辑书也叫《形式逻辑》。从具体的内容来看，以前的"逻辑"指的大概是对当方阵及其推理和三段论与一阶逻辑，后来的形式逻辑指的则是包括了归纳在内的传统逻辑。这样，形式逻辑与一阶逻辑，或者普遍地说，与数理逻辑明确地区别开来。无论这样的区别有没有必要，有什么必要，最初是怎样来的呢？以上这段话只是为我们提供了金先生明确说"形式逻辑"的时间，还让我们知道像艾思奇这样的人可以当着金先生的面在大学讲堂上堂而皇之地否定形式逻辑。这一切一定有一个比较复杂的背景。据说，依据辩证法否定形式逻辑的做法在20世纪30年代就有了，可是金先生那时不还是好好地讲自己的逻辑吗？怎么后来一下子就讲起形式逻辑来了呢？尤其使我无法理解的是，人家批人家的形式逻辑，你讲你的逻辑不就得了吗？为什么也跟着说形式逻辑呢？这一跟着说的结果就是承认逻辑的许多分类，比如区别形式逻辑和辩证逻辑，在形式逻辑中还要区别普通的形式逻辑和数理逻辑，如此等等。这样的区别若真是带来了逻辑的进步也还是不错的。但事实是这样的吗？

"年表"说：1958年，金先生在一份检查中说："我口头上赞成学习辩证逻辑，可是骨子里是另外一件事。"关于辩证法或辩证逻辑和形式逻辑的关系问题，就好像旧逻辑学家说，仍然"茫然"。辩证法"好像记得一些"，辩证逻辑"他们大都不懂"。

口头上赞成，而骨子里两样，这是金先生检查自己对待辩证逻辑的态度。应该说是够深刻了！但是我要问，金先生对这句话的态度本身又是如何呢？会不会仍然是口头上这样说，而骨子里是另外一回事呢？金先生在1961年提出建立统一的逻辑体系，号召"辩证逻辑、数理逻辑、普通的形式逻辑、逻辑史各方面的工作者都可以参加，也都应该参加到这一工作中来"，而在"文革"结束后1978年召开的第一届全国逻辑讨论会的开幕式上明确"希望大家在形式逻辑、数理逻辑、逻辑史和辩证逻辑等方面广泛地开展研究"。在这两个排序中,辩证逻辑的地位可以说有天壤之别。我真想知道,金先生在骨子里对辩证逻辑究竟是怎样看的。

值得注意的还有上述"辩证法或辩证逻辑"这样的说法。像金先生这样的人,辩证法"好像记得一些",而辩证逻辑则"不懂"。因此二者似乎是不同的东西。但是用"或"把它们并列起来又似乎表明,它们是一回事。对于它们与形式逻辑的关系,金先生说"茫然",这里当然也可以理解为"不懂",但是字面上的意思大概应该是"不知所云""一头雾水"等。按照我的理解,谈论辩证法和逻辑的关系大概还是可以的,但是谈论辩证逻辑与逻辑的关系确实就有问题。若说辩证逻辑不是逻辑,它字面上就有"逻辑"二字,但是如果说辩证逻辑是逻辑,它又不具备逻辑的性质。若说它就是辩证法,它却字面上表明是逻辑,可如果说它是逻辑,它却要辩证。金先生的"茫然"二字无疑是有道理的,只是不知道还有没有更深的含义。"或"这个字在别人那里也许会很随意,但是在金先生的笔下却一定不会这样。至少从字面上,辩证法没有排斥,辩证逻辑也说了。在这样的地方,难道不是利用逻辑的清晰掩盖了思想上的模糊吗?

"年表"说:1983年,商务印书馆出版金先生的《知识论》。金先生在"作者的话"中说:"《知识论》是我花精力最多、时间最长的一本书,它今天能够正式出版,我非常非常之高兴。""另外一本《论道》也是商务印书馆帮我出版的,作为旧书重印,我完全赞成。"

这里，"非常非常之高兴"仅仅是表达了一种心情吗？

金先生在回忆中对自己的三本书有一个评价：比较满意的是《论道》，花功夫最多的是《知识论》，写得最糟的是《逻辑》。由此人们也一般认为《论道》最好。有人甚至还认为，这说明在金先生眼中，中国哲学最重要，而逻辑最不重要。对此我有一些不同的理解。

"比较满意""花功夫最多""写得最糟"确实是金先生对自己三部著作的评价，可以作为我们评判金先生著作的依据。但是应该看到，"比较满意"是指自己的态度，"花功夫最多"似乎表示努力的程度，"写得最糟"则是形成的结果。三个评价，三种不同的角度，由此难道可以排出三部书的优劣，甚至进而得出什么重要、什么不重要吗？

金先生对《逻辑》一书大概确实不太满意，至少他不敢公开表示满意。这从他在该书的序中也可以看出来，他说有时候觉得自己"根本就不应该写这样一本书"。人们常说金先生有逻辑天赋，好像金先生的逻辑能力是与生俱来的。但是人们往往忽略了1931年他专门在哈佛学习一年现代逻辑的这段经历。有了这一年的学习，像金先生这样一位认真的学者，当然知道什么是逻辑，也知道逻辑发展到了什么程度和样子，因此在对待逻辑的问题上，他是非常实事求是的。既要写书，以此来传播逻辑，因为它非常重要，同时又清楚地知道，自己写的东西与学界的水平是有差距的。"年表"说金先生1954年指导诸葛殷同等人学习《逻辑》一书，该书1961年被列入《逻辑丛刊》出版，1962年第2次印刷。这说明金先生一直在用这本书。以后是不是还用这本书，从"年表"看不出来。即使如此，从1936年到1954年，加上此前的写作阶段，至少金先生用了20多年的《逻辑》。假如是在今天，假如是另一位作者，对这样一部著作的评价，大概"填补空白"是最起码的。但是在我看来，作为一位学者，金先生是从国际学术研究的水平这一角度来评价自己的，而不是满足于自说自话，因此金先生对《逻辑》的评价只是表现出一种谨慎的态度。《论道》则不同，它的参照背景大概只有国内学界。相比之下，金先生即使不认为自己的体系是开创性的，至少可以认为自己思考和论述的方式是独树一帜的，比如，能够建立"道—式—能"的哲学体系，能够把"时间"的"间"和"时"分开来谈，等等，显然是国内学界没有人做过的。这当然就是可以满意的，而且几十年后也是可以公开表示满意的。

金先生的《知识论》写了两遍，第一稿在躲空袭的时候丢失了。金先生说"得重写"。没有电脑，没有复印机，也没有底稿，一本六七十万字的书从头到尾"得重写"，说得好轻松啊！我不禁要问，为什么"得重写"？如果金先生不认为这本书重要，如果金先生不非常看重自己在书中的那些思想和观点，难道他会认为"得重写"吗？"非常非常之高兴"难道只是对这样一种二次辛勤劳作得到回报的感叹吗？我以为大概不会是这样简单。《知识论》论述了世界、认识和语言，探讨了认识与自然的关系，思维与语言的关系，涉及逻辑、归纳等方法论问题，涵盖时空、性质、关系、因果、度量、真等哲学范畴，可以说，它探讨了当时哲学领域几乎所有重大问题。对于这样一部鸿篇巨著，它的意义和价值，金先生的心里肯定清清楚楚，但是自己实在是不便说什么。一个人做一件事情花的功夫多，原因可能多种多样。简单地说也许主要有两种可能，一是这件事情本身难度非常大，一是这个人比较笨。我想，金先生无疑是非常聪明的人。所以，"花功夫最多"其实是可以有许多含义的。

在金先生晚年，我随逻辑室的人一起去过他家看望过他几次。每一次他都是坐在屋子中间的一个大沙发里，说过一些话，但是没有谈论学术。看着坐在沙发里的金先生，感受着沈有鼎先生、周礼全先生和其他老师对金先生的尊重，我努力体会他曾经有过的神采和风范，不过总是对不上号。如今读金先生的著作，追寻他的学术生涯，脑海里又总是浮现他坐在沙发里的形象，觉得与他接近了许多，也亲近了许多。多少年以后，人们肯定只是把他当作一个历史人物看待，读他的文本一定会非常冷静，从而也许会更为客观。但是，金先生毕竟曾是我们身边的人。对于这样一个历史人物，我们的理解和评价难免带有感情色彩。这样的情感也许会影响我们的评价。不过，希望它至少有助于我们的理解！

（纪念金岳霖先生诞辰110周年，
原载《博览群书》2005年第11期）

不聪明的哲学家

书读多了,总爱做一些比较,不论是有意识还是无意识。最近突然有了一种明晰的感悟:同样是著名哲学家,冯友兰先生是一个聪明人,而金岳霖先生就不是一个聪明人;他们都很了不起,却是两类不同的人。这种认识似乎是突然产生的,其实仍然是一种比较的结果,尽管也许是一种长期的潜意识的比较。

我说的聪明还是不聪明,仅仅是在大哲学家的意义上说的,绝不是指哲学研究以外的其他事情。具体一些,我不是说究竟冯先生哲学系主任做得好,还是金先生做得好,是冯先生文学院院长做得好,还是金先生哲学所副所长做得好;我更不是比较他们在生活能力方面的强弱。我说的聪明还是不聪明,仅仅是就哲学研究本身而言。

即便如此,说冯先生聪明,可能谁也不会有疑义。但是说金先生不聪明,大概不少人就会反对了。因为金先生是一代宗师,无论是哲学成就还是哲学地位,至少不比冯先生差。不过我以为,虽然有人推崇金先生是中国哲学界的第一人,但是说到影响,金先生大概还是远远不如冯先生的。

冯先生说过,他的特点是能把复杂的东西说得简单,而金先生的特点是能把简单的问题说得复杂。冯先生是非常尊敬金先生的,但是在我看来,恰恰是这一点,金先生真是不聪明。冯先生的《中国哲学史》简明清楚,深入浅出,充分体现了"把复杂的东西说得简单"的能力,但是金先生在给它写的审查报告中,仅仅对"中国哲学史"这一个概念就分析了许多。首先金先生分析了什么是哲学,然后又进一步分析,"中国哲学史"究竟是"中国哲学"的史,还是中国的"哲学史"。这样的分析结果表明,以某种方式或态度来写中国哲学史是不容易办到的,而以某种方式或态度写出的东西则不能称为哲学史。读着金先生的这些分析,是不是会有一种"不聪明"的感觉?这样一分析,中国哲学史写起来该有多吃力!研究中国哲学史的人大概没有谁不重视冯先生的著作,但是真不知有谁会把金先生这段话放在心上。

人们一直认为,中国哲学具有悠久的历史传统、博大精深的内容、深刻复杂的思想。特别是近年来,除了中国哲学史本身的研究以外,从事中西哲学比较研究的人逐渐增多,厚厚的专著也不少,而之所以能够比较,就是因为我们相信它们都是"哲学"。但是也有不少人认为,如果以西方的哲学观点和概念来看待和分析中国哲学史,就根本写不出什么东西来了,所以我们写中国哲学史,不应该依据西方哲学的观点和概念。按照金先生的"分析"，这种观点大概是很成问题的。因为"哲学"这个概念本身来自对西方"philosophy"一词的翻译，因此它从一开始的使用就注定带有西方的"philosophy"的含义，想回避大概也是很难做到的。冯先生在写中国哲学史的时候，也面临着同样的问题。不过他的处理很简单。他说："哲学、宗教都是多义的名词。对于不同的人，哲学、宗教可能有完全不同的含义。人们谈到哲学或宗教时，心中所想的与之相关的观念，可能大不相同。至于我，我所说的哲学，就是对于人生的有系统的反思的思想。"按照自己的理解出发，金先生所说的问题一带而过，冯先生的这种做法确实是很聪明的。

毫无疑问，谁都可以有自己对哲学的理解，谁都可以根据自己的理解谈论哲学，而且谁都可以把一些自认为是哲学的东西当作哲学来谈论。但是我仍然觉得，"哲学"毕竟是个外来词，因此它一定有一些不能任我们随意理解和解释的含义。特别是当我们谈论中国哲学的时候，以及当我们把中国古代思想与西方哲学进行比较研究的时候，我们特别应该当心。因为，我们面对的是一些古典文献，其中所载肯定不会都是哲学，我们可以说那里面表达和体现的东西是文化，是思想，但是我们凭什么说它们就是哲学呢？特别是，我们凭什么来分辨其中哪些是哲学，哪些不是哲学呢？

众所周知，最初希腊文"哲学"的字面意思是"爱智慧"，亚里士多德区别出爱智慧的不同程度，提出了第一哲学，后人称它为形而上学。海德格尔甚至说，在亚里士多德这里，哲学才成熟起来，因为它找到了形而上学的途径。在这种意义上说，也许可以认为中国自古就有与西方同样的哲学思想和哲学研究，但是，至少我们应该认真考虑，中国哲学所包含的内容是什么意义上的东西？具体地说，至少我们应该认真考虑一下，我们有没有形而上学？这样的问题似乎有些奇怪，因为"形而上"与"形而下"本身就是我们自己的术语。"形而上者谓之道，形而下者谓之器"，"形而上者，无形无影是此理。形而下者，有情有状是此器"。中国传统上的"道""器"之分或"理""器"之分明确而形象，以"形而上"和"形而下"来说明，更不难理解。但是我们不要忘记，"形而上学"本身确确实实是外来的东西。它是我们用自己区别出来的"形而上"去翻译西方的"metaphysics"。笼统地理解，不会有什么问题，但是一分析，问题就来了。所谓"metaphysics"，是指"物理学之后"。从字面的意思看，至少首先要有物理学，才能有这种形而上学。人们当然可以像物理学家那样具体地探讨世界，但是人们无疑也可以在非常抽象的意义上探讨世界，比如在时间、空间、关系等这样一些基本结构的意义上探讨世界，探讨形式与质料、原因与结果，探讨必然与可能，探讨真和假，如此等等。有了这样的分析和理解，我们难免会问：我们可以说中国早就有"形而上"的说法，由此我们似乎也可以说中国早就有形而上学，但是我们有物理学吗？我们的形而上学是西方这种有了物理学之后的形而上学吗？或者说，我们的形而上学究竟是一种什么形而上学？

我想，重要的不是从字面上去理解，而是应该在亚里士多德的形而上学（metaphysics）的意义上来理解。我们至少不应该笼统地考虑和谈论哲学，而应该区分出一般哲学和形而上学这样两个层次。这样我们就可以进一步考虑以下问题：我们有没有亚里士多德的形而上学这种意义上的哲学？我们有没有一般的爱智慧那种意义上的哲学？在一般的爱智慧这种意义上的哲学中，我们有没有那些属于自然科学研究或与自然科学研究有关的哲学？有没有那些属于伦理、政治等学科或与这些学科研究有关的哲学？也许这样提问是没有意义的，因为答案是肯定的，而且是显然的。那么我们可以换一种方式来考虑：在老子、孔子、墨子等人的著作中，哪些内容是亚里士多德的形而上学意义上的哲学？哪些内容是一般的爱智慧那种意义上的哲学？哪些内容是与科学研究或自然科学研究有关的一般的爱智慧这种意义上的哲学？哪些内容是与伦理、政治等学科或与这些学科研究有关的一般的爱智慧这种意义上的哲学？因为，如果我们这样进行思考，我们就比较容易考虑以下问题：在中国传统哲学中，什么样的哲学占主要成分，或居主导地位？是形而上的哲学还是形而下的哲学？是形而下的哲学中与自然科学有关的东西还是与自然科学无关的东西？

我认为，这种做法也许不是一种聪明的做法，它至少显得有些笨。但是这种做法可以把我们带到一个分界点。从这里出发，我们可以继续深入地追问一个又一个的为什么。比如，为什么会形成这样那样的东西？为什么缺乏这样那样的东西？为什么这样那样的东西会得到发展？为什么这样那样的东西会受到抑制？等等，等等。这样的追问属于哲学史研究更深层的内涵，因此会因研究者的兴趣、背景、能力、知识结构等方面的不同而不同，所以也是无法有一个明确尺度的。但是在此之前，我以为我们是可以有一个比较清楚的尺度的，这就是，我们应该有一个比较清楚的"哲学观"。以此我们可以说清楚，在我们老祖宗留下来的珍贵文献中，什么是哲学，什么不是哲学。做不到这一点，则很难想象，下一步的追问会得到什么样的结果。

与中国哲学史比较相似的问题是中国逻辑史。人们一直认为，中国是世界上三大逻辑发源地之一，《墨经》是中国古代逻辑的最高峰，可以与亚里士多德逻辑相媲美。这方面的研究成果虽然没有中国哲学史方面的那样多，但是也不少。问题是，"逻辑"也是个外来词，因此它本身带有一些确定的含义，这种含义与我国古代的"名学""辩学"或"名辩学"是根本不同的。正像金先生所说，有人可以说先秦有逻辑学家，但是这样会使人以为那时就有人在盘算三段论，研究思维律，甚至进行换质位了。显然，"逻辑"这个概念是与三段论、思维律和换质位这样的东西相联系的。对这个概念不加分析地使用，是非常不妙的。因此，研究中国逻辑史，同样应该有一个"逻辑观"。如果我们认为中国自古就有逻辑，我们就应该认真考虑，中国古代的逻辑是一种什么意义上的东西？实际上，亚里士多德逻辑、传统逻辑和现代逻辑是不同的。在这种意义上说，如果我们研究中国逻辑史，至少应该考虑：我们有没有亚里士多德意义上的逻辑？有没有传统逻辑意义上的逻辑？有没有现代逻辑意义上的逻辑？与哲学史的研究一样，这也是一个分界点。由此才能进一步深入地问一个又一个的为什么。最近几年，有人对前一段中国逻辑史的研究和研究结果提出质疑，认为过多地"套用"了西方的逻辑观点和概念；也有人提出应该进行"文本研究"，这样可以避开"逻辑史研究"的限制，而还古代文献以本来面目。抛开西方的逻辑观点和概念不是不可以，提倡和注重文本研究肯定也是正确的。但是，这里同样有一个逻辑观的问题。试想，即使抛开了西方的逻辑概念，我们还是要有一个逻辑概念才行，否则我们以什么为标准和依据来研究中国的"逻辑史"呢？如果没有一个逻辑观，那么我们在文本研究中又如何能够区别和断定哪些问题是逻辑问题，哪些问题不是逻辑问题呢？同样，如果没有一个正确的逻辑观，又怎么可能正确地做出这样的区分和断定呢？

也许，金先生不是哲学史家，人们不重视他关于哲学史研究发表的意见是很正常的。但是，金先生是哲学家，而且被公认是一位大哲学家。可是他的哲学著作和思想为什么得不到人们的广泛重视和研究呢？特别是《论道》这部著作，这是一部真正讲中国哲学的著作，而且独具特色，但是又得到多少人的重视和研究呢？

确实，金先生不研究中国逻辑史，因此没有对中国逻辑史的研究发表过什么意见。但是，金先生是逻辑学家，而且是把现代逻辑引入我国、使它在我国扎下根来的第一人。他的逻辑著作，特别是他介绍现代逻辑的著作，却没有得到人们的广泛重视和学习，他提倡学习现代逻辑的做法也没有得到广泛的响应。这又是为什么呢？

我以为，金先生最不被人们接受的，是他那种逻辑分析的方式。许多人是看不上这样的逻辑分析的，黑格尔甚至嘲笑说，这样的分析并不比把长短不齐的小木棍，按尺寸抽出来，再捆在一起的做法好多少，也不比小孩子们从剪碎了的图画中把还过得去的碎片拼凑起来的游戏好多少。但是亚里士多德却把逻辑分析看得很高，他甚至说，逻辑是从事哲学研究必须具备的修养。困难的是，这种修养不是天生的，而是要经过专门的训练。把握这样的训练，肯定要下一些笨功夫。这一点，金先生无疑是知道的，而且也做到了。金先生认为，进行这样的训练，可能会成为超脱的哲学家。而哲学一超脱，就成了迂回曲折的崎岖道路，布满技术性问题，掌握它需要时间，需要训练，需要学究式的单一，这样的哲学研究也可能会迷失方向，也可能会半途而废。但是我不明白，既然看到这一点，为什么金先生还要走逻辑分析的路子呢？为什么金先生还要号召哲学系的学生学习逻辑呢？为什么金先生会有一生不悔的逻辑情结呢？以金先生的机会、才智、学养、眼光和知识结构，做一个集政治、哲学、经济、理论、文化于一身的大思想家，大概是不会有什么问题的，但是他只成为一个哲学家、逻辑学家，而且他的那套哲学和逻辑也没有多少人喜欢，特别是他还明明知道会有这样的结果。我想，金先生实在是说不上聪明，不过，他的崇高威望是名副其实的，他的学问是扎扎实实的，而且他的事业也是实实在在的——因为他使现代逻辑在中国这块土地上扎下根来，并且培养出一些真正支撑起我国逻辑事业的逻辑学家。

大师的传统

在清华大学的历史上,国学研究院虽然只存在短短4年,却是永远值得纪念和回忆的。这不仅因为它开创了清华大学的人文社会学科,更因为它凝聚了一批被誉为大师的文科教师,而且他们培养的一些学生后来也成为人文社会科学领域大师。当年国学院做了些什么,今天也许已被淡忘,甚至不少人可能根本就不知道有这样一个国学院。当年国学院在学界有些什么作为和影响,今天大概也没有几个人能够说得清楚。但是只要讲到国学院,人们自然就会想起梁启超、王国维、陈寅恪、赵元任四位导师。而一旦提到他们,人们就会谈论他们的思想和为人,包括那些流传后世的著作和发人深省乃至振聋发聩的名言。这些大师是国学院曾经拥有的骄傲,也是清华人文学科和清华大学永远的骄傲。

我读过赵元任先生的一些著作,对他的生平也有一些了解。不过有一件事情我一直想搞明白。赵元任先生1925年被国学院聘为导师，1926年立即引荐金岳霖先生到清华当教授。金先生一方面接替赵元任先生讲逻辑，另一方面着手创办哲学系。金先生在美国做的博士论文是政治学方面的，1925年回国，来清华之前在中国大学讲英文和英国史，没有写过一篇逻辑文章。从招聘一位教授的衡量标准来看，尤其是从委以创办哲学系这样的重任来看，金先生所能提供的简历大概是无法令人信服的，因为他此前所做的事情似乎与逻辑和哲学没有什么关系。用今天的话说，他根本就不符合硬件方面的要求。因此可以问：清华凭什么聘金先生来教逻辑，又凭什么让他来创办哲学系？我猜想，这里可能有两个原因。一个是清华充分信任赵元任先生。陈寅恪也没有博士学位和著作，清华也是相信了梁启超的强烈推荐。另一个也许是学界有一种舆论：金先生在逻辑和哲学方面有很好的才能。而这两个原因都体现了一种学术共同体的认同。如果没有这种认同，不知道清华会不会聘金先生来教逻辑和创办哲学系。如果不是基于这种认同，清华大学哲学系能够有后来的辉煌，大概也只能说是太幸运了。金先生被誉为"中国哲学界的第一人"，无疑也是大师。他不仅创办了清华大学哲学系，而且为中国哲学的发展做出极其重要的贡献。

金先生是哲学大师，而不是国学大师。在今天纪念国学院的日子里谈论金先生似乎有些不合时宜。不过我却不这样认为。清华国学院是清华人文社会学科的前身，虽然它只比清华哲学系早成立一年，但是它对清华哲学系的成立却有直接的联系和影响。在国学院制订的课程草案中可以看到，当时的课程专门有西方哲学一类，包括哲学概论、心理学、逻辑学、伦理学、西方哲学史、比较哲学、比较宗教、美学等等。从这些课程的设置可以看出，哲学，尤其是西方哲学，是国学院学科建设中的重要组成部分。因此，讲逻辑课的赵元任先生立即引进金先生来专门讲逻辑，而且清华随即专门成立了哲学系，这说明国学院以及清华最初的人文学科建设对哲学是非常重视的，其重视的程度大概怎么评价都不会过分。我们都知道，王国维专门学习研究过西方哲学，尤其是康德和叔本华的著作；梁启超和赵元任后来也同时是哲学系的教师，讲授哲学和逻辑；陈寅恪为哲学系引进冯友兰提供了积极的意见。我不清楚当时国学院的大师们在制定哲学课程的过程中起了什么样的作用，但是我相信，他们肯定或多或少直接或间接地起了作用。这些作用，对于清华哲学系的建立以及后来的发展，无疑是非常重要的。

作为学者，我们对这些大师充满了崇敬，也许不少人的志向就是能够成为这样的大师。作为教师，我们都希望能够培养出好学生，也许许多人憧憬能够培养出这样的大师。不过我以为，大师不是想做就能做的，不是学会多少种语言，写出多少部专著就可以成为大师了。大师也不是培养出来的，不是凭借什么样的课程安排就可以训练出来的。成就大师，是水到渠成的，也就是说，是自然而然的事情。我不知道如何做大师和培养大师，但是常常学习前面提到的几位大师的著作和思想，我却大致体会到，如果满足不了一些条件，做大师或培养大师肯定是一句空话。成就大师的条件也许有许多，但是基本的两条却是必不可少的：一条是有广博的知识，同时又成为专门领域的专家，另一条是为学术而学术的精神。

第一条是显然的，梁、王、陈、赵四位先生，还有前面提到的金先生，无疑都是这样，不仅研究范围广泛，而且有自己专门的研究领域，并且在一些方向上是非常好的、开拓性的专家。陈寅恪先生学贯中西，仅外文就会二三十种，其中不少是死语言。据说，由于陈寅恪学问艰深，当年国学院请他指导论文的学生比较少。但是他后来任清华中文系和历史系教授，开课深受学生欢迎，有北大学生和清华教授来旁听。他学识渊博精湛，引经据典，被誉为"活字典""活辞书"。我不太了解陈寅恪，但是我相信，以他的聪明才智念个学位应该是很容易的。然而他留学十几年却没有念博士学位，这与他把全部精力放在自己所学的那些东西上不无关系。而且他1945年失明，虽然一直有助手，但是以后的学术工作几乎都是凭自己的记忆进行的。如果以学术竞争来比喻，这就好像他停下来等着别人超过他。结果怎样呢？即使在今天，他的专业水准仍然让许多专家难以望其项背。他的学术成就仍然令人们钦佩和景仰。这是为什么呢？

金先生所做博士论文是政治学，一生的兴趣却在哲学和逻辑。政治学和哲学无疑是两个不同的领域。即使在哲学领域本身，由于20世纪现代逻辑的产生和发展，逻辑从哲学脱离出来，也成为专门的学科，因此逻辑和哲学也可以说是两个不同的领域。金先生把逻辑分析的方法应用于中国哲学和西方哲学的研究，以《逻辑》《论道》和《知识论》三部著作建立了自己的哲学体系，最终达到"道超青牛，论高白马"的成就和境界。从金先生的学术历程来看，他1920年获得政治学博士学位，大约从1922年开始学习逻辑，1926年来清华教逻辑，直到1936年出版《逻辑》一书。这表明，金先生从专门学习逻辑到出版第一本逻辑著作用了十几年的时间。套用今天的概念，本科4年，研究生6年，金先生这本书至少也是当上副教授以后才发表的著作，这比今天许多人出版第一本专业著作晚多了。其实，今天许多人的第一部著作不过是博士论文的修改，而不少人读硕士、博士的时候还是改了专业的。不要说知识的广博，仅专业时间的投入这一项上，他们与金先生就有天壤之别。

学识的广博与专门是成就大师必不可少的条件。今天，我们谈论起来是比较容易的，因为他们的著作摆在那里，更不要说不少人与他们还有亲身的接触和受益。但是如何满足这些条件，也就是说，大师们学识的广博与专门是如何达到的，真不是轻易能够说明的。

为学术而学术这一条有些虚，似乎不太容易说清楚。这也是我近年来思考比较多的。陈寅恪先生的名言"独立之精神，自由之思想"，多年来一直被学界称道。人们在谈论和推崇它的时候，大概比较多地，甚至最主要的是针对意识形态对学术的制约而言的。不过我却觉得，这样的理解似乎还应该推广和引申，而"为学术而学术"就是这种推广和引申的集中体现。作为学者从事学术研究，政治和意识形态的制约固然是一个方面，但是其他方面的制约和干扰就没有吗？危害就不严重吗？比如说学术批评。老师的思想观点能批评吗？同事或同仁尤其是比较熟悉的、关系比较好的，甚至可称之为朋友的同事或同仁的思想观点能批评吗？批评一个人的思想观点与批评这个人能够区分清楚吗？在从事学术批评的时候能够摆脱所谓人情世故这样的东西的束缚吗？又比如说学以致用。这是一种观念，不仅是中国传统思想文化中的主导观念，也是今天学术领域占支配地位的观念。我们既有"学而优则仕"的传统观念，也有"改造世界"的现代精神。"如果我们的研究不能回答和解决时代的问题，那么时代要你干什么！"这样的质疑理直气壮，掷地有声。但是学术研究真的都能够对现实有用吗？学术研究，特别是人文学科的研究，真的都能够解决时代的问题吗？尤其是解决那些所谓具有前瞻性、重大性、迫切性的问题吗？学术研究有自身的规律，有自己专门的研究对象和领域，也有自己独特的适用范围。在我看来，学术研究领域的独立精神和自由思想就是要遵循学术自身的性质、特点和规律，不受非学术的干扰。说白了，就是应该怎样研究就怎样研究。

在金先生身边待过的人都知道，在被问到为什么对逻辑感兴趣的时候，金先生说"好玩"。我想，这个回答大概可以有多解。相对于认为逻辑枯燥的人，它可以表示逻辑有意思，不枯燥。因此这可以是对逻辑这门学科的学习研究状态的描述。另一方面，它也可以是金先生对逻辑这门学科的态度的描述。一个人把从事一门学科的研究看作"玩"，最直观地说，这就是抛弃了一切功利的念头和想法。从开始学习逻辑到出版第一本书，这一"玩"就是十几年。这里的"玩"表达了金先生的一种学术态度，也体现了他的一种学术观念。我们可以羡慕金先生没有专著就能当上教授，生活条件优越，不用申请项目，不为做课题所累，一心做自己喜欢的事情，每5年还可以有一次带薪休假。也许这促成了他那种"玩"的学术观念。但是谁都知道，他的《知识论》一书写了两遍。这是因为他为了躲避日本飞机轰炸，把刚刚写成的六七十万字的书稿丢失了。金先生的态度是"得重写"。既然是"玩"，就得继续，这是终其一生的事情。在金先生身边的人都知道，沈有鼎先生曾当面说他"那本书你看不懂"。如果说这是私下的事情，不能拿来佐证什么，那么周礼全先生发表的长文《〈论"所以"〉中的几个主要问题》，却是白纸黑字对金先生的一些思想观点进行了深入细致的批评。这样的批评，无论是私下的还是公开的，都没有影响金先生与他这两个弟子的关系。这样的事情大概仅仅用虚怀若谷或师生感情深厚这样的说法是无法解释的。在我看来，这与金先生学术观念和学术态度是分不开的。学术是学术，人际关系是人际关系。学术可以是纯粹的，也可以把它看作纯粹的，自然可以以纯粹的态度对待它。最直白地说，大概就是把学术当作自己的第一生命，或者说把学术放在首位。

我们称陈寅恪和金岳霖这样的人为大师。但是，"大师"不是行政职务，它不能依级别的高低而定。"大师"也不是技术职称，它不能通过量化的考核而成。"大师"更不是自封的。一个人不会由于待在某个位子上，拥有什么头衔，掌握多少资源，发表多少著作文章就被称为大师，也不会因为被自己的学生门人尊称为"大师"或由于媒体的炒作而就是大师。"大师"是公认的，是被学术共同体公认的。这个学术共同体具有自己的独立性，但是它不是自己私有的，而是属于全社会。正是由于这种独立性，它对于社会才重要。因此，真正的大师正是首先得到学术共同体的认同，才会被社会承认，被视为社会的财富。这个学术共同体不仅是当下的，而且是会传承的。因此它是有生命力的。这个学术共同体的大师们注定要成为历史人物，因此，他们不会昙花一现，他们的著作和思想必将流芳百世。

清华国学院成立至今已经80年了，我们也可以说，它成立至今才80年。这是因为那些大师离我们并不遥远，他们曾经就是我们身边的人，还因为今天我们的人文学院或人文学科已经变化非常大了。国学院只有4年的历史，清华重建人文学院也才十几年。同样是历史的中断，意义和结果却完全不同。国学院取消了，清华的人文学科却得到更大的发展。它从一个拥有四位大师的人文学科群体发展成为一个群星灿烂的人文学科群体。但是人文学科的取消却直接导致清华从一所综合性大学转变成一所工科大学，那些大师也四散离去。今天我们纪念国学院诞辰，展望人文学院的未来，最容易谈的就是学术传统，最希望的就是继承和发扬国学院和老清华人文学科的传统。但是，这些传统是什么？如何才能继承和发扬？确实值得我们认真思考。

身在清华人文学院，我赞同"继承和发扬清华国学院的传统"的说法。但是我认为，一个传统是由形成它的那些人潜移默化地建立起来的。当一个传统发生断裂以后，谈论继承和发扬这种传统无疑是可以的，比如像我们清华人文学院的向往，像我们今天的这个会上所说的那样，但是实际上这个传统是什么，还有没有，还在不在，乃是首先值得考虑的。北大人谈论继承和发扬人文学科的传统大概顺理成章，社科院这样谈大概也没有什么问题，其他一些院校也可以谈，因为他们确实有一个由一些大师建立起来的传统，这个传统尽管曾经遭到破坏并且正在经受着冲击，却由于这些大师的门人弟子以及受益于他们熏陶和教诲的人的坚持顽强地延续着。当年清华国学院以及它的人文社会学科的大师们后来离开清华去了那些地方，他们在那里继续从事学术研究和培养学生，潜移默化地延续着清华人文社会学科的传统，或者建立与它相似的传统。但是在清华这样谈，我认为理论上比较容易，实际上却非常困难，而要做到则更难。我们是在清华大学建立了人文学院，即在同一个地方，使用同一块牌子，甚至命名了同一院系，而且我们同是清华的教授，同是清华的教工，同是清华的学生，当然可以名正言顺地谈论继承和发扬老清华的传统。但是实际上想一想，什么是清华国学院的传统，或者引申一步，什么是"清华学派"的传统，不是清华人一代一代延续下来的，不是我们身处其中耳濡目染感受到的。我们更多地只是从文献上，从一些老先生的口中了解的。因此，与其说继承和发扬老清华的传统，不如说开创和建立清华人文社会科学的传统，因为经过历史的断裂，这样说实际上更实际一些。在我看来，今后清华人文社会科学的传统实际上将由我们这代人开创，也就是说，将由投入到过去这10年以及今后若干年间人文学院的建设和发展中的人建立起来。问题是，我们将开创和建立一种什么样的传统？

清华是我国最著名的两所大学之一，也是国家最重视的两所大学之一。作为一所大学，她有自己完好的管理机制和运转机制。在这样一所大学里，我们享有国家给予的许多优惠，一些人也会因为是清华教授而沾沾自喜。我们将按部就班地讲课，发表文章，出版著作，学生也将一批一批毕业。我们肯定会在不知不觉中形成清华人文学院的传统。在过去的十几年中，我们的人文学院发展良好，工作井井有条，而且成绩斐然，今年至少几个一级学科是要建立起来了。我们也遇到过困难和问题，但是在众多压力，包括体制的要求和社会上的诱惑面前，许多事情似乎都是不得不做的，而且好像也都是有道理的。于是我们也会跟着去做。问题是，这种传统究竟会是一种什么样的传统？我认为，大概正是在这样的疑问的意义上，纪念清华国学院成立80周年才有一种特殊的意义。因为我们渴望创造和拥有她曾经创造和拥有的辉煌，向往形成一个像她一样的群星灿烂的群体。因此我谈论大师的传统，在我看来，也许国学院以及老清华的那些大师才最能体现我们所希望继承和发扬的清华传统。

但是，一旦面对这些大师，我们不仅感到羞愧，而且看到了问题。人文学院的运转固然很好，但是这几乎是清华工科院系的复制和模拟，不仅一切是量化的，而且量化到一个文科博士生在读期间发表论文的篇数与工科博士生的要求也是一样的。我倾向于相信工科院系的博士生在读期间能够写出可称之为科研成果的论文，但是我认为我国人文学科的博士生，至少逻辑和哲学专业的博士生，是根本写不出这样的论文的。因此我相信清华工科院系有自己的优良传统，更钦佩它们多年来为国家做出的贡献和成就，但是我确实不知道那样的运行机制和管理模式是不是适用于人文学科。我想，大概大部分人文学者都会问：如今人文学院的运转机制在多大程度上继承了清华国学院的传统，尤其是那些大师们培养人才的传统？人文学科的建设与发展和工科是一回事吗？人文学科学生的教育与培养和工科是一样的吗？而且我们切实感到，这是我们自己所不能左右的，甚至似乎是无能为力的。但是我还想问，就我们人文学者力所能及的范围，我们应该如何理解清华国学院的传统呢？我们应该如何继承和发扬这一传统呢？举一个人文学科课程设置上的具体例子。人文学院招收本科生已有3年。第一批本科生是有逻辑这门基础课和必修课的，如今3年过去了，这门作为基础和必修的逻辑课，却被一些系取消了。据说是因为那些专业不需要学逻辑。对照清华国学院的传统，不要说陈寅恪那些专门艰深的专业课程，也不要讲赵元任所开的那几门比较新的语言学课程，只要想一想赵元任为什么要引荐金先生来讲逻辑，我们又会作何感想呢？

今天，清华人非常自豪地说，清华为培养出多少党和国家各级领导人做出了贡献。确实，我们的教育是为了社会主义建设培养有用的人才。这样的人才能够成为国家建设的栋梁，不仅是我们的希望，而且也是我们的骄傲。但是，我衷心地希望有一天清华人也可以自豪地说，有多少大师是出自今天的清华。我们的教育不是为了，至少主要不是为了培养大师的。我知道这一点，理解这一点，也赞同这一点。而且我还认为，大师不是培养出来的。但是我确实希望，我们的人文社会学科教育至少能够为成就大师提供土壤和发展空间，我们这些文科老师能够为成就大师做出我们的贡献。

（原载《博览群书》2006年第8期）

哲学所的学术传统

在纪念哲学所成立50周年的大会上,叶秀山先生有一个发言。谢地坤先生称它表达了叶先生对哲学所青年学者的殷切希望,我觉得它还包含着叶先生对哲学所50年历史及其学术传统和血脉的深切体会。

谈起哲学所和它的学术传统,人们会非常自然地说起金岳霖先生、贺麟先生等前辈。在我看来,金先生和贺先生是哲学所学术传统的开创者,他们不是哲学所培养出来的,因为他们来哲学所的时候已经是一代宗师了。严格地说,沈有鼎和周礼全先生等人也不完全是哲学所培养的,沈先生来哲学所的时候在学术上已然成家,周先生时年35岁,学术基础已经形成。从他1954—1957年完成的几项研究成果来看,也已经显示出名家气象。叶先生的讲话使我清晰地看到,真正哲学所培养出来的人是叶先生这样的人:身在哲学所49年,来哲学所的时候21岁,还是个小青年。我想，（我比较熟悉的逻辑室和西哲室的）梁存秀、王树人、薛华、张尚水、诸葛殷同、张家龙等人差不多和叶先生是一样的。因此在我看来，谈论哲学所的学术传统，只谈论金先生、贺先生等人是不够的，还应该说到以上这些学者，应该看到从金、贺等先生到叶先生等人的学术传承。没有金、贺等前辈，确实不会有哲学所的学术传统，但是如果没有叶先生等人，又会从哪里看到哲学所的学术传统呢？也就是说，金、贺等人开创和建立的学术传统是在叶先生等人的身上体现出来，并得以继承和发展的。

一个传统是由形成它的那些人潜移默化地建立起来的。哲学所的学术传统也不例外。金先生和贺先生以学术研究为第一生命。我想，这也是哲学所学术传统的精髓所在。对于这种传统，当然可以见仁见智。邢贲思先生在纪念会上所说的话则是一种精辟的解释：整个哲学所，老老少少，上上下下，一心一意搞科研。这是他在哲学所31年的深切体会，既作为学者，也作为管理者。"一心一意搞科研"说得简单，真正做起来并不是那样容易的。哲学所的历史告诉我们，金、贺等人没有做到，叶先生等人也没有做到。不过，这并不是他们的本意，而是无奈。在过去的50年里，这个传统曾经遭到严重的破坏，如今它也在经受着各种各样的冲击，但是，正是由于有金、贺等前辈以及叶先生这样的门人弟子，还有许多受益于他们熏陶和教诲的人，这个传统一直坚持顽强地延续着。站在这种传统上，叶先生说出了今天阅读金、贺文本的体会："把时间留下来！"这无疑是他的肺腑之言，大概也是一种呼唤。他确实是在期盼些什么。

叶先生在讲话中又谈到他在哲学所曾经待过多年的写作间，感叹它"没有了"，"如果有，我还会回来！"叶先生的那个写作间我去过多次。其实它本身并没有什么好怀念的：在走廊的尽头，又小，又阴，靠北窗，冬天风寒土大，叶先生又是一个人在那里，孤零零的。按照我的理解，叶先生的意思是说，写作间不大，条件也不好，但是自己有一个可以安安静静看书写字的地方。而且，这体现了哲学所的一种科研政策，一种对学术的支持。它可以使继承和发扬金、贺的学术传统不只是学者自身的个人行为，而是得到机制的支持和促进。有了这样的支持和促进，条件虽差，学者的心里却是温暖的，待在这里，他们会感到舒适。叶先生的感叹令人感动，也是值得深思的。有人可能会说，无论发生什么情况，沈先生都会自己思考自己的逻辑问题。学术研究无疑首先取决于学者自身对学术的理解与追求，因此我推崇金、贺等人的以学术为第一生命，也赞同邢先生说的"一心一意搞科研"，对叶先生讲的"把时间留下来"更是产生强烈共鸣。但是，作为一个机构，作为一种机制，难道不应该认真思考如何可以为像沈先生这样的人做些什么吗？而且，机制的运作难道会与最终的学术，包括通常所说的出人才出成果没有什么关系吗？

哲学所也许还有其他一些传统。但是金、贺等人建立的学术传统是非常重要而宝贵的。金、贺这样的人不是很多。但是，正是由于有了他们，像叶先生等人才为自己的学术生涯树立了目标。因此在纪念哲学所成立50周年的时候谈论金、贺等人才有意义。哲学所的科研人员不可能都成为金、贺，但是其中有许多确实是走在金、贺的路上。在从事学术研究的事业中，应该有产生金、贺传统的土壤和氛围，用哲学的话说，就是至少应该保留这样一种可能性。为了这种可能性，一个作为学术团体和机制的单位应该给予学术以足够的重视和支持。这样的重视和支持绝不是以单纯资金的方式体现的。它的条件也许有许多，但是最主要的条件之一大概是尊重金、贺等人建立起来的这样的学术传统。而尊重的前提是要真正能够理解这种传统。

感谢金先生、贺先生等前辈，也感谢叶先生等老学者，他们使我切身体会到这样一种学术传统，其中有许多东西是自己似乎总是难以忘怀并且常常在思索和怀念的。

（原载《中国社会科学院院报》2003年12月10日）

世纪之交话逻辑

金岳霖先生曾经说过,过去说人家不懂逻辑,那是骂人的话。诸葛殷同先生则当面斥责一些搞逻辑的人不懂逻辑。我对金先生的话很少琢磨,对一些人听了诸葛先生的话怒火中烧也完全理解。但是近年来我逐渐体会到:金先生说的大概也包括不专门搞逻辑的人,而诸葛先生却从不对一个不搞逻辑的人说这样的话。显然,这里还是有一些细微区别的。

逻辑是一门古老的学科。亚里士多德说逻辑是从事哲学研究必须首先具备的修养;中世纪时期,逻辑与语法和修辞成为基础课,并称"三艺"。走入近代,逻辑自亚里士多德创建以来,一直作为哲学的工具被哲学家们学习、掌握和应用。如果说哪个哲学家没有学过逻辑,大概是很新鲜的事情。真正细究三段论的格与式及其推演变化,也许不是每个人都可以做到的,但是谁不会分析一下内涵、外延,谈一谈论证,讲一讲思维规律呢?因此,一个哲学家若是不懂逻辑,大概真是很丢脸的事情。

现代逻辑产生于19世纪末,在20世纪得到蓬勃发展,它继承发扬了亚里士多德的核心思想和精华,凝聚了弗雷格、罗素、怀特海、希尔伯特、哥德尔等一大批杰出的逻辑学家的聪明才智和心血。现代逻辑的主要特征是引入了数学方法,建立形式语言和演算系统,从而使逻辑走上形式化的道路,使逻辑的能量和作用大大增强,实现了莱布尼兹所说的在推理的问题上"算一算"的理想,最终也使逻辑成为一门科学。由于这些性质和特征,现代逻辑成为专门的学科,必须专门进行学习。一些搞哲学的人视现代逻辑为专门的东西,也可以坦然承认不懂,就像搞逻辑的人说自己不懂哲学一样。但是也有一些人,他们在那里教逻辑,谈论逻辑和研究逻辑,却不懂现代逻辑,甚至还要批评现代逻辑。这样的人确实是不懂逻辑。

逻辑是一门科学,形成了专门的研究领域,它有自己的内在机制,有自己的研究对象、规律和方法,形成了自己的理论,产生了一大批独特的研究成果。但是,逻辑又可以被其他学科所应用,因为它具有工具的性质。逻辑的理论成果可以应用,逻辑的方法也可以应用。在20世纪,逻辑应用于哲学领域,产生了"语言转向"这样一场革命,形成了主流哲学:分析哲学和语言哲学;逻辑应用于语言学领域,形成了乔姆斯基转换生成语法和蒙塔古语法,使语言学家自信地宣称语言学是一门科学;此外,逻辑在自然科学、计算机和人工智能等领域也得到广泛的应用,产生了许多重要成果。逻辑的应用越来越普遍,逻辑的重要性也越来越得到人们的重视。而所有这一切的前提就是必须学习逻辑，通过学习逻辑来了解逻辑的成果，掌握逻辑的方法，培养逻辑的修养。今天，联合国教科文组织把逻辑列为与数学、物理、化学、天文、地理、生命科学等学科并列的基础学科，绝不是没有道理的。

逻辑最初是西方的东西。自从引入中国以来，特别是通过以金岳霖先生为代表的几代逻辑工作者的辛勤努力和工作，逻辑在我国已经扎下根来。在我国高校哲学系中，基本都设有逻辑这门课，而且一般都是基础课。但是我们的逻辑教学主要教的还是亚里士多德基础上的传统逻辑，而不是现代逻辑。这里，既有我国逻辑工作者的责任，因为到目前为止，在以从事逻辑教学为职业的人中，并不是每一个人都能够教现代逻辑，而且有些大教授还在反对教现代逻辑，因此才会有诸葛先生的"不懂逻辑"的严厉批评；也有教学本身的问题，因为我们的课程设置对于应用性考虑得过多，而对像现代逻辑这样纯粹的基础课还重视得不够，还没有把它列为高校哲学系的基础课和必修课。我认为，哲学应该把现代逻辑，至少把一阶逻辑作为基础课，然后再逐渐增加些模态逻辑和集合论的课。特别应该看到，开这些课并不是要培养逻辑学家（逻辑学家是需要专门培养的），完全是为了素质教育。这样做才会改变现在哲学系的学生在知识结构中缺乏现代逻辑知识的现象，才会使我们的学生不至于都学过逻辑，却又好像都不懂逻辑。

我国有一个有趣的现象：懂逻辑的人不多，而批评逻辑局限性的却大有人在。在我看来，一门学科越是抽象，可应用的范围就越广。在这种意义上说，逻辑其实是局限性最小的学科。研究逻辑和哲学多年，我不敢说不懂逻辑就一定搞不好哲学研究，但是我可以肯定地说，不懂逻辑，对于探讨像存在、必然、可能、真、对象、概念、关系、意义等问题是无法想象的，因为至少读不懂许多有关文献。我承认，没有逻辑，我们的中国哲学、马克思主义哲学也一直在发展，而且我们也没有理由说它们的发展一定离不开逻辑。但是，非常保守地说，学习逻辑，对于这样的研究是会有好处和帮助的。

20世纪即将过去，我们固然可以心平气和地面对即将到来的新世纪，把它看作不过是每一年、每一月、每一天的继续，同样也可以对世纪交替的钟声抱以厚望，企盼它为我们带来好运。作为一名逻辑工作者，我还会一如既往，继续读书、写作、讲学。不过，我确实希望，用不了几年或十几年，现代逻辑可以成为我国哲学系的基础课和必修课，让"不懂逻辑"确确实实成为过去的故事。

（原载《中国社会科学院院报》1999年12月7日）

历史源头话哲学

多次听汪子嵩先生谈到他们撰写的《希腊哲学史》第三卷，如今终于看到样书。这一卷专讲亚里士多德，从逻辑到形而上学，从自然哲学到伦理学、政治学和艺术哲学，洋洋洒洒93万多字，第一次以中文为我们提供了全面的亚里士多德思想的研究。作者鲜明地指出，"亚里士多德是一位承上启下的哲学家"，对整个西方哲学和文化传统产生重大影响。就这种影响而言，"没有人可以和亚里士多德相比"。确实，亚里士多德是古希腊思想文化的集大成者，也是西方科学的开创者。千百年来，他的思想始终是人们研究的重点，许多学科的研究都追溯到他。许多重要思想从他产生，而且许多基本的概念术语也由他而来。尽管历史上他也遭到严厉的批评，极端者甚至说他说的每一句话都是错误的，但是他在哲学史乃至思想文化史上的崇高地位从未动摇。我一直相信，亚里士多德总是十分重要的。因此，我赞同作者的观点，也由衷地钦佩他们的工作。

从《希腊哲学史》第一卷（1988）到今天，历时15年，加上准备工作，将近20年。这一段时间也是国家发生重大变化和进步的岁月。几百万字的呕心沥血之作，不仅是几位老学者对祖国改革开放的奉献，而且也记录了我国学术的进步，正所谓与时俱进。

第一卷的指导思想还有些沿袭成规，认为物质和精神是哲学的基本问题，区别哲学家的思想是主观的还是客观的，是唯物的还是唯心的，论述哲学史上的唯物论和唯心论之争。这样的研究难免教条，束手束脚，在解释哲学史上许多十分复杂的问题时捉襟见肘。第三卷完全摆脱了这种束缚，力图从古希腊的文献出发，参考相关研究成果，深入研究分析其思想性质，得出了许多值得思考的结论。比如作者认为，"说亚里士多德常常将主观逻辑与客观逻辑混淆起来，这只是今人的某种批判分析。他本人当时的有关立论，其实未必是幼稚的混淆"。

另一个十分明显的进步是对希腊文"*einai*"及其相关概念的探讨和翻译。过去中文把它一直译为"存在"，第一卷和第二卷也不例外。但是第三卷把它基本译为"是"，并进行了大量深入的探讨。这样做是需要勇气的。首先是对自己的否定，是对已经出版的前两卷相关内容的质疑。作者都是成名前辈，这样的学者风范令人叹服。其次是工作的艰辛。"*einai*"是古希腊哲学的核心概念。由于"是"与"存在"这两个概念差异过大，因此这一改动将导致对许多问题、思想，包括已有的翻译和研究结果重新进行思考。读着书中的讨论，耳边时常响起汪先生的话，"这一次我们重新来过"。第三卷的定稿一拖再拖，也与此不无关系。如此爱智求真的精神令我感动。作者大都年事已高，重新修改前两卷大概不太可能。因此，呈现在我们面前的《希腊哲学史》三卷本将是译文和研究并不十分统一的著作。这对作者来说不能不是一大遗憾，但是对广大读者未必不是好事。无论是同意"存在"的翻译和理解，还是主张"是"的说明和解释，我们至少需要动动脑筋，因为作者已经把这里的问题明白无误地摆在我们的面前。

理解西方哲学，政治的制约固然有害，语言文化若是成为不可摆脱的羁绊，则同样有害。哲学是智慧之学。它的核心体现就是不断地问"是什么"。用亚里士多德的话说，最高的智慧就是一门关于"是本身"（作为是的是）的学问。非要人为地来一些条条框框，还有什么智慧可言。因此我认为，第三卷的这两个进步意义深远。前者反映出哲学家摆脱意识形态方面束缚、自由思想的进取，后者则体现了中国学者摆脱汉语文化背景局限的努力。不论在具体研究中还有什么样的问题，这种思考问题的精神正是古希腊哲学的精神，也恰恰是亚里士多德为知识而知识的精神。

对于中国学者来说，研究亚里士多德乃至研究西方哲学并非容易：不仅有语言方面的障碍，而且有文献方面的困难。记得20年前第一次走进国外图书馆，第一次查阅的文献就是亚里士多德：满满两格的检索卡片令我吃惊！当时的情景和心境至今不忘。过去我们常常强调对第一手文献的掌握，这无疑是对的，却又是非常不够的。因为只读第一手文献，无法知道相关的研究有什么，到了什么程度。读过一两本书就写，充其量只能算是读后感，谈不上研究成果，更不用说高水平。我经常问：如果不看别人的东西，怎么知道自己的心得是别人没有说过的？如果自己的心得不是新东西，又怎么能说是研究成果？论文专著不同于文章。掌握第一、第二手文献，已经是西方学术必要的规范，也是我国许多学者起码的共识。在这种意义上，我愿意向大家推荐第三卷。这是一部高水平的学术著作。它不仅仔细研究了亚里士多德本人的著作，而且尽可能多地总结吸收了西方学者，尤其是一些著名专家学者的成果，特别是它还总结吸收了我国学者研究亚里士多德的成果。它在许多问题上不仅陈述了亚里士多德本人的思想，还综述了对这些思想已有的研究，并在这样的基础上提出自己的看法，而且有些看法不是作为定论，只是作为问题和商榷提出来的。这样奉献给读者的是学者们扎扎实实的研究成果，而不是文人简单的自我陈述。作者的一些观点仍然可以商榷，但是其资料的收集、把握与取舍，思想的分析、批评与评价，观点的陈述与论证，以及行文，确实反映出我国学者研究西学的水平。

稍微有些遗憾的是，书后没有术语索引，列出的"译名对照表"也没有页码。史书是研究著作，又具有工具书的性质，因此检索格外重要。我做过术语索引，对它的烦琐与辛苦深有体会。让几位老先生做这样的事情，实在是有些难为他们。其实这也属于学术规范的工作，希望以后出版社可以承担。中国的学术是大家的事情，它的发展需要方方面面的努力。良好的学术规范对于我们的学术发展不仅有益，而且也是至关重要的。

（原载《中华读书报》2003年12月10日）

前辈与老师

金岳霖先生与清华大学哲学系

　　10年前,清华大学哲学系复建不久,万俊人教授恭恭敬敬把金岳霖像挂在系会议室墙上,号召哲学系同仁继承发扬金岳霖先生的传统,办好哲学系。此事被告到学校,"罪名"是哲学系挂金的像,不挂马恩的像。

　　我到哲学系以后,这个故事听过多次。金先生的像依然挂在那里,直到近来会议室改为他用。那些年,金先生常常被提到。校领导重视发展文科,找人座谈哲学系发展规划,多次说到金先生。我的老师周礼全先生、同事胡伟希的老师冯契先生、刘奋荣的老师的老师王宪钧先生都是金先生的学生,所以,哲学系也算有几个与金先生有关系的人。万俊人教授肩负重建哲学系的重任,想到金先生当年创建清华哲学系的伟业也属自然。告状之事虽然不了了之,总不是件愉快的事情。究其原因,竟还是与金先生有关。

与金先生有关的事情确实很多。人们不厌其烦地讲述金先生与梁思成和林徽因的关系，对他和学生之间的关系百谈不厌：某学生当面说他看不懂某一本书，某学生写文章指名道姓地批评他。至于金先生与其他名人的关系，人们更是津津乐道：受毛主席多次宴请，"智斗"艾思奇，审读冯友兰的著作，胡乔木、乔冠华自称是他的学生。金先生晚年的一些谈话被结集出版后，甚至他养的大公鸡也成为人们的话题。金先生泰山北斗，风光无限。但是在众多思想史研究中，金先生却没有得到什么研究，至多偶尔被提及，绝谈不上重视。一个像金先生这样重要、影响重大的哲学家，怎么会在中国当代思想史的研究中被忽略呢？

中国近现代思想史上被称道的人物，许多与哲学相关，比如冯友兰先生，因为他们是哲学家，他们的著作对中国近现代思想的发展，乃至对社会的变迁和进步产生了影响。金先生却是例外。人们常说，金先生创建清华大学哲学系，把现代逻辑引入中国，培养了一批逻辑学家和哲学家，对中国的逻辑和哲学的研究和发展做出了重大贡献，他的名字与中国的哲学和逻辑紧紧地联系在一起："道超青牛，论高白马"，"金逻辑"令人高山仰止！但是细究起来，他的名声只在哲学界。那么在思想史领域，为什么一些著名的和不那么著名的哲学家会得到重视，而金先生却不被重视呢？

点破这一点其实不难。哲学可以是理论，可以是思想，理论和思想却不一定是哲学。哲学家谈论的东西可以非常广泛，但是，他们谈论的却不一定就是哲学。金先生的独特之处在于，他只谈哲学。他可以到文学所去谈小说中的真,结论却是小说中没有真。他发表的文章虽然难免也有应景之作,但主要是哲学。《逻辑》《论道》和《知识论》都是硬邦邦的学术著作,影响重大,却无法进入思想史研究的视野,归根结底,哲学与思想还是有着不小区别的。

其实,即使在哲学界,金先生的地位也很独特。他的名声显赫之至,但是对他思想的研究却不广泛,深入更是无从谈起。金先生的《逻辑》和《知识论》无人研究,还是容易理解的。逻辑需要专门的技术,不懂逻辑就无法看懂书中与逻辑相关的内容。《逻辑》是教材,尤其是在现代逻辑被普遍引入之后,内容必须更新,懂逻辑的人不再重视它也很正常。《知识论》成书于20世纪40年代,出版于80年代。随着改革开放,西方大量相关著作引入我国,该书内容略显陈旧,遭到忽视也算不得什么。唯独《论道》,这是一部谈论中国哲学的书,无论是其中的内容,还是探讨问题的方式,都是独树一帜。以金先生的地位和声誉,本该追随者如云,实际上却是几乎集体失声。

从事西方哲学研究的人,不在意《论道》情有可原,因为字面上它就是关于中国哲学的书。研究中国哲学的人把它丢在一旁,似乎有些不可思议,可又是实情。有人说,搞中国哲学的人大都翻过《论道》,但是很少有人把它看完。也有人说,搞中国哲学的人大概没有谁看得懂《论道》。最初读《论道》我也是一头雾水。读了金先生用英文写的《道、自然与人》以后再去读,我才大致明白《论道》说的是什么。该书与通常的中国哲学著作不同。它不谈经学、子学，也不谈儒释道思想文化，书中的核心概念，大概除了"道"一词来自中国哲学，其他主要概念，比如"式"和"能"，以及用来谈论道、式、能的概念，包括个体、可能、现实、时间、空间等等，几乎都不是来自中国哲学；即使来自中国哲学，意思也几乎完全不同。细节不讲，其中的西学背景，包括理论和概念、逻辑方法、分析与论证的方式，毕竟清清楚楚。冯友兰先生说，金先生是新瓶装旧酒。新即差异。其实，即使仅看该书的序，这种差异就显露无余。那里谈到逻辑、归纳、知识的对象、可能与必然，谈到康德、休谟，还谈到罗素、维特根斯坦和拉姆塞。前者是西方哲学中理性主义和经验主义的杰出代表，后者是早期分析哲学响当当的人物。明明是讲中国哲学的书，一上来却大谈西方哲学的东西，讲自己对休谟和罗素的理解。金先生一方面表示休谟"了不得"，讨论的都是"大问题"，对他"不能不敬服"，另一方面又发现他"毛病非常之多"，"出发点太窄，工具不太够用"。由此推测，金先生想谈的亦是大问题："道"是"中国思想中最崇高的概念"；但是他会非常注重方法论方面的问题。这个序不仅说明《论道》的主旨，其实也阐述了它的知识框架，以及它所使用的方法。

　　人们说，金先生擅长逻辑分析。冯友兰先生说，金先生的长处是能够把简单的东西说得复杂，指的大概也是这种逻辑分析。哲学研究的方式多种多样。在哲学中，逻辑分析占据什么样的地位可以见仁见智，但是有没有逻辑分析毕竟区别很大。如果说《逻辑》《论道》和《知识论》这三本书构成了金先生的思想体系，其中最显著的特点就是逻辑分析，那么逻辑分析一定是金岳霖哲学中最核心也最有价值的东西。这三部著作都是金先生在清华期间完成的，《逻辑》是他写出的第一本书，逻辑分析是其他两本书的基础，逻辑的理念在金先生清华执教过程中贯彻始终。

逻辑分析不是单纯而简单的概念辨析或语词分析，而是基于逻辑这门科学，运用逻辑学科提供的理论和方法来进行分析。逻辑分析是一种哲学方式，这种方式体现的是一种科学性，对哲学至关重要。哲学是科学，这种说法遭到许多人的诟病，尤其是自然科学家。但是，哲学有自己独特的研究对象，有自己专门的方法，有自己的理论体系，有自己传承的内容，更有《形而上学》《纯粹理性批判》这样的辉煌著作。即使哲学不是科学，至少哲学是有科学性的，从事哲学研究的方式可以是科学的，人们可以以一种科学的态度对待哲学。不少人对哲学的科学性不以为然，甚至持反对态度。他们误以为这是现代逻辑和分析哲学的产物，误以为这是理性主义、科学主义、工具主义等的恶果。这种看法反映出缺乏哲学史知识。对科学性的追求其实一直是自古希腊以来哲学主线上的事情。根据亚里士多德的观点，在从事哲学研究之前要具备逻辑的修养。用康德的话说，哲学研究要从可靠的学科出发，逻辑和数学就是这样的学科。有了这样的认识，听到罗素说逻辑是哲学的本质，难道还会有什么奇怪的吗？看一看金先生那些著名弟子，无论是以逻辑名家的沈有鼎、王宪钧、周礼全，还是以哲学家著称的任华、冯契，学问高低姑且不论，逻辑分析必不可少，科学性总是要讲的。

金先生来清华是赵元任先生推荐的,于是清华国学院四大导师与金先生也就有了一些关系。推荐金先生的是赵元任,而不是王国维、梁启超。也许赵先生熟悉或知道金先生,一如梁启超同样推荐了陈寅恪。但是,金先生的博士论文是政治学方面的,回国后在其他学校教英文和历史,他的学问与哲学,尤其与逻辑没有什么关系。赵先生推荐金先生的理由是什么?难道是因为海归时髦?难道是因为那时哲学与政治学不分?赵先生学数学、物理学出身,研究语言学。除了教逻辑外,看不出他与哲学有什么关系。但是从他的学术背景和知识结构来看,科学性大概是非常主要的特点。赵先生对金先生的了解,哪怕仅仅是印象,可能来自当时的某个群体、圈子或沙龙,也许仅仅是私下的交往或接触。但是,到了荐人的关键时刻,个人的好恶总是要起作用的。我猜想,在推荐金先生这一点上,科学性大概起了重要作用。在清华四大导师中,赵先生的知识结构无疑是最新的,也是科学因素最多的,这些大概也是赵先生与金先生最为相似和接近之处,推荐金先生似乎顺理成章,正所谓人以群分。

金先生1926年创建清华哲学系,3年后辞去系主任职务,此后一直以教授的身份在哲学系工作,直到1952年。金先生做哲学系主任的时间并不长,人们却说有一个金岳霖学派,有一个清华学派。无论说法是否属实,都与金先生相关。所谓金岳霖传统大概也是由此而来。传统是一种经年累月、潜移默化而形成的东西。作为金门弟子,我认为金岳霖传统的实质有两点,一点是对待学术的态度:为学术而学术,或者说,以学术为第一生命;另一点是从事学术的方式：强调和坚持科学性。这两点说说容易，真正做到并不容易。即使是树立这种传统的金先生本人，后来也没有做到。我觉得，金先生的时代受到太多政治因素的左右和干扰，他没有能够始终坚持这种传统是可以原谅的，也是应该原谅的。

今天的哲学研究受政治干扰少多了，但是可以提倡和坚持金岳霖传统了吗？马克思主义强调要改变世界，中国传统文化讲究修身、齐家、治国、平天下，知识精英提倡现实批判，到处都要求"理论联系实际"，要学以致用。这些观念本身自有道理，但是它们都要求被放在首位，都要求普遍化。在一个"顾阿桃学哲学"曾经风靡一时，"让哲学从哲学家的课堂上和书本里走出来的"可以掷地有声的国度，"哲学"经常被人们挂在口头，在报纸杂志上也处处可见。政治家理论家常常被称为哲学家，作家不写小说了，可以谈论人生"哲学"，艺术家不创作了，也可以谈论什么"哲学"，科学家做不动本学科的研究了，也来谈哲学。一些人被称为诗人、作家、思想家还嫌不够，非要加上"哲学家"不可。谈论一个人的思想，若是不讲讲哲学，总觉得又不够深刻，谈论一个人的哲学，若是不谈到思想层面，又总觉得不够伟大。这些现象看似自然，但是一旦联系学科，就会令人感到荒唐。喜欢数学的人很多，对天文、物理等学科感兴趣的人也不少，但是"爱好者"与"家"有着天壤之别，没有人会越雷池一步。唯独哲学家似乎可以遍地皆是。

即使在哲学界内部，也常常出现一些有趣的现象。前些年人们讨论中国哲学的合法性，近年来人们又热衷于国学，大谈建立"国学"学科。这两件事看上去风马牛不相及，其实却是有联系的。相同的中国古代文献，哲学系讲，中文系和历史系也讲，因此讨论一下中国哲学合法性似乎并不为过，而三系学者联手鼓吹建立统一的国学专业，哲学系的人转到国学院，似乎也合情合理，不是说文史哲不分家吗？不过，西方哲学不是这样。柏拉图的一些对话受到文学系的青睐，是因为他的著作没有分类，他的时代学科的意识还不明显。而亚里士多德的《形而上学》、康德的《纯粹理性批判》就不是，也绝不会成为文学系和历史系的文献。李泽厚先生是聪明人，他以"思想史"为名通谈中国古代、近代和现代，回避了"哲学"这一概念可能会带来的问题。他被称为哲学家、思想家。但是谈论他最多的却不是在哲学界，也许是墙里开花墙外香。他说"从不给自己定位"。别人看，这可能反映了李先生的超脱和潇洒，我却觉得，处身于中国传统思想文化之中，加上自身的哲学训练，李先生可能还真有些纠结了。

金先生没有这样的问题，他是纯粹的哲学家。没有人认为他不是哲学家。也没有什么人认为他是思想家，人们只说他是哲学家。奎因说，*sophia*（智慧）是必要的，而*philosophia*（爱智慧，亦即哲学）不是必要的。搞哲学的人说哲学不是必要的，这是非凡的见识。金先生没有说过这样的话，却以自己的学术实践体现了它的境界。

我去过金先生家几次，与他没有说上几句话，更没有谈过学术。我对金先生的了解大多是听来的。在逻辑室20多年，老先生们给我讲过许多金先生的逸事。在周先生身边，金先生的故事听得就更多了。我知道的事情有些与外界的传闻南辕北辙，有些则是外界闻所未闻。它们构成我心目中金先生活生生的形象。但是我不会拿它们来说事。作为后辈，尤其是与他有过直接接触的人，都会带有情感成分对待这些事情。而在公众，它们不过是茶余饭后的谈资。一如花边新闻，多一条不多，少一条不少。

金先生的著作我差不多都读过。在清华10年，谈论金先生的机会多了不少。每当涉及金先生的时候，脑海里总会出现他端坐在沙发中的形象，很想与那些故事里的他对上号。直到有一天我忽然明白，金先生已经成为一个历史人物。作为学者，我们应该注意金先生的学术历程，认真对待他的学术著作，思考他的传统。这才是他发生影响的实质所在。于是我对金先生有了新的认识。比如晚年他说自己有三本书，显然无视他后来主编的《形式逻辑》。这里有对学术和科学性的认识和区分，哪怕后者的追随者再多。又比如人们说金先生有天生的逻辑能力，他却说自己最初是边教边学，后来还专门去美国学习了一年现代逻辑，这显示出逻辑的学科性和科学性。但我最有感悟的还是金先生对自己的批判。

金先生时代的学者，不批判自己大概是不行的。金先生同样不得不对自己的逻辑思想进行批判，但是我在其中却看出了他为自己的辩护。最典型的是他对演绎的批判。金先生认为逻辑是研究命题之间必然关系的，这就把归纳排除在外。为了批判这一点，他就在"必然"上动脑筋。他区别"有对的"和"无对的"、"活的"和"死的"、"辩证的"和"形而上学的"必然，由此他谈到"相对于时间、地点、条件的必然是具体的必然,它所包含的可能是具体的现实的可能"。这样,他得到一种归纳的"必然",与演绎的"必然"完全不同,因而说明把归纳排除在逻辑之外是错误的。但是即使在这样的自我批判中,他仍然说,"就是现在,我还是认为演绎的蕴涵是必然的蕴涵,演绎中的推理是必然的推论","我现在仍然认为它的性质就是这样"。字面上看,"死的"和"形而上学的"这些形容词显示出批判的无比深刻。但是"我还是认为""我现在仍然认为"的潜台词却是说,"我那时关于必然的观点是正确的"。有了这样的区别,批判起来就容易多了。金先生说:"脱离了具体的时间、地点的演绎还可以骗人,脱离了具体的条件的归纳根本就骗不了人。那个形而上学化了的'必然'是不能引用到归纳上去的。""骗人"和"形而上学化了的"这两个用语的贬义一目了然,以此似乎揭露和痛斥了演绎。但是,若想"骗人",终究还是要有一些办法的。"可以骗人"和"骗不了人"似乎说明了演绎和归纳能量上的区别,已经包含着高下之分,而"根本"一词还要进一步暗示,这是两种完全不同的方法,根本就不是一回事。因此,演绎的必然不能用到归纳上,二者泾渭分明。金先生表面上批判了演绎排除归纳的错误,实际上却坚持了归纳不是逻辑的看法。可以想象,那时多少人为金先生的批判欢欣鼓舞,拍手称快,而我却对金先生感到钦佩:他用自己的理性和睿智,捍卫了逻辑的科学性,也捍卫了逻辑和哲学的尊严。"金逻辑"绝非浪得虚名。

万教授来清华挂金岳霖像,提倡金岳霖传统,大概不会是心血来潮。他在北大哲学系学习工作多年，那里是金先生工作过的地方，许多人在金先生身边多年，包括他的弟子和同事。万俊人教授的做法体现了他受这种传统的影响，也表明他赞同这种传统。我有幸曾亲身体会这种传统，并受益于它，我的学术经历造就了我的学术理念，因而认同万教授的做法。哲学研究的东西可以不同，方式也可以各异，但总还有一些共同的东西。人们喜欢哲学，也许人人都可以自认为懂得哲学，甚至有理由对它指手画脚，但是，哲学家总还是有一些与众不同之处。金先生因为他的逻辑和哲学而受到批判，他也曾对自己的逻辑和哲学进行过批判。但是，这正是他赖以名家的资本，也是他的传统得以形成、他的思想产生影响的根基。张申府说：如果中国有一个哲学界，金岳霖先生当是哲学界的第一人。这话还真是有些意思。

（原载《中华读书报》2011年12月28日）

陈康先生的学术理念

我没有见过陈康先生,最初知道他是年轻时读他的译著《巴门尼德斯篇》,看到序中他关于信达雅的论述,好像发现新大陆一样;对他关于做学问方式的说明似懂非懂,只觉重要。后来每年春节去看望汪子嵩先生,常听谈起他,加上学习他对柏拉图和亚里士多德思想的研究,思考他对一些术语的解读和讨论,对他的生平和思想有了进一步的理解,甚至有了似曾相识的感觉。今天应邀参会,谈一谈他对我的影响。为了言之有物,将原来读过的东西重看了一遍,竟又产生了一些新的想法。这里我想集中谈一谈他的学术理念,也可以说是他的哲学理念,当然,这只是我所理解的一种学术理念或哲学理念。

一 哲学是科学或学科

最初接触哲学是在"文革"中,读的主要是毛泽东的著作。

上大学以后，哲学书读得更多了，尤其是读了马恩列斯著作，懂得了辩证唯物主义，运用哲学理论写了一些批判性文章，所以后来研究生读哲学系，觉得自己很懂哲学。但是在读了亚里士多德的《形而上学》之后，我对哲学产生了困惑，因为读不懂他说的那个"being"，它与我所学过的哲学根本不同。好在有导师指导，研究生毕业不久即出国学习，通过不断努力逐渐树立起对哲学的认识。回想起来，2000年我出过一个小册子《寂寞求真》，其中谈到读书体会时引述了陈先生的许多话，这说明陈先生对我的哲学观的形成也是有影响的，尽管也许只是众多影响中的一小部分，只是潜移默化的。

陈先生说："哲学决不是拿一支笔、一卷纸，春蚕吐丝式地写文章、著书立说；它需要学习，和数学或其他严格科学同样的，勤勤恳恳脚踏实地的学习。"（《陈康：论希腊哲学》，商务印书馆，2011年，第609页）这话讲的是如何做哲学，体现的却是一种学术理念：哲学是科学。这一观念是颠覆性的，即使在今天，也不见得会得到普遍赞同。人们可以承认哲学是关于精神的反思，哲学是世界观、方法论，哲学是无用之学，等等。但是说到哲学是科学，立即会遭到反对。即使从事哲学教学和研究的人，在这一点上也不会有一致的、明确的认识。原因很简单：没有经过专业学习和训练的人绝不会被称为科学家，却可以被称为哲学家，"哲学"一词可以在媒体上任意使用，而其他科学的名称就不能这样使用。所以在一般人眼中，哲学作为科学或学科似乎天生就是"软"的。

从字面上看,陈先生的话只是告诉我们要好好学习,关于科学的说法充其量也只是类比而已,并没有说明哲学是什么。但是在我看来,如果没有关于哲学的正确认识,这样的话是说不出来的。好好学习谁都会说,类比的方式人人都会,但是将哲学与数学和严格科学并列,却不是人人可以做到的,倒是从罗素的说法,哲学是处于宗教和科学之间的东西,可以品味出几分相似。在陈先生看来,"严格意义的哲学也只是万有论、认识论或玄学"(同上,第560页),但是,"玄学是价值很低的学科,也许我们称它为一种 intellektuale Romantik 格外合适些。然而这只限于名实相符的玄学,至于那些无问题根据的玄思玄想,即使很精巧,也不过是 Gedankenspiel 罢了"(同上,第560—561页)。所以严格意义的哲学"只是万有论和认识论"(同上,第560—561页)。这些话明显表现出对许多称为哲学的东西不屑一顾,也显示出他对哲学的独特认识。他非常明确地说:

> 如若哲学不但可以成为一个学科,而且它还有很大的价值,那么万有论和认识论也皆是如此,因为它们从哲学成为学科以来,即是哲学。如若学说方面讲正统,那么在它们中间万有论是 protei philosophia ["第一哲学"] 唯一合法的后继。……即使全部哲学史全是些谬论,哲学——即万有论——仍是可能的。(同上,第561页)

万有论即 ontology,或通常所说的本体论。这说明,在陈先生考虑的哲学中,有亚里士多德说的第一哲学,后人所说的本体论和认识论,而最主要的是本体论。陈先生不用"本体论"而用"万有论"一词,也许有更多的考虑,但是"*protei philosophia*"(第一哲学)的提及使人自然想到亚里士多德说的"有一门科学,它研究是本身(being as being)",由此可见陈先生眼中的哲学是亚里士多德的形而上学意义上的东西。认识到这一点也就不难看出,为什么陈先生将哲学看作一门科学,看作与数学和严格科学并列的学科。

我赞同陈先生的看法。我认为哲学是形而上学,是科学。它所研究的乃是先验的东西,它的科学性和专业性也由此而来。它与其他学科的区别在于,其他学科研究的东西是后验的。如今人们谈论哲学总是讲到八个二级学科,因而会有形而上学与其他哲学或加字哲学的区别。"加字哲学"是我近年来的一个提法。顾名思义,所谓加字哲学即在"哲学"前面加字,从而形成"××哲学",比如马克思主义哲学、中国哲学,或者文化哲学、教育哲学等等。加字哲学与形而上学的区别在于,由于加字,它们与经验相关,因而不再是先验层面的研究。由此可以形成明显区别,因而可以有两种看法。一种是,哲学就是形而上学。另一种看法是,哲学不只是形而上学,还包括加字哲学,但哲学史主线上的是形而上学。应该说,我的看法与陈先生大同小异。在《寂寞求真》中我没有引上面那段话。也许是那时没有看到,也许是看了但理解不够。今天重读陈先生的话,获得共鸣,感到神交的快乐,与陈先生似乎又亲近了许多。

二 哲学研究的方式

哲学是科学，自然讲究研究的方式。陈先生对这方面多有论述。比如他说："摆脱束缚，乘兴发言，是在写抒情诗，不是做实事求是的探讨。作诗和研究，二者悬殊，它们的方法也必然不同。"（同上，第viii页）这说明研究不是写文章。所谓束缚，指的是有一些程式化的东西，即专业性的要求。李玉刚可以得到观众的欣赏，但是得不到梅葆玖的承认，就是因为他没有京剧的规矩，也没有梅派所要求的那些程式化的东西。哲学研究的方法乃是哲学这门科学所要求的基本要素，不是想当然就可以把握的。

对于哲学研究的方法，陈先生论述很多，印象至深的莫过于他说：对于一个问题，"我们必须先在历史里寻找前人至少是第一流的哲学家对于它的直接的解答或前人的学说里有关本问题的解答的部分。……这一个步骤是不可缺少的。因为对于一个问题如若前人已有圆满的解答，我们即接受它，无须别出心裁，另求解答"（同上，第601—602页）。我过去对它的理解是，这里"对哲学研究提出了一个起码的要求，实际上却是一个不容易达到的要求。做到这一点至少迫使我们看大量的文献。不仅要看大哲学家本人的著作，而且要看别人关于他们的研究，这就是我们通常所说的第二手材料。读第一手材料不易，读第二手材料同样不易"（《寂寞求真》，第41页）。今天我还认识到，一手文献是研究的基础，二手文献则是研究的起点。不掌握二手文献，就不知道相关问题研究到什么程度，取得哪些成果，哪些认识已经是常识性的，哪些认识还有分歧。国内学界普遍重视一手文献，但是对二手文献重视不够。缺乏二手文献固然可以写出文章，但是，由于不知道自己所说是不是已被说过，自以为正确的见解是不是早已被批判，因此在我看来，这样的文章充其量只是读后感，实在算不得研究。陈先生说："本着个人的天才——搞哲学的人常常是这样自负的——运用我们天赋的能力以解答那些俯拾皆是的哲学问题。这是多么自然，多么方便的事！然而不幸，这只是一个错误的假设——许多搞哲学的人缄默的假设。"（同上，第608页）我的解读是，有了对一、二手文献的把握，不一定能够提出新的见解，没有则肯定不行。因此，大量地认真阅读文献，对于研究哲学来说，乃是第一位的，也是最基本的工作。

对于文本，陈先生要求仔细而客观地阅读，"一个字一个字地读，一句一句地读……逐步分析其中的思想，以求了解著者思想的运行……不掺杂己见于其中。最容易渗入的是乃自己对书中思想的评论，思想未经训练的人读书往往人我不分。……这一点我们必须避免"（同上，第610页）。我在课堂上总对学生说，要认真阅读文献，要注意三个层次：一是读懂说的是什么，二是读懂为什么这样说，三是读懂说的对不对。第三个层次是专家水准，不必考虑。注意前两个层次就可以了，而其中第一个层次则是重点。当然，为了读懂这个层次，常常要考虑为什么这样说。如果二者能够区分清楚，读书的本领就上了一个台阶。这话说起来容易，做起来其实是很难的。每个人都有一定的知识结构，有一些知识储备。它们会在人们学习和研究的过程中起作用。最容易做的就是按照已有的知识结构和储备，从一些预设的概念出发，对阅读的文献引申发挥，不求甚解，甚至说三道四，一如陈先生说的渗入自己的评论，"人我不分"。所以我总是强调，要努力让已有的知识结构成为促进和帮助自己读懂是什么的要素，而不要让它们成为自己进步的阻碍。说不清我是什么时候建立起这样明确的认识，对陈先生这段话似乎也没有多少记忆，但是再次读到它的时候，如遇知音，钦佩之情油然而生。

三　如何理解西方哲学

陈先生的西方哲学研究中很重要一部分是翻译，尤其是他翻译的《巴门尼德斯篇》，出版得早，影响也大。他关于信达雅的论述一直是讨论的话题，他说的让西方学者"以不通中文为恨"（《巴门尼德斯篇》，第8页）备受国人称道。我对他关于信达雅的论述一直很在意，因为我觉得，这里的实质包含着对西方哲学以及两种不同语言转换的认识，用我的话说，就是如何理解西方哲学。

在信达雅三个层次中，陈先生最重视的是信。在他看来，信乃是翻译的"不可动摇的基本条件"（同上，第9页）。做到信，结果就是直译，"直译不但常常'不雅'，而且还会有'不辞'的危险"。在文辞和义理无法兼顾之处，陈先生的原则是："宁以义害辞，勿以辞害义。"（同上，第9页）在具体翻译实践中，尤其是涉及与"being"相关的翻译中，他使用了多种译语，如

"是""洒殷""有""存有""存在"等等。而在《巴门尼德斯篇》中，他主要使用的乃是"是"，尤其是关于一"是"的论证部分，并且他对为什么应该这样翻译做出详细说明。人们对陈先生的译文可以有多种解释，比如可以认为，它们充分体现了在不同语境下采用不同的翻译，也符合陈先生所说的直译。不能说这样的解释没有道理，但是毕竟过于简单了。

我觉得可以从两个方面理解陈先生。从理论层面说，陈先生重视"信"，并告诫不要以辞害义，这说明在他看来，翻译涉及语言转换：通过语言转换使对象语言所表达的思想在译语中传达出来。而这是一件不容易的事情，时常会遇到一些困难，甚至是重大困难。所以他说："如若一个在极度满足'信'的条件下做翻译工作的人希望用习惯的词句传达在本土从未产生过的思想，那是一件根本不可能的事。"（同上，第9页）他还强调，"这决不是主观的偏见"（同上，第9页）。我认为，这样的认识非常正确。关于"being"的讨论国内已有多年，可以为陈先生的观点提供说明。人们反对以"是"来翻译"being"及其相关用语，提供了很多理由。比如有人说中文中的"是"不能作名词，比如有人要求中译文要符合母语语感，比如有人说中文词的习惯表达是双字，单字不是词，等等。所有这些说法及其类似说法都在强调中文，其结果无不忽视了陈先生所说的"以辞害义"。相反，我在批评这些看法的过程中，总是强调从理解西方哲学出发，强调通过语言转换能够传达出"being"及其相关概念所表达的东西。我反对将"being"译为"存在"，实际上就是在反对"以辞害义"。所以，在有关西方哲学的翻译中，在有关"being"的讨论中，人们常常以陈先生为楷模，谈论他的相关思想，但是实际上并没有认真领会他的思想，并没有对他关于信达雅的论述深入细致地思考和把握。应该承认，在思想层面上，即使在今天，许多人的认识与陈先生也依然是有不小差距的。

从实践层面说，陈先生有关于"是"的思考，也有翻译实践，但是没有一"是"到底。这反映出两个问题。一是陈先生实事求是的科学态度和求真精神，二是这个问题的难度。"being"的传统译法是"存在"和"有"，陈先生显然没有延续这个传统，更没有以取巧或偷懒的方式"参照"已有翻译，而是采取了与以往完全不同的翻译。陈先生绝不是想标新立异，这从他相关翻译，尤其是与"如若一是"和"如若一不是"相关的那六个论证的解释可以看得非常清楚，这说明他有自己非常明确的、深入研究后的理解。陈先生也不是不知道这样做会招致反对。他知道，"如若一是"和"如若一不是"这两句话是别扭的中文，它们"不是中文里习惯的词句，因为自从有了中国语言文字以来，大约还未有人这样思想过"，而改为"如若有一"或"如若一存在"，就会"是两句投合一般人的口味的译文"，但是他宁可采用前者，因为后者"所表示的不是原文中的意思"（同上，第10页）。在他看来，人们的指责不可怕，"最可怕的乃是处事不忠实；为了粉饰'文雅'不将原文中的真相、却更之以并不符合原义的代替品转授给一般胸中充满了爱智情绪而只能从翻译里求知识的人们，那是一件我们不敢为——且不忍为——的事"（同上，第10页）。陈先生的态度不可谓不中肯，用语不可谓不婉转，但是传达的批评也极为深刻。通俗地说，以"存在"来翻译"being"，不是老实的做法，是对读者的不负责任，这遭到陈先生的断然拒绝。

在一个或一些地方认识并指出"being"应该译为"是"，这无疑是巨大的进步，但是认识到应该一"是"到底则不是那样容易。这需要对"being"问题有更为全面而深刻的认识。在这一点上，我认为，知识结构的建立是非常重要的。完好的知识结构不仅包括外语和文献的把握，还有对西方思想文化的了解，对相关学科的把握，其中非常重要的一点就是对逻辑的认识和把握。逻辑对于理解西方哲学，尤其是形而上学问题不仅重要，而且必要。这是因为，亚里士多德建立了它，从而使它在形而上学的讨论中始终占有重要的位置，发挥重要的作用。而在亚里士多德之前，自巴门尼德以来直至柏拉图，人们一直有类乎逻辑的思考，这些思考一直伴随着他们关于形而上学的思考，并为亚里士多德建立逻辑和形而上学奠定了基础。应该承认，在逻辑的认识、理解和把握方面，老一辈学者是有缺陷的。所以，即使像陈先生这样高学术水准的哲学家，也未能在有关"being"的问题上做到尽善尽美。尽管他有突破性的，甚至是独树一帜的见解，一如《巴门尼德篇》中的翻译及其注释，但是他没有能够把这样的洞见贯彻始终。我认为，对于前辈我们不必求全责备，但是对于我们自己则应该严格要求，应该树立更高的标准。也就是说，陈先生的做法是可以理解和原谅的。但是他那种洞见，那种获得洞见的理论依据，我们必须充分地认识和大加赞扬，而他那种求实求真的精神，我们一定要继承、学习和发扬光大。

陈康先生早年出国学习，在德国获得博士学位，博士论文做的是西方哲学，与中国文化没有任何关系。在他身上我们可以非常清楚地看到一些国内学者所没有的东西，也可以看到他与那些在国外获得学位但做的论文与中国文化相关，或者只是游学而没有获得学位的人的一些明显差异。人们赞誉他的学术水准、学术精神和学术成就。我想说，他是一位真正的哲学家。他把一生献给形而上学研究，仅凭这一点，他就是我心中的偶像，是我永远学习的榜样。

（原载《读书》2018年第2期）

追思汪子嵩先生

我第一次认识汪先生是1979年或1980年,我读研究生的时候,汪先生给我们上课,讲亚里士多德的本体学说,在社科院1号楼。1994年我参加了商务印书馆召开的汉译名著选题会,是老武(维琴)让我来的。那时我是小年轻,来的都是老先生,又见到了汪先生。汪先生说了一句话我印象很深刻。他说翻译有时候比写专著还难。王树人先生不太赞同,说还是专著难。这次来开会来之前我查了一下。可能是2000年或2001年我陪周(礼全)先生去汪先生家里看望汪先生。(汪先生在2002年的文章里写到,"前年""去年"礼全从美国回来看我。)那几年周先生几乎每年都回来,我陪着周先生去汪先生家,汪师母请我们吃饭,在人民日报社宿舍出来那条小街口上一家小餐馆。我是沾了周先生的光,和汪先生熟悉起来。从那以后我每年春节去看汪先生,开始是到人民日报社的宿舍,有时候汪先生还和我一起下楼,说是取报纸,我们一起到院里散步。后来他搬到世贸公寓和女儿住在一起。开始几年我去的时候汪愉不出来，开了门以后她就消失了，我和汪先生聊天。最后几年我每次来，汪愉都坐在旁边，主要是我们俩聊了，汪先生话就比较少了，有时候我们特意跟他说几句，有时候是问一问他才说话，但是他很高兴地听我们聊天。我跟汪先生就是这样的接触。汪先生给我讲过很多故事，比如他跟我说过他当年划为右派后和王太庆先生劳改在一起的故事，所以我明白为什么他们两人关系那么好，还一起写文章。2003年我出了《"是"与"真"——形而上学的基石》一书，那时讨论"being"问题，我也和汪先生谈这样的事情，那几年电话也比较多，他会把我的想法讲给王太庆先生听，也给我说王先生的想法。这样的事情很多，今天就不讲了。

当年我陪周先生去汪先生家两次，他们的两次聊天我记得特别清楚。第一次他们还有些寒暄，似乎还有些陌生，后来就谈开来，第二次谈得就比第一年也更深了。特别是他们在西南联大做学生时和后来在北大做教师时相互之间的看法，你怎么看我，我怎么看你的。加上西南联大和北大发生的那些事情，我听着非常有趣。由于时间关系，这些故事今天我就不说了。今天我只谈一点，谈一谈我对汪先生的看法。

文杰说要搞这个会，本来我想写一个发言稿，但是觉得不好写，就没写。我翻出2005年我写的一个书评发给他。这是给汪先生的文集写的书评，此前我还给汪先生的《希腊哲学史》写过书评。我跟他来往很多，关系比较密切，所以主动写了书评。你

图2 与周礼全先生（左一）和汪子嵩先生（左二）在一起

们仔细读这个书评会隐约感到，有些东西没有展开写。因为有些东西是不好写的。我对汪先生的看法有一个根本的转变。最初上汪先生的课，我对汪先生的印象很一般。汪先生给我们讲亚里士多德，常说列宁怎么说。那时我们年轻人思想比较解放，我觉得他有点"左"，也就留下了这样一个印象。后来到汪先生家跟他聊天以后，特别是听他讲他的经历和故事、对当下事情的看法以后，我发现他的思想晚年和早年有非常大的转变，我认为，这个转变在汪先生一生中是一个非常重大的转变。我从汪先生那儿学到的东西主要就是这个转变。

汪先生是在退休后开始全力以赴做学术研究的。他原来做人民日报社理论研究室的主任，官方让你说什么你说什么，你是不能随便说的。当他转入到亚里士多德研究的时候，他说学术需要自由。这个思想的转变我认为是突破性的转变，这使汪先生和以前完全不一样了。我翻出汪先生的文集又看了一下，2001年汪先生在三篇文章里都提到了亚里士多德这段话，提到了为知识而知识这段话。他曾跟我多次谈到这个话题。我后来跟他说当年我对你有什么看法，于是他对我讲他当年是怎么认识的，讲他那些亲身经历。我们年轻一代没有老一辈的经历，对于思想自由的理解没有汪先生的理解那么深。汪先生提倡学术需要自由，书名含"理性·自由"，不仅是思想上的认识，而且有生命的体验。所以我在文章里写得很含蓄，他是从历次政治运动过来的人，也有被划成右派的经历，后来他做了人民日报社理论研究室的主任，但是他不能随便说话，随便说话肯定不行。

最后他退休以后重新研究亚里士多德，他提出学术需要自由，我觉得这不是随便说说的，不是我们一般人所想象中的、所说的那样的自由。我和汪先生聊得很多，开始聊无非是希腊哲学怎么样，亚里士多德怎么样，并没有聊过自由。但是关于自由这一点，我认为汪先生确实有一个转变。他跟我说过，作为一个学者，如果对亚里士多德这一点没有体会的话，那就是还没有明白。我认为汪先生是一面镜子。汪先生一生也曾经历过那个年代，他也曾做过一些那样的事情，他也曾以列宁的话作为研究准则，但是后来他自己的思想发生转变，所以才有后来他那样的希腊哲学史的研究工作，才会写出那样的学术著作，才会带着陈

（村富）老师和姚（介厚）老师他们一起做那样的工作。

当年汪先生说为知识而知识，我跟他讨论过这个问题。梁（存秀）先生说为真理而真理，他的话来自翻译费希特，我和他也讨论过这个问题。我将它们说成是为学术而学术。我认为，我们可能做不到为真理而真理，但是我们至少应该做到为学术而学术。这一点是我个人从汪先生这里学到的东西。这个会议提供的汪先生当年写的自述又把这话写进去了，我特别高兴的是，汪先生在"为求知而求知"的后面加上了"为学术而学术"，并且重复强调它。这一点是我从汪先生那儿学到的东西。

作为学者，我们这代人应该从老先生身上更多学一些东西。我跟汪先生接触这么多，他真的是可敬可佩。汪先生早年在西南联大读书时做地下党，在北大教书时做党总支委员会书记，后来在人民日报社做理论研究室主任，那么多年做行政工作，但是到最后走完自己一生的时候他是个学者，一个纯粹的学者，我觉得这一点是我从汪先生身上学到的东西，也是汪先生值得我最敬佩最敬重的东西。谢谢大家。

（原为在2019年4月23日商务印书馆举行的"汪子嵩先生追思会"上的发言）

天真奇特
——回忆沈有鼎先生

在金岳霖先生的弟子中,沈有鼎先生大概是最具传奇色彩的一个。"沈有鼎的大草帽""沈有鼎的大蒲扇"已经成为作家笔下生动的文学形象。我在沈先生身边学习工作虽然时间不长,但是听到的、看见的有趣故事却不少。今年是沈先生诞辰90周年,回忆沈先生的几件事情,以表怀念之情。

沈先生是逻辑学家,以严谨、准确著称。据说,沈先生看过并说没有错的东西,大概就是没有错。这话是不是属实,我不知道。但是,对于沈先生清晰严谨的思路,我确实深有体会。大约是在1983年的时候,沈先生在室里讲自然演绎系统。我只听了前几讲,印象最深的则是第一讲。那是我第一次听沈先生讲课,至今记忆犹新。当时社科院的大楼还没有建起来,哲学所还在1号楼,我们的办公室很小。屋里靠墙的桌子上架一块黑板。黑板前有一个沙发,沈先生就是坐在这个沙发里开始他的讲演的。我坐在第一排，实际上就在沈先生的旁边。沈先生拿着几页纸，凑在眼前，好像是念稿子一样。他啰啰嗦嗦讲了十几分钟开场白，什么唯物、唯心、实践等等，意思无非是说自己的系统是唯物的，符合实践观点的。当时我心里直犯嘀咕，心想：坏了，沈先生上了年岁，思维糊涂了，不行了。当开始讲系统的时候，沈先生站了起来，再也不看手里的纸，一边思索一边讲述。这时，他就像变了一个人一样。他的陈述清晰、准确、严密，既没有重复，也不啰唆，甚至连多余的字眼都没有。我不禁暗暗称奇。我终于相信人们的传奇不是没有道理的。在学术之外，沈先生平淡无奇，而一旦进入学术领域，他就会使人们感到大师风范。最奇怪的是，当沈先生面对黑板的时候，我发现他手中的纸几乎是空白的！

从事逻辑研究的人都懂得，逻辑演算的技术是非常重要的。这是把握逻辑的基本功，也是提高逻辑水平和能力的必修课。一般认为，开始学逻辑的时候，特别是年轻的时候，一定要多在技术上下功夫，否则，学逻辑是入不了门的。而当有了一定基础以后，就可以选择自己喜欢的方向，进行深入的研究。这样的研究可以是逻辑技术方面的，也可以是非技术方面的，比如逻辑史的研究。我最初读研究生时的专业是西方逻辑史。周礼全先生一直叮嘱我在演算上下功夫，并没有让我在逻辑史方面下什么功夫。我最初只是学，并没有特别明确的认识。倒是沈先生的一席话使我深受启发。研究生毕业后，我们几个学生常去沈先生家看望沈先生。有一次在沈先生家里，有人问沈先生是不是还在搞中国逻辑史的研究。沈先生回答说没有,他说,他要像王小平说的那样,趁年轻的时候多学一些技术,等到上了年纪再搞逻辑史。以70多岁的高龄说这个话,难免有风趣幽默的意味,但是我却感到沈先生的真诚,一种对逻辑科学的真诚。单纯地学习逻辑的技术,不一定能把握逻辑的真谛,但是对于逻辑的真谛的理解必然是随着对于逻辑技术的进一步把握而加深的。

1981年研究生毕业的时候,室里最初决定张清宇和我留下。张清宇是沈先生的学生,沈先生没有意见。但是他希望他的另一个学生巫寿康能够留下,问题是只有两个名额。据说,当时沈先生听说巫寿康没有留下很不高兴,他说,王路懂什么逻辑!杨英锐把这话传给我以后,我的心里一直忐忑别扭。沈先生是专家,让沈先生如此瞧不上,多少有些无地自容。但是后来在和沈先生接触时,我觉得沈先生对我也很好,并没有瞧不上我。1983年联系出国时,我到沈先生家请沈先生写推荐信。他问我去学什么,我说继续研究亚里士多德。沈先生说,好!亚里士多德非常重要。我说,前些日子在北大遇见王宪钧先生,他劝我还是搞现代逻辑。沈先生随即说:"他不懂。"沈先生说这话时面带微笑,一脸祥和。我当时立即明白了,沈先生说别人"不懂",他并不是看不起别人,而仅仅是表明自己的一种想法。按照当时的情况,他的意思就是说,学习亚里士多德很重要。以此推论,当初他说我不懂的时候,意思不过是,巫寿康应该留下来。沈先生一片童心,不谙社会经验,在交往中,他说话表达总是以最简单为原则。据说,招收巫寿康做研究生的时候,他每天跑到所里,坐在所领导面前，就是一句话："我要招巫寿康。"我觉得，沈先生是一位纯粹的学者，他把自己的才智和精力全部贡献给了纯粹的学术。

沈先生有一件非常出名的事情，几乎人人皆知。"文革"中，每当毛主席发表一段讲话以后，大家都要敲锣打鼓上街游行，庆祝之后回单位认真组织学习。就是在这样一次学习中，沈先生竟然指出最新指示有一个标点符号用得不对，结果招致一片"打倒"的喊声。这也是我所听到的关于沈先生的第一个故事。前不久读王浩先生写的《哥德尔》一书，读到哥德尔加入美国籍的一段时，我又想起这个故事。加入美国国籍之前需要接受面试，由于有爱因斯坦这样的著名科学家做他的入籍证人，面试对哥德尔本是一件走走形式的事情。但是哥德尔却认真准备，还专门仔细研究了美国宪法，竟然得出一个惊人的结论：美国有向独裁制演变的可能性。面试时要不是爱因斯坦等人当场"拼命阻止"，哥德尔差一点会节外生枝。沈先生指出了最高指示中一个标点符号的错误，结果受到了批判。如果哥德尔当时论证起美国如何有可能演变成独裁制，不知会有什么结果。这究竟是学者的纯真，还是书呆子的不识时务？我总觉得，这两件事有相似之处。沈先生在学术上的成就无法与哥德尔相比，但是他们两个人也有相通的地方。

如今，在我保留的照片中，有几张是与金岳霖先生的合影，但是与沈先生的合影只有一张。为这事，我至今常感遗憾。大概是在1988年春节前后，沈先生请我们到家里吃饭，那一次，除了周先生有事情没有去，室里的人差不多都到了。沈师母做了好几个菜，还买来烤鸭。大家欢聚一堂，热热闹闹，十分开心。沈师母的话比较多，我们这些人也没有一个是闲着的。但是沈先生的话非常少，他总是微笑着在听我们讲话。我专门带了照相机去照相。哪想到照相机出了毛病，没有照成。当时大家也没有在意，都说以后再照。谁知那以后竟然再也没有机会，不久沈先生就病倒了。后来每当说起此事，我就后悔不已。清宇兄曾安慰我说，这是天意。

沈先生虽然不是我的授业老师，但他一直是我非常敬重的老师。这并不是因为他与周先生一样都是金先生的学生，也不是因为我听过他的课，而是因为我特别钦佩沈先生的学术品德和精神。沈先生晚年在谈到自己的时候说："我有一个毛病，总想自己的著作能'尽天下之美'，因此'学习'的过程总不会休止。"活到老，学到老，精益求精，沈先生的身上充满了一个诚实学者的精神，质朴无华。我想，我是比较喜欢沈先生这样的治学精神的。

（原载中国社会科学院哲学研究所逻辑室编：
《摹物求比：沈有鼎及其治学之路》，
社会科学文献出版社，2000年）

周礼全先生的四本书

今年是周礼全先生百年诞辰,去年8月写文章纪念金岳霖先生诞辰125周年提到此事,那时就想着应该写点什么,却不知如何下笔。年底前到哲学所讲座,见到张家龙老师,说起逻辑室,自然谈及周先生,还谈到周先生的黑格尔研究。王齐提议我写一下周先生的故事。我想,那就从黑格尔的逻辑学说起吧。

周先生一生写了四部著作:《概念发展的两个阶段》(1957)、《黑格尔的辩证逻辑》(1989)、《模态逻辑引论》(1986)、《逻辑——正确思维和成功交际的理论》(1994)。前两本书是1957年以前完成的,后两本书写于1980年以后。从周先生的研究成果看,晚期似乎主要是逻辑研究,与黑格尔再无关系。

《黑格尔的辩证逻辑》完成于1957年以前,1989年首次出版时,周先生附上和师母当年怀抱周郁的照片,喜气洋洋,衬托出对该书的情感。该书出版前后,周先生在哲学所的学术年会上还做了《黑格尔辩证逻辑的形式主义》的报告。《概念发展的两个阶段》是一个小册子，先是（1956）在《哲学研究》上连载，其中第三部分是"黑格尔论本质与概念发展"，显示出与《黑格尔的辩证逻辑》的直接联系。周先生曾给我讲过写该书的一些故事，包括他去贺麟先生家谈论关于《小逻辑》的翻译，贺先生在新版译序中说周先生"对照德文读了译稿，提了不少意见"，梁存秀先生也和我说过周先生与他谈论贺先生译本的事情，所以，尽管逻辑室的人对黑格尔持贬低甚至否定的态度，我也曾一直深受这种态度的影响，但是我知道周先生不是这样看的。周先生有四个子女，名字分别取自黑格尔逻辑的初始概念：长子周郁，"有"字加耳刀，次子周芜，"无"字加草字头，女儿周易，取"变"的字义。黑格尔逻辑学只有"有""无""变"这三个初始概念，四子再无借用，取名周元，意为初始，含"元哲学"之意，这也是周先生常谈的东西。周郁取名的故事是周先生亲口对我说的，言明那几年沉浸在研究黑格尔哲学的热情之中。其他几人名字的意思可能是我的推论，至少周"元"的意思是我的猜测。那天家龙师听到我的解释兴趣盎然，竖起拇指称赞"高"。后来中国社会科学出版社再版该书时删去了照片，我还惋惜了一阵子。当时周先生从美国寄来修改意见，委托我对该书进行修改，足见重视。我认真读了周先生的修改意见，最终只保留了周先生自己的修正，而他建议我做的修改，特别是增加关于古希腊哲学中辩证法的相关思想，我没有敢动，只是加了几个注释。我认为，这是稳妥的做法。

2000年新年前夕我借哈佛访学之机去新泽西看望周先生，陪他住了几天，和他聊了许多。有一次他让我谈一谈新近的研究，我谈"being"问题，讲了近一小时，其中也讲到黑格尔的"是""不（者）"和"变"。我对这次谈话记忆深刻，因为周先生自始至终，几乎没有说话。每次聊天，周先生都说得很多，常常插话，总是要表达自己的想法和意见，唯独这次不同：至少关于黑格尔他没有说一句话。当时我只是觉得兴奋，那是自己第一次阐述一"是"到底论，而且是在周先生面前，如遇知音，无拘无束。事后回想，此前关于"being"问题，我也和他谈过一些想法，他还写信劝我，这些比较玄的东西，把玩一下可以。这次我可能"玩"大了，他索性也不劝了。再后来我认识到，我谈的看法是颠覆性的，对黑格尔的看法也是如此：以"是"来理解"Sein"，谈论"是"与"不是"，与以"有"来理解"Sein"，谈论"有"和"无"，实在是天差地别，会得出完全不同的认识。周先生的沉默，也许是一种批评，也许是一种默认，更可能是在思考他自己关于黑格尔的认识，使之与我谈的东西相互印证。在学术问题上，周先生向来是严谨的、谨慎的。在这样重大的问题上，不考虑成熟，他是不会发表意见的。他的态度使我更加确信，我的认识是有道理的。

　　最初跟着周先生读研究生，论文写亚里士多德逻辑，题目是周先生定的。20世纪五六十年代他写过《关于亚里士多德推理的逻辑学说》和《亚里士多德论矛盾律和排中律》。前者1962年发表，后者1981年发表，我写论文时还读了后者的油印件。当时我也不是完全明白，只是相信周先生，按照他说的去做。多年以后我认识到，亚里士多德逻辑和经典逻辑一样，是二值的，因此强调矛盾律和排中律。语言表达中还有三值和无值的情况，也有不是非真即假的情况，因而"是"的表达形成多样性。逻辑固然可以从中获得启示，得以发展，但是西方哲学家也一直在关注和考虑它。研究亚里士多德逻辑会使人认识到，逻辑有一个从前苏格拉底到柏拉图向亚里士多德的发展，也有一个从亚里士多德向后人的发展，其间是有区别的，因此逻辑的产生和发展本身也就有了意义，对它的思考更是有了非同一般的意义。黑格尔是对逻辑持否定态度的代表人物之一，他关于逻辑的一些看法很成问题，但是他的许多思考却是有意义的。周先生研究黑格尔的辩证逻辑，我以为是自然的。只要是对古代辩证法感兴趣或有所研究，对黑格尔感兴趣就是自然的，更不要说国内把德国哲学看作马克思主义的主要来源之一，把黑格尔辩证法看作马克思主义辩证法的主要来源。

周先生晚年转向研究自然语言逻辑，《模态逻辑引论》是国内第一本介绍模态逻辑的著作，对国人学习模态逻辑起到了引导和推动作用，书后的"模态逻辑简史"，显示了周先生深厚的哲学史研究功力和水准。记得八九十年代哲学所来过一个德国哲学代表团，讨论方式为一对一，我协助做一些翻译工作。其中一个专家讲莱布尼兹，所领导特意请周先生出来和他对谈，周先生谈论莱布尼兹关于可能世界的思想如数家珍，令德国同仁称赞不已。会后梁先生也和我说起德国人对周先生的称赞，还点评了参加翻译工作的几个人的德语水准。我在德国留学时导师是莱布尼兹研究专家，周先生几次和我谈论莱布尼兹，由于自己没有什么研究，在周先生面前只能听，实在是说不出什么。

《逻辑——正确思维和成功交际的理论》是周先生最后一本书，他做主编，主体框架和思想都是他的，参加者很多。昨天和家龙师谈起该书，共同回忆起当年周先生在室里说要写一本逻辑书，要管50年，好不雄心壮志。家龙师说，这本书很好啊，当时国际上自然语言研究已经兴起，周先生的书在国内起到了很好的引领和推动作用。确实如此。70年代末80年代初，我在哲学所曾当面听周先生和王浩先生谈起自然语言逻辑研究，王先生不屑一顾。后来我在周先生家里多次听周先生谈论自然语言逻辑，谈论他的那本书。晚年周先生对我说，他在美国见到王浩，王浩说，礼全啊，你那个自然语言逻辑还是很有意思的啊！2000年我将该书中周先生写的几部分内容编入《周礼全集》。我知道，周先生早年曾经写过关于自然语言研究的文章，他晚年的研究并不是心血来潮。这部分内容凝练了他关于自然语言逻辑研究的认识，可以看作他相关研究的精华。

周先生曾建议我参加他关于自然语言逻辑的研究，我没有听从。我在德国学过语言学，也做了多年研究，对自然语言逻辑研究有自己的一些认识，与周先生的不太一样。1992年我写出《"是"的逻辑研究》，本来准备将自然语言中与逻辑常项相关的词一个个写下去，大体上也相当于一种自然语言逻辑研究，但是不久我就放弃了这个想法，转而一心一意研究逻辑与形而上学。

去年我写出《"是"与"不者"——黑格尔逻辑学的核心概念》，固然是形而上学研究的一个成果，也是当年我对周先生讲述对黑格尔思想认识的具体化。与周先生相比，他在自然语言逻辑研究方面取得了成就，却放弃了对黑格尔的深入研究，我在形而上学的研究上走得更远一些，代价是早早断然放弃了语言学方面的研究。黑格尔的研究似乎是一个路标，显示出我和周先生研究路径的一个差异。

也许是借黑格尔研究来说事，以上认识难免会有牵强附会之嫌。更宽泛一些说，周先生的自然语言逻辑研究说到底还是偏离了形而上学。晚年周先生和我谈论最多的，其实并不是自然语言逻辑，而是形而上学和伦理学。他多次谈过亚里士多德、莱布尼兹、休谟和黑格尔，谈论必然与或然，谈论演绎与归纳，他还谈论康德的道德原则，谈论中国儒家思想的规范性和现实意义，谈论元哲学问题。有一次我和他谈起达米特的反实在论，提到《形而上学的逻辑基础》，提到达米特对经典逻辑的批评和对演绎性的辩护，竟引起他的兴趣，说一定要找来看看。按照我的理解，逻辑与形而上学，这是他最喜欢的东西，是融进他血液中的东西，但是所有这些，在他自然语言逻辑研究中是看不到的。那次离开新泽西他家，周芜开车送我，他说，你来看我爸爸，我们真高兴；他太寂寞了，知道你来，他兴奋了好几天。他还说，你知道，我爸爸喜欢聊天，但不是和什么人都可以聊的。这话容易理解，我做研究几十年，对此也深有体会。也许我可以和任何一个人聊天，却不会随便和一个人谈论逻辑和形而上学，而我最喜欢聊的，就是逻辑和形而上学。

张尚水老师说，周先生一生（对逻辑）做了两件好事，一件是培养了王路。张老师不善言辞，说的是周先生，却包含着对我的褒奖。我始终记着这话，当作对我的鞭策。跟着周先生读书40多年了，从亦步亦趋到自说自话，我自省不是一个听话的学生，但是遵守学者的本分，我一直是规规矩矩，而研究逻辑与形而上学，我自信对得起周先生。我一直认为，在金岳霖先生的弟子中，周先生是和他的思想路数最接近的，而且周先生的聪明才智绝对是一流的。我曾妄想，假如周先生沿着他30多岁时写的《概念发展的两个阶段》一直做下去，假如没有10年的折腾和耽误，假如他关于黑格尔的研究还可以继续，假如他可以把他思考的那些形而上学问题加以细化和阐述，假如……

作为周先生的学生，我想的往往是学术方面的事情，友人大概多会喜欢像周先生给子女起名字那样的趣事。周先生是一个学者，也是一个普通人，有普通人的喜好。我读研究生时常去周先生家，冬天暖气不足，周先生的屋里有一个炉子，炉台上总放着红薯。周先生喜欢吃烤红薯，给我讲他家乡人对红薯的偏爱，讲述他烤红薯的方式如何便捷，还请我吃他烤的红薯。在新泽西，周先生特意给我烧牛肉吃。周芜的房子在山上，高档时尚，大且新，在开放式的厨房里，在下排式抽油烟机的灶台上，周先生将牛肉放入油锅，刺啦一声，油烟爆起，周芜在旁一声"哎哟我的爸爸哎！"脸都变了，连忙在灶台旁擦来擦去。周先生谈笑风生，一边翻炒，一边讲述如何烧牛肉才好吃。我想，好吃也是有代价的啊！周先生出国前住干面胡同，我住雅宝路，那时我常去周先生家聊天。我一共请周先生吃过两次饭，都是在周先生从美国回京的时候，好像都在东总布胡同的仿膳。一次是请周先生和梁先生，这也是我唯一一次请梁先生吃饭。另一次是请周先生和李惠国先生，李先生是我爱人的导师，和周先生是好友，他们的友情来自牛棚和干校。在北京周先生请我吃过一次饭（和室里的人去他家聚会除外），那是他招蔡曙山和邹崇理读博士之后请他们到家吃饭，专门电话让我过去作陪。那次见面，二人毕恭毕敬，尊称我"王老师"，我说，周先生还是对你们好啊，我做周先生学生这么多年，周先生从来没有请我吃过饭。你们要好好读书！周先生笑言，我以前比较穷啊。他还让我要好好"照顾"他们。2003年我借访问斯坦福的机会去老年公寓看望周先生，他再次谈起曙山和崇理不容易，嘱咐我一定要好好照顾他们。周先生对学生关爱有加，方式各异。对此我深有体会。

年前讲座上刘新文介绍我时说到，王老师培养学生，因人施教，没有千篇一律。我认为这句话说得很对。这也是我从周先生那里学来的。培养学生，首要的是尊敬学生。一日为师终身为父，这是过去手艺人的说法，因为是教生计，给饭碗。我们则完全不同：我们教学生是传授科学和知识，以师生的方式给学生提供一个学习的机会，以传授知识的方式使他们成才或有可能成才。我今天常对学生说，我称赞周先生带我读书，教导我要严谨，细致，认真。其实这算不了什么，哪一个老师都会对学生这样说。关键是要教会学生如何做到认真、严谨和细致。回想做周先生的学生所走过的路，反思自己几十年的研究历程，我最感谢周先生的是他当年让我研究亚里士多德，让我走的是一条研究的正路，使我从此走上一条研究的正路。我在研究中体会到，研究亚里士多德的人非常多，出成果是非常不易的。但是仅此一点就说明，这样的研究至关重要，是有价值的。有人总想填补空白，总想研究别人没有研究过的东西，这其实是不得要领。按照我的理解，在哲学研究中，空白的东西大概也就是没有什么价值的东西，之所以没有人研究，很可能是因为不重要。研究生毕业时周先生对我说，要好好读书，要扬长补短；有些大教授年轻时不好好读书，一些基本问题没有搞清楚，当了教授，也就不好意思向别人求教，只能不懂装懂。这话是40年前说的，我却记忆犹新，随着年龄的增长，我对它有了更深的理解。"哲学"可以加字，因而可以有中国哲学、马克思主义哲学这样的研究，可以和人文精神、终极关怀联系起来，甚至包罗万象，走向风花雪月，但是哲学领域中一定还有不加字的东西，一如亚里士多德所说的第一哲学，一如后人所命名的形而上学，一如黑格尔尽心竭力研究的逻辑学，一如今天的分析哲学。形而上学与逻辑密切相关，以至于罗素说，逻辑是哲学的本质。形而上学的研究，或者，与逻辑结合在一起的哲学研究，体现了哲学的科学性和专业性，所以也就有了"难"的评价。今天我对许多问题的认识，特别是对哲学的认识，在当年也是一无所知或认识不清的。在研究过程中我也曾受到一些诱惑，也遇到几次转机，若是我迷茫了，假如我转向了，我在哲学领域一定不会像今天这样登堂入室。

去年10月在舟山开会时一个朋友说，他们认为，王路把这么好的聪明才智就花费在一个"是"（being）上，可惜了。潜台词也许在说不值得。我不这样认为。我认为，哲学就是形而上学，我所走的研究之路堂堂正正，我所研究的问题是形而上学的基本问题。没有过去几十年坚持不懈的努力，我不会获得今天的认识。在周先生百年诞辰之际，我还要说，没有周先生的指引，我不会走上这样一条道路。感谢周先生！而且，这是我发自内心的、最真诚的感谢。

（原载《读书》2021年第5期）

童真童趣
——我眼中的苏天辅先生

西南师大依山而建,林茂草绿。从北方来此讲学,在校园里散步,感觉空气清新,心旷神怡。只是阴雨天多了些。但是有一件令人高兴的事:在这里我又见到了苏天辅先生。

苏先生是周礼全先生的师弟,以前也曾见过,有一次还是在周先生家:刚巧苏先生到北京出差,带着他的女儿看望周先生。和苏先生接触过的人,都可以感受到他的平易近人和蔼可亲。在西师,在苏先生工作的地方,我对苏先生有了更多的接触和了解。

这次在西师讲课一周,下午讲课,上午我在旅馆里念书。每天上午,苏先生都过来看我。第一天他给我送来一兜苹果,告诉我苹果有营养,应该多吃苹果。第二天他给我送了一把水果刀,说是头天只送苹果,忘记了。第三天来他给我送了一把雨伞,提醒我注意重庆的阴雨。令我非常感动。

我知道送东西只是一个借口，其实是想过来到我这里坐一坐，聊一聊。我忽然醒悟过来，自己也过于愚钝了，怎么能总让苏先生来我这里呢？！于是翌日我捧了一盆花去看望苏先生。

以上文字是当年写下的，当时本想写一下苏先生和我谈的那些故事，因为有事而中断。现在接着写完。遗憾的是时过境迁，一些细节都忘记了，许多事情也记不清了，只能写一下主要的记忆。

至今我依然记得第一次开门见到苏先生时的情景。我根本想不到会是苏先生，我非常诧异：一个老先生，老前辈竟来看我；苏先生则一再抱歉说打扰我读书了。待到第三天我开门看到苏先生冒着小雨给我送雨伞来，感动之余，我还多了一层对苏先生的理解。他不只是来看我，而是来看自己的一个亲人。这种亲情是复杂多重的，除了对我这个晚辈的关切，还有对金先生、对周先生的怀念，以及对过去与他们在一起那段岁月的难舍难分。每次来，苏先生都会待很久，一聊上就没完没了。

苏先生和我讲了许多事情，最多的是讲他和金先生一起读书的事情。其中有两件事印象比较深。一件是他谈到自己家境贫寒，上学时裤腿上有窟窿，生活节俭，金先生在经济上怎样资助他、关心他。言语中似有调侃，流露的则是对金先生的无限感激。另一件是他谈到金先生带他读书，并对他说："这是我最后一次一对一的带学生读书了。"这话我至今记忆犹新。一对一，这是金先生独特的教书方式，以前周先生也和我说过，后来从冯契先生的文章也读过，看来金先生的学生都有这样的经历。这种教学方式是不是传统的私塾方式且不论，至少金先生给他的学生留下深刻印象，他们都为有这样的经历而自豪。苏先生说，他很遗憾后来没有留在金先生身边，不能继续聆听金先生的教诲。看得出来，金先生是一个很有人格魅力的人。后来在一些会上也听苏先生讲到金先生，讲到他给我讲过的一些故事。不过读书这一段是他讲给我一个人的。

苏先生讲了许多和周先生在一起的故事，尤其是他在读书期间周先生对他的照顾和帮助，他对我询问最多的也是周先生在美国的生活状况。我可以感到，他对周先生很尊重，他们的感情很深。我曾问他，我随周先生去过金先生家，目睹了周先生和金先生的关系，也听说过许多故事，他们的关系好像特别好。他说，周先生聪明，用功，书读得好，所以金先生喜欢周先生。他还说，他读书不如周先生，否则金先生也会特别喜欢他的。苏先生说这些话的时候就像个孩子，似乎又回到了金先生的身边。我明白，他的意思是说，金先生也是非常喜欢他的。可以理解，那时他是金先生招收的最后一名学生，又是穷家子弟，金先生对他更关爱有加，只是后来离开北京。周先生生活在金先生的身边，情况自然会有不同。

除了讲述读书时的故事，苏先生说得最多的就是希望我可以帮助西师逻辑学的发展。他早已退休，但是仍然在给研究生开课，他对我到西师讲课特别支持。他明确希望我可以支持他们那里的工作，早日建立起博士学位点。苏先生淡泊名利，但是一直关心和支持逻辑学科的建设和发展。后来西南师大更名为西南大学，建立起逻辑学博士点，成立了逻辑研究所，再见到苏先生的时候他还向我表示感谢，其实那完全是西南大学逻辑专业的教师们努力的结果，我没有任何功劳，但是我可以感到，苏先生是真心地高兴，因为那里有他的心血和愿望。

谈论金先生的学生，人们往往提到沈有鼎、王宪钧、周礼全等先生，而不会说到苏先生，因为他不如前者出名，不如他们卓有学术成就。在我看来，这肯定是有历史原因的。苏先生进清华读研究生，恰逢中华人民共和国成立，可以想象，在那个火热的年代，读书一定会大受影响，苏先生就对我讲过他们那时搞了许多活动。艾思奇进清华园批判形式逻辑，是一个关于那个时代尽人皆知的故事，大形势如此，苏先生的逻辑学习也一定会受到影响。尽管如此，作为金先生的学生，苏先生的逻辑情怀却始终不渝。我读过苏先生写的一篇文章，其中指出中国古代没有逻辑，并且讨论了为什么没有逻辑，在什么意义上说它没有逻辑。观点不同可以讨论，但是他的分析论证却体现了一种逻辑观，这种逻辑观在我看来与金先生成熟的逻辑观是一致的。苏先生一生从事逻辑教学与研究，创建西南师大逻辑研究所，培养了许多学生。如今他的一些学生也是我的好友。他们说起苏先生，无不敬佩他的人品和学识，无不赞誉他对逻辑的发展所做的贡献。

如今苏先生年事已高，住在成都女儿家。我已经有几年没有见过他了，但是我时常会想起他坐在我的房间里与我聊天，他那微笑的面庞和缓慢幽默的语调。我总觉得，我与他很近，很近。

（未记日期）

如今，他真的走了

梁先生走了，我是今天下午才知道的，心里波动了一下，感觉自己似乎也老了。

我是1981年研究生毕业来到哲学所的，很早就认识了梁存秀先生。我一直称梁先生的夫人沈真先生为"沈老师"，但是以前一直称他为"老梁"，至今我也想不起来这是为什么。后来他的一些学生成了我的同事和朋友，我随着他们也改口"梁先生""梁老师"，但是私下里我还是常常称呼他"老梁"。他一直说我是他的山西小老乡，总是念叨他们村离我的老家只有四里地。我可能有些没大没小，好像不这样称呼不足以显示我这个"小老乡"与他的亲近。

梁先生晚年搞黑格尔全集翻译，这事和我还真有一些关系。在社科院通过这个选题的时候，我已离开社科院到了清华，但还是社科院高级职称评委会委员，所以参加了评审。当时哲学所报了两个重大选题，除了这个，还有关于多卷本剑桥史的翻译。100万的项目经费是个天文数字，所以论证很郑重其事。我支持梁先生的选题，发表的意见已经记不清了，只记得最后我说：以前只有4万元项目经费的时候，梁先生完成了五卷本费希特翻译，还写了几本研究著作，我们应该相信他可以把这件事做好。评委们支持了我的意见（哲学所的评委还有副所长李德顺，是不是还有其他人，记不清了，绝大多数评委都是外所的），课题通过很顺利。后来我去他家，他常和我说他的项目。批件下来好像很晚，近几年他在家里多次拿出批件说事，一些事情让他高兴，一些事情令他烦恼，但是说完之后又总是咧开嘴笑起来。

熟悉梁先生的人都知道，他一生主要从事德国哲学的翻译工作，他的翻译极其认真严谨，他的翻译成果非常显著。他对自己的工作也异常重视。记得他译的黑格尔的《逻辑学》出版之后，他让我给他写一个书评。书评发表之后，他很高兴，打电话叫我去家里。沈老师夸我的书评写得好，梁先生接过话题说，沈老师对我说，这个书评你的学生写不出来。我给他讲与书评相关的一些事，他多次打断我，结果沈老师"怒斥"他，你不要说，听王路说。看得出来，他们两人都很高兴，甚至有些兴奋。我写过一些书评，每次都是有感而发，不费什么事。但是他的那个书评我确实下了一些功夫，写得也比较长。虽然《逻辑学》只是一本译著，但是我熟悉它的译者，知道许多与它相关的故事，也明白梁先生为什么要我写书评。所以，听到沈先生的赞美我很高兴，因为我没有辜负梁先生的希望。

按照我的理解，梁先生的翻译事业其实是有一个转折和变化的。早年他确实只是翻译和研究，但是晚年则不仅翻译，还想造就一支翻译队伍。用他自己的话说，就是继承他的老师贺先生的事业，培养接班人。这样的工作也许始于费希特选辑的翻译，也许更早。早在翻译费希特之时，他就和我说过翻译的事情，评价过许多译者的水准，包括他的学生和我的同学。而在申请黑格尔全集翻译项目之前，他和我多次谈过他的想法，掰着手指头数谁可以参加，还有谁将来可以参加，谁可以培养成领军人物，谁是这支队伍的骨干。他明确地说，他自己已经不可能完成这一任务，但是他希望在有生之年，能够通过黑格尔全集的翻译带起这支队伍。用他自己的话说，就是为我国德国哲学翻译留下一些火种。所以我支持他做这件事，所以我只是说相信他可以做好。

最后几年，他多次和我谈起翻译队伍的事情，他为某个他看好的学生没有留在哲学所深感痛惜，他还为某个他看好的人不听他的意见感到失望，他也为自己的工作得不到社科院的支持而感到无奈，当然有时候他也会为他管理他的团队以及酬劳分配的方式而"沾沾自喜"。沈老师生病以后，这个话题谈得更多了。去年春节我去看他，他拿出一份东西让我看，那是他给社科院领导的一份报告，里面详细讲述了哲学所西哲室自贺先生以来的翻译工作，谈到几代人的划分，翻译队伍的形成，所取得的成绩和辉煌，目前的状况和问题，以及他自己的希望。报告是用方格纸手写的，字体工整俊秀，字里行间显示着一位老学者对我国德国哲学的翻译和研究事业的拳拳真诚和热情，也流露出他对这支队伍的凋零的无奈与焦虑。

我不是梁先生的入室学生，但是我一直将他看作自己的老师。我可以称他"老梁"，但是学生的心态和规矩始终未变。我不止一次对他不止一个学生说，你们应该给梁先生做寿。所谓做寿，就是开一个学术研讨会，借机庆贺一下。我给我的导师做过一次80寿辰，编过一本文集。他很高兴，他儿子后来还专门打越洋电话来感谢我，说周先生将文集拿在手里把玩，不停地说，有意思，有意思，既可以叫"'周礼'全集"，也可以叫"'周礼全'集"。可见他有多高兴。可这两件事情，周先生起初也是执意不肯的。他们那一代人比较谦和，不喜欢自吹自擂。但是如果能够得到社会的承认，他们还是很欣慰的。我希望给梁先生做寿，还有一个原因，就是希望通过这个学术研讨会，将梁先生的学术理念和思想宣传一下。梁先生是一位大师级的学者，但是我觉得并没有得到相应的承认和尊崇。作为晚辈和学生，我们其实应该而且也有义务将他的学术理念和思想发扬光大：他的工作不是花拳绣腿，没有攀权附势，不求哗众取宠，而是实实在在的哲学探索，是扎扎实实的学术研究，是一个学者一辈子老老实实勤勤恳恳的工作。

沈老师去世以后，梁先生自己不承认，其实他的生活状况已经发生了改变。他抽烟明显多了，屋子里都是烟味。由于住在清华，我去他家也越来越少了。但是只要我去，他就依旧和我滔滔不绝谈他的项目，计划今年干什么，明年干什么，我总是劝他不要再做了，已经可以了，把现有的稿子整理出版就行了。他照样和我谈贺先生，谈金岳霖先生，谈我的老师周先生，还有哲学所其他一些老先生。这些话他谈过多少遍了，可是每一次他都兴致勃勃，就像是第一次谈起。我总是附和着，补充着，就像是第一次聆听一样。我希望他晚年幸福快乐，只要他高兴就行。

去年9月在庆祝商务印书馆成立120周年的会上，我很快就感觉梁先生出了问题：说话少了中气。我对他太了解了，立即问他怎么回事，他说这种状况已经有三四天了。我让他立即离会去医院，他竟坚持要开完会。我直接找了商务哲社室的李霞主任，请她派车派人送梁先生去了医院，后来听说他是肺癌晚期。他生病期间我和他通过几次电话，去家里看过他几次。我和他约定，每次看他或打电话，不许超过5分钟，不许他兴奋，不能影响他休息。在电话里，在他家里，我更多的是和他的女儿说话，说的当然是关于他的病情和生活状况。

最后一次看他，是去年底，大概是12月31日下午。一开始他竟然已经不认识我了。人有些脱形，躺在床上。后来他说，刚才没有反应过来，你是逻辑室的。我摸着他的手，手心有些潮，手背上有护工护理抹的油，心里一阵酸楚：这曾是一个多么精力旺盛、记忆强健、不服输的老人啊！那次离开前，我和他女儿交换过意见，建议她准备好衣物，我很清楚，他的日子不多了。

如今，他真的走了。

（原为2018年1月15日日记，后由朋友在微信中转发，《南方周末》2018年1月24日刊发）

追思梁存秀先生

大家好。我是1月15日那天下午知道梁老师去世的消息的，我当时觉得说不出来的难过，一种感觉吧，坐在电脑前，写了一篇日记，写到最后忽然发现我写不下去了，我就停下来。过了几天，跟马寅卯通电话，说到了这篇日记，随后发给他，后来他在网上发出来了。这就是一篇日记，后来《南方周末》的编辑找我要求发表，我说，我的要求是别改，它就是一篇日记，没有任何修饰的东西。后来《南方周末》以"如今，他真的走了"为题把它发表，这句话就是那篇日记的最后一句话。

我跟梁老师交往比较多，交往的故事我就不说了。刚才那两句话说："为真理而真理，为自由而自由。"有一次在梁老师家里，我跟梁老师说要"为学术而学术"，马上梁老师就说了："为真理而真理，要为自由而自由。"我说，这是你翻译的费希特的话，那时候学术还没有发展到今天这个样子，我还是认为要为学术而学术。今天我想借这个话题说一点，我认为这是我不如梁老师的地方，我做不到为真理而真理，我只能做到为学术而学术。梁老师讲了很多东西，做了很多事，宣传马克思主义，和身边不良的东西做斗争。但是我做不到。但是我至少要学梁老师一点，我可以做到为学术而学术。什么是为学术而学术？梁老师的一生，假如我们不谈那些东西，我觉得他的一生实现了一点，这就是为学术而学术。

我那篇日记里有一句话写得非常简单，后来别人问我那句话是什么意思。我说梁老师是一个大师级的学者，但是没有得到相应的承认和尊崇。我为什么这么看呢？梁老师总是谈贺麟先生，他是贺先生的学生。在哲学所的学术传统里面有贺先生光环在那摆着，贺先生的工作是开创性的，谁都超不出这个光环。假如我们今天把梁老师的成果摆在这里看，实际上他的成就已经超过了贺先生。当然我们不能仅仅量化。所以我说他是一个"大师级的学者"。我后边还说他没有得到"相应的承认和尊崇"。因为我觉得梁老师的工作和成就并没有得到认可，比如学部委员就没有当上，他只是名誉的。我在哲学所21年，我非常清楚。那些年谈到学术成果一般是不会谈梁老师的。那时我经常跟所领导争论。实际上这是两种学术理念的争论。当时我说，你们不能谈哲学所传统的时候就谈金岳霖、贺麟，一谈工作的时候，你们就谈现实、谈文化，两边对不上。在这个传统上，我想梁老师其实一直是一个非常好的学者。他所做的工作就是坚持这个传统，把它发扬光大。这个传统的实质就是为学术而学术。什么是学术？这可能会涉及很多问题，比如像治学方式，刚才很多位梁老师课题组的成员，跟梁老师有接触的同仁都谈到梁老师怎么做翻译，怎么帮助别人校对译文，怎么写注释，如何严谨、认真，这都涉及做学术应该怎么做。其实还有一个东西，这就是学术理念的问题。

在咱们国家里面很多学科大概都没有这个问题，或者大部分学科都没有这个问题，唯独哲学有这个问题。我们做哲学的好像什么都可以说，什么都可以做。其实不是这样的。贺先生有一句名言，宁可和老婆离婚也不能和黑格尔离婚。这就反映了他的学术理念：对黑格尔的研究忠贞不渝。梁老师一辈子体现的也是这样一个东西：一辈子献身于德国古典哲学。他实际上做的就是这么一件事情。这里我想可以将他和叶（秀山）先生做一个比较。叶先生也是哲学所的老人，也是我非常尊重的前辈。叶先生到了晚年的时候，大家看叶先生那些文章，他总是在探索，他谈"元哲学"，谈"纯粹哲学"。为什么？我理解叶先生感觉到很多东西叫哲学，但是那不是他想做的哲学，他希望做真正就是哲学的东西。我在哲学所待了21年，我和叶先生是很好的师生关系，学术观点我们可能有分歧，但是学术交往很多，思想感情上很近。我理解叶先生的意思。他曾经亲口对我说过，美学的东西当然可以做，我以前也做过，但是我们做哲学总是要做一些有科学性的东西。所以，叶先生后来那些工作，我认为是他的思考和探索，是值得钦佩和尊敬的。这是叶先生的方式。但是梁老师不一样，梁老师从来没有说过做什么样的哲学，他和我就谈德国哲学，他和我谈黑格尔。围绕梁先生翻译《小逻辑》前后我们也谈了很多次，后来书出了他说你给我写一个书评。这里面就包含着对哲学的理解。我认为这在梁先生身上体现出来，他研究的就是哲学：我就做这样的东西。这样的研究本身就是哲学，不用去说它是什么。真正的哲学是什么，在梁老师这里就应该体现出来。当然我和梁老师也说过，你翻译的费希特全集里也不全是哲学。这一点上我跟梁老师有共识：费希特主体的东西是哲学。比如，黑格尔的《逻辑学》《精神现象学》，康德的《纯粹理性批判》，等等。它们都是哲学经典。在这一点上，我跟梁老师观点是一样的。所以，为什么梁老师重新翻译黑格尔的《小逻辑》，他给我讲过很多故事，这里面就有一个学术理念。作为一个学者，你想为学术而学术，假如没有学术理念支撑你，你肯定走不过来。因为走的过程中你会不知不觉走歪了。梁老师走的是正道，是他继承了贺先生的传统，并且在这个传统上一直走下去。怎么说呢，今天哲学所还有没有这样的人我不知道，我离开哲学所很多年了。我认识的老人中，我知道的老人中，梁老师是最后一位。我在哲学所待过21年，非常珍惜哲学所的传统。我到了清华以后，这里也说继承金先生的传统。你没有在金先生、贺先生身边待过，你没有体会过他们的学问是怎么做的，你会知道这种传统是什么吗？应该认识到，这种传统是由这些大师的生命、实践、经验、历史建立起来的东西。继承他们的传统一定不是一句口号，一个空话。我觉得特别感谢过去这几十年里我和梁老师有这么多交往，我从他那里学到了很多东西。所以我今天在这里不谈我跟他的故事，我谈我对梁老师的体会，我觉得这种传统大概是梁老师最可贵的东西。他继承了贺先生以来的传统，这种传统是哲学所的传统，是非常可贵的东西。大家如果把它引申放大，在中国学术界也是非常可贵的东西。我们应该珍惜重视和遵从这个传统。现在我们看到整个学界浮躁、浮夸、乱七八糟的事情，这个工程那个工程，这个学者那个学者，这个奖那个奖，这些东西跟梁老师做的比起来根本都是风马牛不相及的。我在我的日记里写到，梁老师的工作"不是花拳绣腿，没有攀权附势，不求哗众取宠，而是实实在在的哲学探索，是扎扎实实的学术研究，是一个学者一辈子老老实实勤勤恳恳的工作"。看看梁老师的成果，那些东西都是硬碰硬的，没有半点的水分。

我和梁老师有很多接触，我觉得梁老师身上最可贵的是这个东西。我在那篇日记里说我跟梁老师的弟子说，你们要给梁老师开个会，要继承他的学术衣钵，这个学术衣钵最主要的是他的学术理念。今天在这里，感谢商务提供这个机会，我个人觉得，我们应该在梁老师的日常生活和学术成果中去体会他的学术理念，我们应该很好地继承和发扬他的学术理念。

（原为在2018年4月21日商务印书馆举行的
"梁存秀先生追思会"上的发言）

叶秀山先生的哲学追求

王齐寄来叶秀山先生的遗著《哲学的希望》，说4月末要给叶先生开一个会，让我参加并发言。重读叶先生的书，感触良多。

叶先生是我的前辈学者。他20世纪50年代入哲学所，80年代初去美国访学，两年后回来写了《前苏格拉底研究》，然后写了《思·史·诗》等著作，文章不断。80年代末我每天在哲学所办公室里看书，常去他的那个写作间，与他聊得比较多。叶先生很健谈，诲人不倦，让我受益。那时他的生活很有规律，上午在写作间看书，午饭自带，饭后午睡，下午去逛王府井购书买碟。这种情况延续到90年代末，直到哲学所将写作间收回。2002年我来清华以后，与叶先生交往就少了，只是出了书送一下，春节电话问候一下，聊一下。记得很久以前吴国盛就给他出过文集，好像有四五卷，后来江苏人民出版社出版"纯粹哲学系列"丛书，叶先生写了总序，出了几本书，也转送来他的著作。如今获得遗著，叶先生的音容笑貌又出现在眼前。

叶先生多才多艺：善书法，喜京剧，好音乐，对中国传统文化情有独钟。多才多艺的学者，自然与众不同。一次他评价一位书画大师的字：小学大字课老师大概也是不能给画圈的。这话贬低至极，但是叶先生说得那样从容不迫，你只能信服。有一年哲学所评职称，美学室的韩玉涛申报研究员受到质疑：他的成果很少，只有一个关于书法的小册子。但是叶先生（还有王树人先生）却大力支持。叶先生谈论书法和中国文化，盛赞韩老师对书法的理解和造诣，结果还引来美学室一些人的不满。有一次叶先生说起美学，谈到他曾当面对一位美学名家说，你不要那样说美学，美学我也会搞，我也搞过。他的意思是说，美学没有什么好吹嘘的，它没有什么科学性，与哲学不同。叶先生有一句话我记忆很深：哲学研究，总还是要搞一些具有科学性的东西。叶先生曾经写过他出国前让余丽嫦带他去看金先生的故事，话里话外透着他对西方哲学的向往和对美学的不屑。他曾对我说过多次，你不要只学逻辑，还是要学习一下西方哲学。正是对西方哲学的热爱，使他一路走来，直到为我们留下这部遗著。

我在哲学所21年。最幸运的是能够认识众多像叶先生这样的学者。我去过金岳霖先生家，听过贺麟先生的课，但是，真正说到对哲学所学术传统的认识和理解，最主要的还是来自像叶先生这样的学者，受教于他们的言传身教，得益于他们潜移默化的影响。从他们那里，我听到许多关于金先生、贺先生等老先生的故事，在他们身上，我看到了金、贺老一辈学术传统的体现和延续，由他们的所言所行，我学到了如何做学问。以前身在哲学所，对这种传统比较麻木，来到清华以后，总听说要继承金岳霖传统，我才开始反思，这种传统是什么？十几年过去了，如今终于认识到什么是金岳霖传统，这其实就是一种学术传统，一种为学术而学术的传统。感谢对这种传统的认识，今天我可以非常坦然地说，在对哲学的追求上，我与叶先生是相通的，但是在关于哲学的认识上，在哲学研究的方式上，我和叶先生还是有些差异的。

叶先生那一代人以及他们的上一辈，大都有一种家国情怀：为天地立心，为生民立命，为往圣继绝学，为万世开太平。经过"文革"，这种理想和抱负虽然并未时时处处体现，但是渗透到骨子里，忘却也难。叶先生晚年对中国哲学显示出的巨大热情，在我看来，就是这种精神的体现。金先生写过《论道》，那不过是"旧瓶装新酒"。贺先生论过中国哲学，最终还是明言"不能与黑格尔离婚"。叶先生则似乎是青出于蓝。很多年以前我读了叶先生一篇刚发表的关于（好像是参观故宫）文物的文章，向他询问写作的意图。他说，作为中国人，总还是要做一些与中国思想文化相关的研究。所以，他从美学这样与经验相关的研究进入哲学，走进形而上学的殿堂；他不满足于西方哲学的文本，最终步入中国思想文化的世界。他的学术轨迹是不是呈现出黑格尔所说的否定之否定姑且不论，最终的结果却一定不是心血来潮。他自谦对中国哲学下的功夫很不够，也仍然要写"中国哲学"，要讲述中国哲学的"博大精深—止于至善"的精神，要谈论中国哲学的"机遇",要对中国哲学"寄希望",并称它为"未来"。叶先生的高足黄裕生教授认为,哲学是科学,又不是科学。这种辩证的统一似乎可以对叶先生的研究工作做出解释:前一句相应于叶先生所提倡的具有科学性的哲学,后一句大概可以涵盖叶先生关于中国哲学的看法。我认为,哲学就是形而上学,中国哲学是在"哲学"前面加了"中国"二字,因而是一种加字哲学,与哲学不同,至少与形而上学不同。所以,我读叶先生的遗著会有不同的感受。看到"中国古代思想家失掉一次推进思想的机会,中国浅尝辄止的'以物观物',又回到'以天观物'的传统上去",我大致可以明白叶先生在说些什么,而读到"唯有'理''上下古今'无往而不'在',无往而不'通'。'形而下'者'变异','形而上'者'恒存','放之四海皆准'",我觉得似乎也可以理解叶先生为什么这样说,但是对于"哲学家比较感兴趣的是他(程颢)的'道通天地有形外,思入风云变态中'两句,的确是一种'形而上'的'趣味'",我就只能赞叹:叶先生的才华和想象力,真的是让人望尘莫及。

与金贺前辈相比,叶先生这一代人也有不同。经过"文革"十年,他们消耗了大好岁月。"文革"之后一度有一个口号:把失去的时间补回来。这个口号显示出一种紧迫感,暗含着责任感和使命感。我熟悉这个口号,只不过今天淡漠了。如今年过花甲,总觉得时间不够用,论文读不过来,转眼就是一年,大约也是有了一种紧迫的感觉。做研究,有没有紧迫感,大概还是不一样的。叶先生无论是研究和生活,显得洒脱自如,其实节奏一直是紧张的：他那20多部著作都是他自己一个字一个字写出来的，即使主编西方哲学史多卷本，他也是自己撰写一卷（导论卷的上卷）。所以，年复一年，日复一日，他阅读，他思考，他写作，他在写字台前度过自己的一生。

叶先生妙笔生花。他写的"沈有鼎的大蒲扇"脍炙人口。但是他晚年的哲学写作中引号用得太多了，多少阻断了文采，有些像歌唱家说的失去了 legato。我曾对叶先生说过，大量使用引号让人读不懂。叶先生对我严肃地说：王路，我那是有专门含义的。我体会，引号的使用，体现出叶先生的思考。他的思考超出所用语词的日常用法和含义，而具有了专门的意义。有人说，叶先生这是自成一派。在我读过的哲学家中，的确未曾见到这样的文本。对于这样使用引号，我始终不能理解。这次阅读叶先生的遗作，面对引号，再次想起叶先生的话。

文字是思想的载体。引号是语法符号。但是在叶先生这里，它们已经成为文字的一部分，因此要把它们看作有含义的，是帮助表达思想的。看着层出不穷的引号，我隐约觉得，它们似乎在提示，那里包含着叶先生读书思考的感想和认识。我可以努力体会到叶先生沉浸在自己的思想世界里，信马由缰。我好像能够真实地感受到他的表达，那似乎不仅是思想的表达，而且是情感的表达，一种带有紧迫感的思想和情感的表达。

我一直认为，研究不是写文章，而是在前人研究的基础上说出新东西。这就包括对一手文献和二手文献的阅读。所以，说出新东西，说说容易，做到却难。我在哲学所时叶先生曾经写过一篇关于康德二律("头顶的星空"和"心中的道德律")的文章。他送我的时候说,他买了50本杂志,要好好送一送。那种发现新大陆的感觉,溢于言表。读书会有想法,感觉到有好的想法就想写下来,再自然不过了。但是,好的想法与新东西毕竟还是有区别的。叶先生对于这样的思考很有心得。他曾在讲座和文章中说过,要好好读书,一定要读得有了想法才能写。我和叶先生讨论过这个问题。我认为,有想法是很容易做到的。但是一定要有新的想法,却是非常不容易的。你感到自己的想法是好的,大概还是比较容易的,但是你如何能够知道自己的想法是新的呢?这里其实涉及学术标准。不读文献,就不会知道别人说了些什么,因而也就不会知道自己的想法是不是别人没有说过的,是不是新的。所以,"新"是一个标准,一个要求,是学术研究最起码的标准和要求,却又是非常高的标准和要求。

叶先生说的读书要读得有想法,一定也有出新的意思,只是没有说出来而已。他们那一代人,即便是搞西方哲学,信奉的还是学贯中西,追求的是融会贯通。叶先生说的读书要读得有想法,似乎就有这样的信念追求。与《前苏格拉底研究》相比,可以明显感到遗著在文献使用方面的变化:在遗著中,叶先生更多的是阐述自己思考的成果。透过引号,我们可以体会到叶先生在努力实现融会贯通:一个哲学家的思想要放在哲学史的背景下来理解,一个命题要联系某一种理论来理解,一个概念甚至也要结合某一种文化来理解。我钦佩叶先生的努力,但是总觉得这样的融会贯通少了些东西,比如缺欠一些深入细致的分析。冯友兰先生说，金先生的本领是将简单的东西说得复杂，而他的本领是将复杂的东西说得简单。借这个说法，我觉得叶先生的本领在二者之间。引号告诉我们，事情并不像字面上表达得那样简单，但是究竟为什么不那样简单，它也只是提示而已。也就是说，引号尽管可以告诉我们它还表达了更多的思想，但是毕竟没有告诉我们它表达了什么思想；引号也许可以提示我们去进一步思考，但是，它终究没有提示我们如何去思考。我这样说，并不是对叶先生求全责备，而是告诫自己，与叶先生相比，我们毕竟还是赶上了可以安心读书、可以按部就班从事学术研究的好时代。在学术研究上，我们只能并且也应该比叶先生做得更好，而不能像叶先生所批评的那样："拥学术而'投入市场'"，"把哲学学术当作仕途的敲门砖"。

阅读叶先生的遗著，似乎又走进他的那个小写作间：社科院大楼9层中段尽头，靠北，阴面。一张写字台，卡片一摞摞，一张折叠床，书籍杂志铺天盖地。我至今清晰地记得他在哲学所成立50周年纪念会上的讲话，他说："把时间留下来！"他感叹，他在哲学所的写作间没有了，"如果有，我还会回来！"这是他治学的肺腑之言，我认为也是他的呼唤。叶先生是学者，一个有使命感的学者。他提倡要好好读书，要搞"纯粹"的哲学，要做具有科学性的哲学研究；他一辈子研究西方哲学，又觉得一定不能脱离中国的思想文化，而这才是未来的希望；他从古希腊哲学出发，将形而上学的视野扩展到整个西方哲学，最后又将西方哲学的研究与中国的思想文化结合起来，为我们奉献了一部学贯中西的著作。

王齐说,《哲学的希望》这个书名颇费了一番心思,她希望它可以被看作出自叶先生之手。哲学是科学,有自己的研究对象和规律,有自身的理论和方法,因此它是学术,至少可以是学术的东西。哲学可以加字,从而也就可以超出学术的范围,成为文化的东西。"哲学的希望",可以表示叶先生对纯粹哲学和具有科学性的哲学的认识和奉献,也可以体现叶先生对中国思想文化的热爱和追求。这个名字,恰到好处。

(原载《读书》2019年第7期)

一生只为哲学想

叶秀山先生全集出版了。读文思人,仿佛又回到叶先生的身边。

全集十二卷,蔚为壮观,令人叹为观止,不禁又想起叶先生的小写作间,想起叶先生睡倒在家中的写字台边。十二卷显示的是勤奋:一辈子笔耕不辍;更是理念:一心向学,为学术而奉献。

全集主体是哲学专著和论文,令人称道,有些曾是我买来读的,有些曾是叶先生赠送或托人转送的,其中不少思想及其背景,曾亲耳聆听叶先生谈论和评价过,也曾当面向叶先生请教和讨论过。十二卷展现的是哲学的成果:一辈子孜孜不倦;也是哲学家的本分:一心向学,脚踏实地,努力进取。

全集呈现出多样性,除了哲学论著,还有美学、戏剧、书法等方面的文章,令人赞美,叶先生关于京剧、音乐、书法、绘画的那些话，对一些书画名家、美学家的调侃，再次回响在耳旁。叶先生的才华使他的生命历程丰富多彩，更令人惊奇的是，这一部分文字竟只是边缘性的，愈发烘托出叶先生一心向学的生命轨迹。

全集主体是哲学，体现了一种哲学的方式，使我想起叶先生读过的一本本书，书桌上那一捆捆卡片，以及他与我讨论的一个个问题。这是学者行为方式的表现，也包含着对学术规范的认识和个人的研究习惯。哲学研究既然是专业，是学术性的东西，就是有规矩的，这些规矩是一定要遵守的。这是叶先生和我说得最多的东西，也是我最难以忘怀的记忆。我在2003年出版的《"是"与"真"——形而上学的基石》一书的序中写道："我和叶先生的交流是比较多的。尤其是他在社科院9层哲学所的那间'小屋'，我去过多次。叶先生对我的一些看法是持批评意见的，我与他也有过争论。这些批评和争论总是促使我进一步深入思考。特别是，与叶先生面对面的交流，使我不仅可以向他请教学习，而且得以直接接触和体会到一种比较有代表性的对于西方哲学的思考方式，并且得知由此产生的思想结果，对我的研究具有极大的启发。"那时我刚离开哲学所，体会应该是清新的，陈述应该是客观的。

对于哲学成果数量，学界一般有两种看法，一种认为不宜多写，一种认为多多益善，尤其是在量化衡量的今天。我研究生毕业时，导师的教导是不要急于写论文，要好好读书，一年一本书，读上10本书，然后再写文章。在我学术生涯早期，要求我写东西的有三人，一个是哲学所老所长邢贲思先生，他在1982年对我说，不能述而不作，要写文章。另一个是叶先生的同学、我的老师诸葛殷同先生，他说一年还是要写一篇论文，否则以后就不会写了。再有就是叶先生。1989年我评副研的时候只有两篇文章。事后叶先生对我说，你还是要写文章啊。后来我认识到，他们说的是对的。研究是我们的工作，也是我们的生活方式。读书和写作是哲学研究的方式。我们读书不是为了自娱自乐，而是为了研究，写作则是把研究的成果写下来，与他人交流，受学界检验和批评，推动学术的进步。所以，叶先生的做法是对的，他的教导也是对的。

哲学是一个独特的学科。它可以做得非常科学，科学得使不少做哲学的人对它敬而远之。它也可以做得非常文化，文化得让许多哲学家对它不屑一顾。叶先生的哲学著作有些非常科学，有些似乎不是那样科学。但是如果仔细阅读，其实可以体会到，叶先生一直是在向着科学的方向努力的。叶先生对我说过，哲学研究总还是要搞一些具有科学性的东西。叶先生对我说过的话很多，唯独这句话我念念不忘。科学是有规范的，是要守规矩的，因而是不能随心所欲的。也许我对叶先生宽广的学术视野理解得过于狭窄，也许我对叶先生博大的学术理念理解得有些肤浅，但是我可以非常坦然而自信地说，至少在科学性这一点上，我与叶先生是一致的，我是照着叶先生的教导去做的。

叶先生的学术水准是高的。至于多高，大概需要具体讨论，评价当然也会见仁见智。叶先生被全集的编者和出版者称为著名哲学家和美学家，这是对叶先生学术水准高的一种评价。在中国，哲学家这个称谓是很弹性的，不少名人会被冠之以各种各样的"家"，最后总还要加上一个"哲学家"，当然也有不少人被称为"哲学家"，之后再加上其他的"家"。人们似乎觉得，只说各种各样的"家"还不够厚重，所以一定要加上"哲学家"，而只说"哲学家"又略显单一，因而要加上各种各样的"家"。叶先生被称为著名哲学家、美学家，也许是因为他有美学方面的论著，也许是因为人们觉得不这样不足以全面说明叶先生的水准、地位和分量。我却想问，为什么不称叶先生为"著名美学家、哲学家"呢？

柏拉图的对话包含哲学、政治、文学三方面的内容，但是人们只称他为哲学家。所以，表面上是称谓，是评价，其实却涉及对哲学的认识和理解。既然是对叶先生的称谓和评价，当然体现了对叶先生学术生涯和思想的认识和理解，也体现了对叶先生本人对哲学的认识和理解的认识和理解。按照我对叶先生的理解，叶先生是哲学家，他只是一位哲学家，而且他自认为是哲学家。1961年他直言自己"是搞美学的"，到了1986年，他的说法发生变化。他说，"'美学'不能说不是专业，但只是我的专业中的一小部分，我主要是研究哲学的"；在同年出版的《古中国的"歌"》一书的后记中他说，"这本书的基础是二十多年前的一部旧稿子，当年我正醉心于美学"，"二十多年后的今天看这部旧稿，觉得十分幼稚，本应随时代进步而淘汰"，"近十多年来的兴趣主要致力于西方哲学和文化的研究，对于中国古典戏剧，实在并无长进"。

我是80年代以后认识叶先生的,在和他的长期交往中,我听他谈过京剧、书法、音乐,也感受到他对这些艺术的修养和喜爱,但是我只听过他批评美学,从未听他赞誉过美学。我们当然不能以叶先生私下的话来论证和说明自己关于叶先生的认识。但是我觉得,私下说一说叶先生是美学家,大概他会莞尔一笑,而像现在这样当真给他戴上"美学家"的桂冠,我想请教一下叶先生的嫡传弟子们,你们觉得叶先生会高兴吗?

(原为为叶先生纪念会发言而写,题目被用为叶秀山先生纪念文集题目,也被收入黄裕生主编:《一生只为哲学想:叶秀山先生逝世三周年纪念文集》,中国社会科学出版社,2020年)

怀念敬爱的李赋宁先生

我上北大的时候，正赶上"文化大革命"。许多老教授都不教课了。幸亏李赋宁先生还坚持在教学第一线，我从他那里确实学了一些非常有用的东西。记得在以英文版周恩来政府工作报告做教材学习的时候，李先生给我们上过几次专门讲语法的课。那时我们正在北大200号旁边的学农基地上，也没有教室，课是在宿舍外边露天上的。靠墙放一把椅子，上面支着黑板。李先生站着讲课，我们坐着听课，究竟是坐小马扎还是把高凳子放倒，已经记不清了。那几堂课讲的就是不同语言形式的转换，一个动词表达，如何可以用分词表达，如何又可以变成用介词表达，如何还可以转换成用名词表达，等等。我之所以对这几次讲课记忆深刻，主要是因为当时孟广年老师说了一句话。那时我一直对语法不感兴趣，由于我们经常搞运动，学习英语的时间非常少，我就不太听从教学的安排，自有一套学习方法。我觉得英语语法不难，完全没有必要花费精力，因此我的主要注意力一直放在口语、阅读和突破词汇量上。当时看得出，李先生讲得情绪高昂，我小声地问坐在我旁边听课的孟老师："这有用吗？"孟老师说："你好好听，这里尽是学问！"我是很信服孟老师的。听他这么说，又看到当时教我们的几个老师都在那里全神贯注地听讲，我也就跟着认真听下去了。后来我才听说，英语最难的是介词、分词这样的东西，而这正是李先生最擅长的地方。学英语的时候，我一直觉得这些东西没用，对它们没有什么体会，注意得很少。没有想到，到了搞翻译的时候，这些学过的东西又从脑子里涌现出来了。

以上是我在《寂寞求真》一书中谈到翻译时写下的一段文字。那是一本关于学术的书，没有谈论师生关系。不过，李先生对我的深刻影响，却也跃然纸上。

我上大学念书是1973—1977年，李先生不是我们小班的班主任，但是由于搞政治运动，到工厂、农村和部队搞开门办学，年级总是一起活动，因此我们和李先生的接触非常多。有几件事情我至今记忆犹新。

在红星公社头号大队开门办学的时候，我每天早上在一个地头念英语，念的是英文版《闪闪的红星》。有一次李先生路过，特意走到我身边，让我念给他听，然后对我说，你的发音很好，但是重读有问题。李先生给我念了一段，讲解了一下为什么要读出重音，怎样识别重音（因为我念的东西没有录音可依），随后还讲了"意群"，并让我把他读的那段又念了一遍。离开前他微笑着说："你不是不会念啊！下次我再来听你念。"其实老师从一开始就讲过应该有重读和轻读的区别，我也不是不知道，只是我不认为这很重要，因此不屑一顾，结果念英语和念经差不多，追求的就是"流利"。李先生说的"意群"使我好像突然明白了什么，而且经过李先生的示范，我好像对读的故事内容有了更深的理解。从那以后，我在做朗读前准备工作的时候，不仅注出生词，而且标出重音和断句。过了一些日子，依然是在早上，李先生又来到那个地头，听我念了一段书，纠正了一两处。以后他就再也没有来过。当时我也没有什么特别的感觉，这不过是老师教、学生学，觉得老师说得对，照着去做就是了。倒是许多年以后，我才逐渐感到，这是教师的诲人不倦。而对我个人来说，这就是耳提面命，我也确实受益匪浅。

还是在头号，有一次遇到李先生，我问："Where are you going?"（您去哪？）李先生说："I am going to where I am living."（我去我住的地方。）我顿时豁然开朗。为了开门办学，我们进行了教材改革，在语音阶段之后用40天的时间把所有语法讲完，这就是所谓的"语法突击"。我是这次改革的受益者。一下子能够进入原文阅读是很美好的；但是掌握使用还有距离，更谈不上融会贯通。李先生的回答使我对如何使用以"W"打头的一类名词从句开了窍，触类旁通，我也似乎一下子会运用各类从句了，因而"张口"提前到来。我终于明白，我们与老师对话仅仅是为了练口语,张口就来,而老师却是时时处处在"教"我们。我开始特别仔细注意和捕捉老师们一些看似漫不经心的表达,无论是课上还是课下,结果常常会有意想不到的收获。李先生无疑是最出色的老师。

北大图书馆盖好以后,我总是去 Reference Reading Room 里看书。李先生也经常去,我没有注意过他是去那里看书,还是查阅工具书。不过他肯定是注意到我了。有一次我从图书馆出来遇到李先生,他问我为什么不上课,总是在那里看 Encyclopedia(百科全书),我告诉他这是我提高词汇量的方法:在一段时间看同一类词条,过一段时间换一类词条,这样就把学习知识和学习词汇结合起来了。他让我讲一讲刚才看了些什么。听我磕磕巴巴讲了一遍以后,他说:"看来你找到一个学习英语的好办法。"几天以后,我在看书的时候,李先生走到我身边,给我拿来两本外文版的英文词典,建议我使用,他还指了指书架,让我用完以后把它们放回去。这一次我没有听李先生的话,为了保持阅读速度,我依然使用自己那本英汉词典。李先生给我拿来的是哪两本词典,如今我已经忘记。我当时没有看它们的出版社和出版年代,也没有体会到它们自身作为词典的"好"处。但是从那以后,我确实常常翻阅英文版的词典,尤其是在后来搞翻译的时候。我也越来越体会到,李先生是对的:英汉词典有时会先入为主,产生一些误导,而英文词典一般不会。

李先生是我尊敬的老师,1978年我考研究生,报考的也是李先生。初试通过之后,由于我随美国农机代表团到黑龙江友谊农场做翻译，没有认真准备复试，结果没有被录取。记得在未名湖畔遇到李先生，他对我说，我知道你很有潜力，这次没有考好，明年好好争取。我本来也是这样想的，不过那一年的研究生似乎很抢手，我有幸转到社科院读逻辑，从此也就离开了李先生。

最后一次见到李先生是90年代在中国社会科学院的东门外，他和我的老师王逢欣教授刚参加完博士答辩，在几个人的陪同下去吃饭的路上。我刚向两位老师问过好，李先生就笑着说："Sprechen Sie Deutsch？"（你说德语吗？）我们都笑了。我去德国留学有一封推荐信是请李先生写的。我想，李先生桃李满天下，也写过无数封推荐信。回国十几年我没有去看望过李先生，但是他还没有忘记我这个早就离开英语学科的学生。这使我感到十分亲切。

我是在彻底粉碎了师道尊严的年代做李先生的学生的。我和我的同学，大概也是李先生教过的英语最差的一批学生。但是我相信，在那特殊的年代，特殊的教书方式，特殊的师生关系，也使我们与李先生建立了不同寻常的感情。最后一次见面，李先生有一句话我依然记得："听说你做得不错！"这是夸奖，也是勉励，更是一种关心。其实这些年来，我也时常打听李先生的情况，仔细阅读能够得到的李先生的一些文字。与李先生相处，一些事情固然让我刻骨铭心，但是那更多忘却的教诲何尝不是潜移默化，成为我无言的陪伴！无论如何，李先生是永远不会被忘记的。

（原为一篇日记，后由朋友发在微信公众号上）

怀念王炳文先生

听老关（群德）说王炳文老师三天前走了。鼠年啊，竟然还没有过去：前些日子是老苏（国勋），现在是王老师。老关说，最后几年他做王老师的责编，来往很多，今天早上去医院里向遗体告别。几周前老关刚送来王老师翻译的胡塞尔的三卷本巨著《共主观性的现象学》，我还和他谈起王老师的一些翻译故事，没想到今天电话中竟说到他的悄然离去。真是万般无奈啊：王老师一路走好！

王老师是哲学所的前辈，我和他很熟，也是朋友。最初认识王老师是在80年代末。家龙师介绍我们认识：王老师到逻辑室来请我帮助翻译施太格缪勒的《当代哲学主流》。我当时刚从德国回来，家里的事情要处理，心事重重，也不太喜欢搞合作翻译这样的事情，所以一开始不太愿意答应。王老师平易近人，笑眯眯的，一再劝说。他说翻译这本书如何重要，好像是商务印书馆已出了上卷,现在要补出下卷,他手头事情多,忙不过来。好像还有一个理由:这是一本分析哲学的书,翻译难度很大。家龙师在旁也帮着说话,我只好答应帮助翻译一章:我选择了关于奎因的那一章,这一章内容我刚好比较熟悉。王老师笑着说,我也正想请你翻译这一章:它有些难。就这样,我认识了王老师,开始了与他的接触。和王老师的合作非常愉快,我们不仅熟悉了,我还发现他很热情,也很诚实。交稿以后,我认为就没事了。家龙师和我说过王老师很称赞我的译稿。本来我也没有当回事:在我看来,这样的好听话谁都会说,不必当真。但是有一次王老师专门找到我称赞我的翻译。他还说,看了你关于"绿蓝悖论"的翻译,我才发现第一卷翻错了,下次(修订版)一定要改过来。那一次我们聊了一些关于翻译的事情。我感到王老师对翻译极其认真,是把翻译当作一项事业来做的,对他肃然起敬。出书时他还把我的名字署上,让我感动,也有些不安:我认为那是他的工作,我只是帮个小忙而已。

后来我编辑翻译《弗雷格哲学论著选辑》,译稿完成后,为了保证质量,我请王老师帮助我校对一遍。那时我已知道他专门从事翻译,手头事情很多,有些担心他不答应,但是他非常爽快地答应了。这样我和他有了多次密切交往,有几件事情一直难忘。

王老师在还给我译稿的时候说,弗雷格很了不起啊!他的东西我还不是太懂,但是他说的确实和别人不一样啊!王老师的校对极其认真,是一字字看过的。这说明他没有"敷衍"我,而且他不是简单的文字校对,而是认真思考了译文内容。国内有一些学者只是翻译,很少写东西,但是被公认为很有水准。对此我从王老师这里多少有了一些直接的切身的体会。

　　研究弗雷格之前我几乎没有怎么看过中译文著作，一些译文和国内通行用语有差异。王老师不太赞同我的一些译语，做了修正。有些修改我不同意，又改回原样。但是我没有简单这样做，而是拿着校对稿去和他讨论。他总是笑眯眯的，态度很谦和。对我的一些意见即便不太赞同，他也没有特别坚持，比如关于"Bedeutung"一词（我译为"意谓"）的翻译。唯独"Vorstellung"一词，我最初译为"想象"，他一律改为"表象"。在讨论中，他承认该词来自其动词"vorstellen"，字面意思是"想象"，但是他仍微笑着坚持应该译为"表象"。他的一个意见说服了我：这个词是德国哲学中一直使用的基本概念，在康德、黑格尔著作中一直是这样翻译的，已经约定俗成。当时我接受了他的修改意见，保留了这个译名；因为这一译名并不影响对弗雷格思想的理解。后来我认识到，王老师的意见是对的，我接受他的意见的理由也是对的。这两个认识的结合其实涉及翻译的两条基本原则。一是不要影响对原文原著的理解，二是（尽量）不要标新立异。

　　通过弗雷格的翻译，王老师对我的研究有了进一步的了解，我也对王老师的翻译和研究，以及像他这样的学者的翻译和研究有了进一步的了解，我们成了朋友。我经常去他家和他聊天，他给我讲过许多与翻译相关的事，包括译文、译著、译者。他谈及哲学所的许多老人，很有意思，特别是张金言、李幼蒸先生。他和他们有许多翻译上的交往，也有很多有趣的故事。他还给我讲过许多和商务印书馆之间的故事，他如何帮助商务看稿子。所谓看稿子，就是一部译稿，商务为了保证质量，或者说担心质量有问题，请一些老译者帮助审查，其中又分为校对、抽校、通读等不同形式。这种工作报酬很低，常常还不署"校"。我也做过这样的工作，和他很有"共同语言"。说到一些为难的事情，他总会笑眯眯地说，"没有办法啊"。我非常理解，以他认真的态度做这样的工作，常常会吃力不讨好。这里有对学术的态度，其他的就只能用"好人"来解释了。

王老师高血压，晕车，外出代步工具是自行车，所以他从不离京，业余爱好好像就是养花。离开哲学所到清华以后，我去他家就少了，电话过几次，近些年几乎电话也没有了。一般都是我给他打电话，问候和聊天。有一次他打电话给我，专门谈《当代哲学主流》的译作权，征求我的意见。我说没有意见，全听他的；我一直认为，那是他的工作。前几年偶然见到他，发现他瘦了很多，他说有糖尿病，精神还好，还在翻译。他还告诉我，他准备将手里的稿子整理一下，版权交给商务，以后就不再翻译了。他说"干不动了"。他还说，我看到你（最近）出的书了，很不错啊！看着他满头短短白发，我感到有些愧疚：我确实应该去看看王老师的。那次因为有事情，我没有去他家小坐，只是和他聊了一会儿。想不到那竟是我和王老师见的最后一面。

人们说王老师是翻译家。是的，他一生从事翻译工作，译著等身。我还想说，他是一位学者，一个好人，一个老实人，他一辈子埋头翻译，默默无闻，是一个对我在学术成长过程中有过实实在在帮助的人，是一位值得我永远怀念的老师和朋友。

（原为2021年2月11日日记，后由朋友发在微信公众号上）

没齿不忘是师情

今年5月，周礼全先生从美国新泽西打电话给我，说收到了刚刚出版的他的文集，非常高兴。他向我表示感谢，并且坚持说，所得稿费全部给我。周先生的话，令我感动不已！

这本《周礼全集》，完全是我主动要编的，列入《中国社会科学院学者文选》。周先生是我国著名哲学家和逻辑学家，在哲学和逻辑领域里做出了重要的成就和贡献，尤其是他开创了我国自然语言逻辑研究，影响很大，追随者甚多。今年是周先生80寿辰，我想为他开一个学术思想研讨会，因此选编了这本文集。

选编这本文集，除了学术方面的考虑，也有一种报答师恩的念头。我从1978年跟周先生读研究生，后来又在他身边工作。20多年来，他没有让我为他做过任何事情，总是叮嘱我，要抓紧时间，好好读书，踏踏实实地做研究。即使是这次编文集，他也坚决反对，多次写信来劝我放弃，告诫我不要把宝贵的研究时间浪费在这种事情上面。其实，周先生惜墨如金，文章不多，学术价值极高。选编这本文集，倒使我有机会把周先生的学术思想又认真学习体会了一遍。

周先生不仅不让我为他做事情，而且一直尊重我个人的兴趣与选择。他在学术方面给我许多具体的指导，包括帮助我制订一些研究计划，但是他从来不把自己的意志和观点强加给我。他认为，学术研究是精神创造活动，是纯洁而高尚的，因此是不能强迫的。对于周先生的这些话，我是逐渐才有所体会的。

周先生主张搞自然语言逻辑研究，他的这一思想在国内有一大批追随者，但在我们逻辑室是少数。他曾多次建议我从事这方面的研究，认为这是很有发展前途的事情。他对我说，70年代末，王浩对他的想法很不以为然，但是后来他们在美国见面时，王浩改变了看法，认为他的想法很有价值，因为它体现了学术界研究的一个热点。我一直对逻辑、语言和思维的关系非常感兴趣，也进行这方面的研究，但是我的主要兴趣不在自然语言逻辑方面，因此一直没有听周先生的建议。周先生主持国家社科"八五"重点项目《逻辑——正确思维和成功交际的理论》时有一个课题组，我也没有参加，尽管周先生在写作过程中常常与我一起讨论。

按照最初的计划，研究亚里士多德逻辑之后，我应该研究中世纪逻辑。实际上，我对它确实研究了许多年，周先生和我讨论过多次，我利用几次出国的机会把资料准备得也差不多了，只是由于偶然的因素把研究弗雷格提前，没有想到就搁置下来了。

1995年周先生从美国回来，我与他讨论了许多学术问题，特别是比较系统地谈了自己关于西方形而上学的看法，还表示自己想把这一工作做细。周先生关于中世纪逻辑谈了许多看法，但是对形而上学没有发表任何意见。后来他回美国给我来了一封信，劝我还是抓紧时间，把《中世纪逻辑》一书写出来。他认为，这是具有开拓性的工作，可行性也很大。至于形而上学这种比较"玄"的东西，闲来把玩一下即可，不必当真。我明白周先生的意思，但是我还是按照自己的想法做了。去年我利用访问哈佛的机会去看望他，他兴致勃勃和我讨论了许多伦理学和形而上学的问题，对中世纪逻辑没有再多说什么。

多年来，周先生对我的学术研究督促得非常紧，他的督促方式却是非常宽容的。研究生毕业时，他对我说，先不要写东西，要认真读书，每年读一本书，读上10本书，打下一个比较好的基础；要扬长补短。1983年我去德国留学，他给我写信，讲述金岳霖、张奚若等老一辈学者早年留学欧美的故事，他对我说，由于语言问题，留学英美的学生很快可以崭露头角，而留学欧洲大陆的学生很难脱颖而出。因此他劝我好好学习德语，不要着急，不要急于求成。90年代以后，我出国比较多，与国外交流也比较多，他建议我写一本中国逻辑史著作，这样便于在交流中打开局面。近年来我的研究兴趣比较宽泛，越来越喜欢看书而懒于写作，完成著作往往是迫于项目的压力，所以中世纪逻辑的写作也一拖再拖。周先生多次以沈有鼎先生为例，告诫我不要把战线拉得过长，兴趣也要有所收敛，否则研究成果就做不出来了。如今回想起来，周先生许多非常有见地的建议我都没有采纳，因此本来可以做成的事情也没有做，确实有些惭愧，但是有恩师的教诲和督促，我一直也不敢有丝毫的懈怠。

做周先生的学生，我在具体的学术问题上获益良多。但是我觉得，周先生对我影响更大的是他为师的方式。周先生是金岳霖先生的学生。他的为师之道是不是来自金先生，有没有师承的影响，我不敢肯定。但是20多年来一些潜移默化的东西使我体会到，这一种方式体现了对学生的理解与尊重，对学术的理解与尊重，对思想自由的理解与尊重。这样的方式不是唯一的，我也不知道自己是不是能够做到。但是，感谢周先生的多年教诲，使我清晰地看到了存在这样一种为师的境界和艺术。

（原载《中国社会科学院院报》2000年9月6日）

同学和朋友

怀念老苏

听到苏国勋去世的消息，心里非常悲痛，他还不到80岁，应该比我大12岁到13岁的样子，没想到他就走了。跟沈原通了电话，了解了一下他去世前的一些情况，最后两个多月的住院反复，感到心里挺乱的，想起了和老苏这些年的交往。

1978年老苏和我一起读研究生。那个时候我们哲学系的研究生没有住的地方，最初借住陶然亭附近北京工会干校的教学楼里。一个大教室住十几个人。我记得特别清楚，我住在屋子一角，老苏是住在一进门的左手侧。他的床靠墙，床前放一个两屉课桌。老苏每天坐在床边伏案看书，桌面放着一本俄文书，一个笔记本，那种薄薄的蓝皮横格本，他一边看书，一边做笔记。旁边还有一个大茶缸子，茶缸子掉了瓷，用了很长时间，好像是有字，是不是"为人民服务"的字样我现在记不得了，只记得茶水近乎黑色，茶锈"一塌糊涂"。那个时候我不喝茶，所以印象特别深刻。我们在工会干校住了一年,后来搬到通县和十一学校两处,住处就分开了。

一起生活了一年,接触特别多,我和老苏成了非常好的朋友,无话不谈。虽然过去了40年,一些事情却始终难忘。特别令人难忘的就是卤煮火烧。那时食堂下午5点开饭,也吃不好,一到晚上看书时就饿了。我们发现附近街巷里边有一个小饭馆卖卤煮火烧,于是晚上我们就去那儿加餐。我和老苏,还有王人雨、黄万盛一起去得最多。一碗卤煮火烧4角5分,有时候还喝一点白酒,1角3分一两。我们带工资读书,住在一起,与单身汉无异,喝点小酒,聊一聊身边的事情,混迹于三轮车工人之间,大概这是真正的"潇洒"。多年以后老苏和我依然常常谈起此事,总还会眉飞色舞。

老苏是有家的人,我是单身。万盛和人雨兄虽然有家,但都有"外快",因此老苏经济上显得有些"拮据"。我们常常一起吃饭喝酒,"请"他的时候比较多。都是朋友,吃喝不分,谁也不会介意。老苏却似乎记在心里。有一次(好像是个周末),老苏突然跑来了,兴冲冲地说,走,我请大家去吃饭。结果他拉我们去了一个饭馆,请了一大桌,花了十好几块钱。与这样的高档请客比起来,卤煮火烧只是小打小闹。事后我问他,怎么忽然有钱请客了?原来是他爱人给他买了一件的确良衬衣,穿着有点小,天热,他爱人让他自己去换一件。结果他老兄到商店把衬衣给退了,用退款17块多钱专门跑来请我们大家搓了一顿。我笑问,夫人那里可怎么交代啊?!他说,再说吧。老苏是一个非常仗义的人，他豪爽，也有些要面子。沈原说，老苏就是一爷。此话不虚。

老苏是贾泽林的学生。贾泽林老师当时招了三个学生，另外两个是周国平和岑万红。我和老苏有年龄差距，却成为朋友，除了性情相投，大概也与学语言出身有关：他学俄语，我学英语。老苏喜爱古典音乐和文学，有一次我们谈起文学，我说到对金庸的喜爱，他认为金庸的武侠小说不是文学，直言想不到你学外国语言文学出身的人竟会对金庸感兴趣？！刚上研究生的时候我二十三四岁，老苏还非常热情要给我介绍对象，有一次他要给我介绍一个女孩，跟我说女孩家庭怎么好，女孩怎么漂亮，几次要我去跟女孩见面。研究生毕业以后留在哲学所，周二有时我们会见一见聊一聊。后来他去了社会学所，我和他见面反而更多了。在社科院大楼里，哲学所占整个第9层和第10层的小半层，社会学所占其大半层。逻辑室就在10层。我们办公室出门过去就是水房，水房再过去就是社会学所，第一间就是老苏的办公室。周二老苏坐班车到所上班，我也早早到办公室，打完水就跑到他办公室去。他那时候常常带个烧饼或几块桃酥什么的。他一边吃我们一边聊天，有时也会有一些年轻人在，渠敬东、霍桂桓这些年轻人就是那时认识的。后来有一次老苏到清华开会，沈原叫我过去一起吃饭。席间渠敬东说，王老师您有一次在老苏那屋说了一句话，我印象特深：当时谈到为什么您不当哲学所的所长，您说"我丢不起那脸"。大家一笑。这话我还真忘了，我只记得常常去找老苏聊天。还记得有一次谈起哲学所的事情，我说到张三说什么，李四说什么，老苏说，这些人真敢"开牙"。他说，想想当年在哲学所的时候，每周二来上班，把包一放下，立刻擦桌子扫地，完了之后就赶紧拎着暖瓶去打水；在所里从来是不敢多说少道的。现在这帮人怎么这么敢胡说八道啊。我相信，老苏言传身教，对社会学所的年轻人一定是有影响的。

研究生刚毕业时我去过老苏家几次，在后海附近，一间平房，好像是向东的西房。记得有一次在他家里吃饭，我看着他炒油菜，还问他为什么要放糖。还有一次夏天我去，他夫人回来了，打了招呼以后就坐在院里用手绢扇凉。老苏一下子有些坐立不安了，我也意识到不太合适，起身和苏嫂子告辞，老苏送我出门。那时候他家里条件确实不太好，后来搬到昌运宫以后就好了。但是我再也没有在他家里吃过饭；每次去他都请我在楼下紫竹院边上的饭馆里吃饭。再后来他搬到潘家园，我也到了清华，离得太远了，他家我再没有去过。多年前他中风住院，我去看过他几次，自那以后见面我总劝他不要喝酒。我知道，老苏太好面子，别人敬酒，他会当回事。平日里他也是来者不拒，什么都答应，什么忙都帮，最后把自个儿搞得很累。当年他出任"文化：中国与世界"编委会副主编，就有不少受气的事情。他常常向我"诉苦"，有一次他请我吃饭，说起一件事情，气得眼泪都快下来了。我只能好言相劝。沈原说得对，老苏是"爷"。但是我觉得，他有些太好面子，有时候难免不够洒脱。

老苏在社会学界影响很大。人们说他的韦伯研究在国内具有开创性，他的研究使国内的社会学研究走到了理论层面。沈原也和我多次谈起老苏，称赞他在学术上的贡献。我不懂社会学，相信沈原的评价。在我的眼中，老苏是一个纯粹的学者，是一个好学者。最开始的时候，他和大多数学外语出身的人大概差不多，所谓哲学背景和基础就是过去学过的马恩列斯毛的著作，加上读过的文学、历史、政治、经济、文化等方面的书籍。好在进入专业时可以直接阅读外文文献：他最初读俄文著作，研究苏联哲学，后来访问俄罗斯，转道美国，读英文著作。1983年我出国，他给我写信让我帮助查阅韦伯的研究资料。我进的第一个外国图书馆是曼海姆大学图书馆，我最先检索的图书信息是关于亚里士多德的和关于韦伯的。我至今记得那次查阅留下的印象：关于亚里士多德，满满两抽匣卡片；关于韦伯，将近一个半抽匣卡片。在读文献这一点上，老苏一直实实在在，从不偷懒：我能想到的一直是研究生时他读书的样子。老苏到了社会学所以后，曾和我谈到他做社会学理论研究，与田野研究有怎样的差异，他觉得国内社会学研究普遍理论性方面不足，他努力从事社会学理论方面的研究，他还努力做学术组织工作，建立团队，把国外的社会学理论引介进来。我不懂社会学，在他那里只是个听客。但是几件事情难以忘怀。

一件是在去社会学所之前，老苏和我说起这件事。他其实有些犹豫：他读了博士学位，在现代外国哲学研究室待得挺好，无论是苏联哲学还是韦伯研究，他都有了基础和成绩，哲学所又是大所，去一个新的地方，心里总不是那么踏实。我说，你既然觉得韦伯思想多是社会政治方面的，去社会学所那边也不错，说不定能搞出什么东西来。其实那时我的哲学也还没有怎么学好，对社会学更是一点都不懂，只是直觉上我觉得老苏谈的许多东西似乎不是那么哲学，或者说我觉得哲学不应该是他说的那样的东西。但是那时候我一点也说不清楚。后来他去了社会学所那边，我也找来一些社会学方面的书读了一下，比如帕森斯的东西，费孝通的东西，我才知道社会学是一个新的学科，它的理论是经验性的。哲学有先验部分和经验部分，许多人是不加区分的。因此学哲学的人转社会学似乎很容易。近年来我提出加字哲学，是因为我认识到，哲学本来是不加字的，这样的哲学主体上是先验的。一旦加了字，比如中国哲学、马克思主义哲学，哲学就变成经验的了。不过当初我根本没有这样的认识，只是有一些直觉。获得今天这样的认识，固然是自己多年坚持不懈努力学习的结果，也与老苏等诸多学兄的学术交流获益有关。

另一件是一次老苏和我谈起关于社会学的报道时气得直哆嗦，他认为这是对社会学工作者的极大侮辱和伤害。他"拿着报纸'咣'的一脚踹开所领导的门冲了进去"，这画面一直定格在我的脑海之中。

还有一件是关于韦伯一本书的中文翻译。他认为该译文粗制滥造，败坏了经典：一是从英文而不是从德文翻译的，二是译者不懂专业，硬伤不堪入目。这事他和我说过好几次，还有些激动，后来在商务印书馆汉译名著选题会上也听他说过。老苏的认真态度体现了对学术的尊崇和执着。

几年前北京有一个关于韦伯的学术会，老苏和万盛（从美国回来）都参加了。我听说后专门在吃饭的时候赶过去，和他俩坐在一起小聚一番。事后万盛对我说，老苏进步了，他的发言很有水平。读研究生时，万盛是佼佼者，老苏可能比我强些，和万盛却有差距。万盛不太轻易夸人，我们又是朋友，不会客套。所以，我相信万盛的评价。

我到清华以后，与老苏见面少。我非常怀念在哲学所周二中午与老苏、沈原相聚的日子，喝得痛快，聊得更痛快。过去这些年与老苏见面，多是在商务印书馆的汉译名著选题会上。有一次我专门请几个老同学来清华这边吃饭，有老苏、老吴（元梁）、陈瑛、万盛、李鹏程等人。还有一次是唐少杰翻译了一本书，好像是与老苏的推荐相关，他请客，让我把老苏请过来致谢。老苏退休以后去哈工大帮助建立社会学点，我们电话也逐渐少了。我总是从沈原那里知道他的消息，在电话里他也会给我说一说他夫人的高兴事，他儿子的成就，还有他那条爱犬对他的依恋。他晚年的生活是充实的、幸福的。

前年老梁（存秀先生）去世对我打击很大，我在遗体告别会上忍不住泪如雨下。我再也不想看见那样的场面了。在一个朋友悼念老苏的微信上，我跟言："去年走了吴元梁、周晓亮学兄，昨天又走了苏国勋学兄，这是怎么了啊？！只觉阵阵心痛，心酸，老苏一路走好！"刚才收到沈原发来的八宝山遗体告别通知，思来想去，觉得还是要去一下，再去见一下老苏：最后一次与老友聚会，当面向老友道别。

（原为2021年2月2日日记）

怀念吴元梁学兄

刚才马寅卯发来哲学所的讣告：吴元梁研究员于1月11日去世了，享年82岁。

这消息似乎是意料中的，但还是引起我心中的波动。我一下子就想起研究生快毕业时的一幕：在十一学校的校园里，我看见他拎着一个黑色皮包往宿舍走，我问他干什么去了，他说去科学出版社谈一部书稿，还打开皮包让我看了一下，当时我佩服得不得了。40多年的老友了，如今他也离开了。

老吴是我1978年读研究生时的同学，大我近20岁。他的专业是历史唯物主义，我学逻辑，读研究生时前两年交往不多。最后一年支部改选，他做支部书记，我也被选进支部，于是有了一年的接触和交往。当时支部的工作主要是发展党员。我们在这个问题上非常一致。记得当时有许多同学要求入党，并且很迫切。我们都希望多发展一些党员，尽了最大的努力。刘奔是日本遗孤，身份特殊，政审很麻烦，为他一个人我们就讨论了很多次，做了许多工作。在这一年的接触中，我和老吴成为好友。他为人忠厚，正直。我一直是把他作为老大哥看的。这也是许多研究生同学的看法。

研究生毕业后我们都留在哲学所，交往很多。几件事情大概是终生难忘的。老吴人好，专业水平好，工作能力好，后来被调到中国社会科学出版社做副总编。我的第一本著作《亚里士多德的逻辑学说》就是他帮助出的。那时我刚回国不久，没有什么名气，出书很困难，我去找他。他说，拿来，我给你出。就这么简单。这本书在1991年出版。这两年专业著作出版不景气，但是我这本书经过两个版权期以后，被出版社留下来，又出了第三版。我想说的是，老吴知道我关于亚里士多德的研究情况，也知道我的学习态度和研究方式，所以，他帮助我出书，固然有朋友的情分，但绝不仅仅是任人唯亲。而我知道，没有他的帮助，这本书是不可能这么顺利出版的。

1989年，老吴受了处分，心里非常难过。我去地质学院他的住所看他。端着酒杯他说，王路，你相信我会反党吗?！说着眼泪就下来了。我劝慰他说，你要是反党，就没有不反党的了。我太了解他了。他上高中时就是团支部书记，是品学兼优的学生。当年他准备考清华，考理工科，由于他非常优秀，结果学校让他上了人大哲学系：据说是人大刚成立，要把最好的学生输送到人大去。他和我说，他们中学同学聚会，其他人都是清华北大的，或是学理工科的，结果就他是人大的，是学哲学的。他大学毕业后去了新疆做哲学教师，教授马克思主义哲学。1978年考研时已经是讲师了。我一直认为他是我的前辈，时代原因我们做了同学，所以我特别尊敬他。我认为，他对党的忠诚是毋庸置疑的。所以，我只能安慰他。

老吴曾经评价我说，王路什么都好，就是马克思主义水平差一些。这个印象大概是从和我讨论马哲得来的。我最初的哲学著作读的主要是马哲，我认为，我对马哲也是有认识的，所以，我经常和那些学马哲的学兄讨论。这样的讨论大概断断续续持续到我离开哲学所。在我们的讨论中，一开始我是听得多，说得少，后来则是问题多。比如我问过几位学兄，恩格斯在马克思墓前的讲话中盛赞马克思，特别说到唯物史观和剩余价值论，唯独没有提到哲学，这是为什么呢？刘奔兄说，王路，你不懂，唯物史观就是哲学。我问，可搞社会学的人说那是社会学啊？老吴没有说我不懂，但是和我就这个问题讨论过多次，我们的看法有分歧，也有一致的地方。1996年我在《中国社会科学》上发了一篇文章《论"真"与"真理"》，老吴特地来找我讨论。我看他在我的论文上画了许多杠，还有批注。有两个细节我依然很清晰，一个是关于马克思主义哲学的"真理"概念，我们有不同看法，还争论了一会儿，另一个是关于"真"这个概念，我们也有不同看法，我说这是一个本体论概念，他认为是不可思议的，他认为这是一个认识论概念。那时我对这个问题只是一个直观的认识，还不能像今天这样从理论上说清楚。今天我认识到，那一次我并没有说清楚这个问题，所以也没有让老吴信服我的观点。遗憾的是以后也不会再有这样的机会了。

我是1995年在哲学所评的研究员,那一年我第二次参评。参评共44人,评4人。我是其中最年轻的。我根本没有想到会评上。评上以后,老吴对我说,我们都支持了你。我知道,他说的"我们"指的是他和陈瑛等诸位学兄。我们那一届同学有70多人,毕业时留所30多人,老吴、陈瑛等年长的学兄都是室主任了。我对诸位学兄的抬爱非常感谢。我不是觉得自己不够格,而是觉得若是评其他老同志也是应该的。老吴说的是实情,表达的也是实情。此实情非彼实情,前者是说出的,后者则在不言之中。

我评上研究员以后,有一次老吴把我和李景源叫到一起,谈论所领导换届的事情,明说要我支持景源。景源也是我研究生同学,他和老吴专业相同,关系很好,也视老吴为老大哥。当时他是哲学所副所长。老吴由于在社科出版社"犯了错误",重回哲学所工作,做马哲史研究室的主任,参与哲学所的工作。按照老吴的设想,下次哲学所领导班子换届景源应该是所长,所以他提议我出来做副所长,协助景源工作。此前他和我说过此事,不过没有那么正式,我压根儿就没有这样的想法,也没有答应。这一次不同了,两位学兄坐在面前,我怎么办?!一开始我还说,我从来没有这样的想法,后来就只好搪塞说,到时候再说吧,我肯定会支持景源学兄的。后来景源学兄调离哲学所,我终于解脱了,不过自那以后,我心里隐隐感到不安。我是不会去做领导的,但是学兄们有这样的意思,这就有些麻烦了。如果真任命我做,大概无法推脱,至少对不起诸位学兄啊。我离开哲学所到清华大概有几个原因,这也是其中之一。

还有一件事情我觉得应该说一下。老吴花了好几年的功夫帮助铁映同志写《论民主》，他给我讲过许多他们写作班子里的故事。比如他们常常被安排在宾馆里住，集体讨论，然后写作。他是统稿人，稿子完成之后又会被拿到其他人手里，比如搞经济学研究的人手里，人家会把他写的东西改得面目全非。然后稿子又返回他的手里，他再把稿子改回去。那些年，他几乎把自己的研究全放弃了。后来他和我说，我现在对年轻人说，我就算是把自己卖了，你们以后谁也不要再做这样的事情。面对他的无辜与无奈，我总是笑着说，没关系，你有好脾气啊！

到清华后离老吴家远了，一开始通电话较多，后来他和他爱人先后生病，做了手术，电话里他的嗓音沙哑，逐渐说话也不太方便了，电话就少了。但是他的情况我一直是知道的。李惠国是我爱人的老师，近年来我经常陪我爱人一起去看他，随她我要叫老师。李惠国和老吴是大学同学，是好友，每年都是要聚的，所以我总可以从他那里听到老吴的一些情况。去年春节听说老吴还可以出门，但是说话极少，几乎不说话了。上周我爱人去看望李惠国老师，带回消息说，老吴已经借助鼻管进食，且不认人了。我明白，这就是通常所说的大限到了。

近年来，老师老友走得有些频繁，让人有些无法承受，自己似乎总想回避这样的事情。我有时候真的感到有些脆弱，这说明，自己确实有些老了。

元梁学兄一路走好！！！

（原为2020年1月13日日记，有删节）

纪念刘奔学兄

收到韩骁发来的会议议程,不禁感慨:刘奔学兄的纪念会,发言人名单中学兄竟然只有景源一人。回想当年哲学系60多个研究生,毕业留所近40人,如今屈指可数,岁月真的是不饶人啊!

我和刘奔是研究生同学,专业不同,来往不多。我23岁,在研究生中属于最年轻的,刘奔长我十二三岁,还有一些更老的同学,长我近20岁。我俩熟悉起来应该是最后一年。那一年党支部改选,我被选进支部,与吴元梁、尚金锁、李鹏程等人一起工作一年。当时我提出一个想法:尽量多发展党员。研究生前两年我参加过几次会,名称记不清了,那个年代大致相当于"入党积极分子会"吧,听过许多学兄讲述迫切要求入党的经历,触动很大。我觉得应该尽量多地发展他们入党。支部委员们同意我的想法,认为我们要有所作为,把发展党员作为重点工作。刘奔是党员发展对象之一,结果在政审上遇到麻烦。那时我才知道他是日本遗孤。那个年代政治第一，唯出身论影响很大，我们为刘奔开了好几次会，记得好像还做了几次外调，我们认为并相信刘奔是好同志。我们研究生党支部最后一年做了许多事情，差不多都忘记了，唯独记得发展刘奔入党这件事：太难了。老吴在发展刘奔的问题上非常坚决，我与老吴观点非常一致。我们两人也在这一年相互了解，成为一生的好友。

毕业以后我们都在哲学所工作，我和刘奔成为好友是比较晚的事情，是我从德国念书回来之后。我喜欢讨论问题，那时求知欲很强，常和学兄们请教问题，而请教最多的，马哲方面是老吴和刘奔，中哲方面是王生平和王葆玹。我和这几位学兄都是好友，唯独和刘奔没有单独吃过饭，属于那种"淡如水"式的朋友，但是我们见面交谈没有遮拦，没有障碍，相互信任。我常到编辑部找他和生平兄聊天，后来和方军、葆伟、晓离也成为朋友。离开哲学所到清华的开始几年常回哲学所，每次也是先从西边上楼，到编辑部坐一坐，然后再跑到东边的逻辑室。有时候也会见到鉴传今，他好像做编辑部主任了。

刘奔有些内向，不善言辞，不善交际，我向他请教过许多问题，有一个问题我记忆深刻。我问，恩格斯在马克思墓前评价马克思时说他有两个贡献，一个是唯物史观，一个是剩余价值论，唯独没有提哲学，这是为什么呢？刘奔说，王路，你不懂，唯物史观就是哲学。我们的讨论当然不会这样简单。我以此只是想说明，我们两人讨论问题的态度是认真的，我们两人之间的关系是真诚的。我向他请教问题是从专业的角度出发的，他也是从专业的立场回答的。我大概提个问题还可以，讨论一深入就不行了。老吴也说过，王路什么都好，就是马克思主义水平差一些。这显然不是说我人不好，而是说我的马克思主义专业水平不行。能和学兄们请教讨论专业问题，是极大的乐趣。在清华我也常向小韩（立新）请教，不知他心里是怎样想的，至少没有说我不懂。学兄说我不懂，对我也是一种帮助。

刘奔做《哲学研究》常务主编那几年，每年发一篇我的文章，好像有一两年还发了两篇。我们在讨论中他对我说过，王路，你不要以为我们发你的文章就是完全赞同你的观点。学术水准是一回事，学术观点是一回事。刘奔在学术观点上是比较强势的，但是从这句话可以看出，他有非常鲜明地坚持学术水准的一面。同样做杂志副主编，生平兄的学术观点没有那么强势，但是在坚持学术水准上与刘奔是一致的，他也和我说过这方面的事例。后来我和刘奔在哲学所学术委员会里共事，经常会有职称评定、论文评审、科研成果评奖、项目申报评估等事宜，刘奔坚持学术水准这一点是非常明确的，我们在这一点上总是非常一致的。

与会议主题相关，我想谈一下我对刘奔学术理念的理解。刘奔研究辩证唯物主义哲学，简单说，他研究马哲。在我们的国家，马哲是专业，也是意识形态，至少具有意识形态的特征。因此刘奔的专业研究是与意识形态相联系的。专业研究可以有专业的标准，意识形态有时候则会有一种价值判断。在后一种意义上，刘奔的思想可以说是比较"左"的。有一次我和他讨论意识形态问题，刘奔的意思非常明确，他认为意识形态只能是一元的，不能是多元的，他还批评我说，王路，你不懂，意识形态多元化是一定要出问题的。刘奔的文章我看过不少，我并不赞同他的一些观点。但是我认为，他在学术观点上是一致的，即便他的学术观点具有意识形态的色彩，他的观点也是一致的。这反映出他的学术品质，也是他的人品。他研究马哲，会与意识形态相关，但是，他依据自己的学术观点和理念来谈论意识形态，而不是依据意识形态来改变自己的学术观点，因此他不会随着意识形态的变化而变化，他不会人云亦云。也就是说，他始终坚持自己的学术观点，并且基于自己的学术观点做出自己的判断，对身边的事情做出评价。

具体一些说，从意识形态的角度看，我觉得刘奔有些"左"。在我们国家，我认为这是可以理解的。在这一点上，我对自己的评价是有些conservative（保守），也可以说属于比较"左"的，但是远不如刘奔。应该看到，他有比较复杂的背景，包括他的出身和经历，所以他的意识形态认识是与他的生命体验结合在一起的。他爱这个国家，用自己的专业知识为这个国家服务，这种精神是可贵的，人品是高尚的。从学术的角度看，刘奔专业训练扎实，专业水准高，而且始终如一，孜孜不倦，是一个好的学者。从做人的角度看，他是一个正直的人，通俗地说，他不是风派，不会今天这样说，明天那样说。

晚年刘奔的身体出了问题之后，戒酒了，脸色也红润了。那时我刚去清华，哲学所春节年会时还会回来，我还听过他夫人唱歌，他见我面总会问我在清华怎样，教书是不是影响研究工作了，显示出学兄的关心。我们都以为他没事了，没有想到一下子就出事了。事后我和老吴打了一个很长的电话，老吴跟我说了刘奔的许多事情，记得在清华我和小韩为这事聊了很久，我才知道小韩与刘奔也有深厚的感情。我们都很难过：他还年轻啊，真为他惋惜。

如今刘奔去世十几年了，哲学所和《哲学研究》编辑部开会纪念他，我认为是一个好事情。编辑部的同仁对他有更多的了解，可以从杂志的角度认真总结回顾一下，这方面我是外行，就不说了。我只想从哲学所的角度谈一谈我的想法。

哲学可以在两个意义上来理解，一个是从意识形态，至少是半个意识形态的意义上去理解，比如通常所说"哲学社会科学"，一个是从专业的意义上、学科意义上去理解，即从哲学系（所）所研究和教授的东西，从国际哲学界共同交流的东西的意义上去理解。这两个意义上的理解和认识在哲学所也是存在的，今天怎样我不知道，至少20年前我在哲学所时就存在了。哲学所喜欢谈传统，一谈就是金岳霖和贺麟，还有他们的学生。哲学所也重视现实，总是要谈重大的、现实的、迫切的问题，要谈文化的、价值的东西，政治的、意识形态的东西。这似乎是两种不同的认识，甚至相互冲突。以前身在哲学所，对这两种意义上的哲学认识不清楚，与一些同事领导常常发生争论。到了清华以后，清华哲学系常说要继承金岳霖传统，我才开始认真思考这个问题。与刘奔相比，好像我的研究属于前一种哲学，他的研究属于后一种哲学。我们是同学，知无不言，所以他总说，王路，你不懂。今天我认识到，专业不同并不意味着一定属于不同的传统。也就是说，刘奔的专业研究，包括治学态度和精神，依然可以是属于人们经常谈论的哲学所传统，属于金岳霖贺麟传统。这种传统，用老所长邢贲思的话说，就是一心一意搞科研。用我的话说，就是为学术而学术。传统不是专业，而是意识和精神，包括方法和规范。今天我提出哲学是关于认识本身的认识，我提出形而上学与加字哲学的区别，也与这种认识相关。刘奔的专业与意识形态相关，或者可以与意识形态相关，所以他在研究中会考虑与现实相关的问题，因而会与经验相关。我研究逻辑与形而上学，因而与经验无关。但是这并不意味着我的研究就属于金岳霖贺麟传统，而刘奔的研究就不属于金岳霖贺麟传统，也不意味着只有研究逻辑和西方哲学才属于金岳霖贺麟传统，而研究马哲中哲伦理等专业就不属于金岳霖贺麟传统。所谓金岳霖贺麟传统，最主要的是一种对待哲学的态度，一种从事哲学研究的方式，以及由此产生的一种对哲学的认识。从专业角度来说，似乎我做到继承金岳霖贺麟传统比较容易，而刘奔不太容易，或者一般来说，逻辑和西方哲学专业的人比较容易，其他专业的人不太容易。其实不是这样，今天我也不这样看。我认为应该跳出专业的局限来认识金岳霖贺麟传统，应该在一般的学术的意义上正确地认识这种学术传统。这样，这样一种传统才会更有意义，才更值得去说，去继承和发展。就刘奔而言，他以专业研究为基础，以科学的态度对待专业研究，即使会涉及意识形态问题，他也不会违心地去说些什么，不会去干那些随风倒的事情。就凭这一点，我认为他是在金岳霖贺麟传统上的，我敬佩刘奔学兄。

（原为在2021年6月23日"'面向时代的哲学：问题意识与思想创新'——纪念刘奔先生诞辰79周年理论研讨会"上的发言）

怀念翁绍军学兄

今天看到应奇怀念翁绍军老师，转发老翁一篇文章，才知道绍军学兄去世了。老翁的文章是2011年写的，谈他读大专、考研、最初工作受挫的经历，以及对三位老师的回忆。大部分故事都听老翁讲过，有些已经淡忘，如今再读，与老翁的一些交往又重新出现在眼前。

和老翁熟悉起来是在哲学系研究生搬到十一学校以后，我和黄万盛、王润生等人住一屋，就在西方哲学史的老翁、宋祖良、顾伟铭、冯凭、郑文彬等同学的隔壁。我常和黄、宋、顾、郑等打篮球，有时候还与黄、顾和冯打乒乓球，所以很熟，常去他们屋。我们在一起侃大山，翁一般不会参与，一个人面对靠墙的桌子读书，有时候也会转过身来说一两句，总是语惊四座。记得有一次大家好像是在谈民主选举和竞选纲领，各说各话，还有争论。老翁忽然转过身来说，我要是竞选就一条纲领：废除计划生育制度。大家哄堂大笑：他端坐那里，穿一件白圆领衫，几近透明，还有几个破洞，面带微笑，前额透亮。一句细声细语的调侃，让我们不禁想起对他的爱称"苏格拉底"。

老翁和我都研究古希腊，常有交流，特别是关于亚里士多德《范畴篇》中对第一实体和第二实体的区别，我们讨论过多次。后来我读《论辩篇》时还有一种关于范畴的说法：第一个范畴是本质，而不是实体。那时我没有学希腊文，还不知道它们的原文是 *ousia* 和 *ti esti*。我和翁有争论，谁也说服不了谁。但是友谊却建立起来了。后来他夫人来十一学校看他，他还专门把我叫过去和她认识。

老翁文章谈到他研究生院毕业后到上海社科院报到被拒的不幸遭遇。但是有一点他没有说及。我们是1981年毕业的。哲学系60多个研究生，本来计划全部留下。后来因为反击资产阶级自由化，政策有变，只留三分之一。一些同学那年答辩通过，但是没有授予学位，都是第二年补答辩后才获得学位的。老翁就属于这种情况。他曾对我详细讲述了他答辩的情况，有评委认为他的观点不符合列宁的论述（列宁认为亚里士多德是机械唯物论），甚至认为他是为亚里士多德翻案。那时候"文革"刚过，人们的认识还比较保守。一些同学答辩时也遇到相似的情况，但是第一届研究生很吃香，所以只是晚一年拿学位而已，其他不受影响。老翁不同，他有腿疾，结果带来极大的麻烦。老翁文中谈到落实工作时许多人帮助他，特别提到黄万盛。这是真的。当年黄和我说过此事，后来我到老翁家做客，他也讲了曲折的过程。他的讲述永远是那样不慌不忙，轻声慢语，娓娓道来，比他的文字还要平和。

老翁做学问踏实努力。研究生毕业以后，他成果累累，每出一本书都会寄给我。我直到10年之后才有了第一本专著送给他。我们交流很多。他很早和道风山就有联系，帮助那里译书。在他的推荐下，90年代初我也答应给道风山翻译，但是由于不满意那里的一些做法，没有继续下去。其间老翁还劝过我，做过一些工作，比如说道风山如何夸赞我的翻译，等等。后来访问道风山是王晓朝和杨熙楠促成的，大约已是2005年以后的事情了。无论如何，此前的翻译毕竟也是一个缘由，所以我的道风山之行还是沾了老翁的光。

我是我们那届研究生中最年轻的，马上也要从清华退休了。许多学兄年长我许多，一些多至20岁。每当听说一位学兄离去，我都感到悲痛，也会想起我们曾在一起读书，讨论，调侃，游戏：1978—1981年，我们共同经历了一段岁月，我们成为同学。我记忆那个年代，那一段只有那个时代才有的经历：老翁，我的同学，生于1943年，长我12岁，中国社会科学院研究生院西方哲学史研究生。

（原为2020年9月14日日记，后由朋友发在微信公众号上）

怀念杨成凯学兄

微信里看到应齐转发了一篇关于杨成凯的追忆文章，不禁想起成凯学兄，想起他的一些故事。

认识成凯兄大约是在1994年昆明召开的语言逻辑会上。他说，你不认识我了吗？我们在十一学校食堂里聊过天。随后聊起语言学，我才依稀想起当年的事情。我眼睛不好，看不清人，看了也记不住。他又年长我许多，令我总归有些尴尬。他在会上的报告中谈论汉语"是"这个词，从高谓语动词的角度阐述，我很感兴趣，此前我也写过一篇论文《"是"的逻辑研究》(1992年发表)，于是我们在会下讨论了很多。毕竟是研究生院同学，共同回忆了当年读书的情景，加上学术上也有共同语言，一下子亲近了许多。回京前我不慎将车票丢失，经人帮助虽然上车，但是列车员将我的卧铺转卖他人，我只能坐在过道的小凳子上，郁闷不已。好在熟人多，一起聊到深夜。列车熄灯之后，成凯兄丝毫没有睡意，竟然陪我一直聊天，几近天明。开始我们一起聊语言学（linguistics），我在德国学过语言学，那时也一直在做这方面的研究，认为这是语言研究正道，也恰恰是国内学界所缺乏的。万万没有想到成凯兄也赞同语言学。由此谈到他的老师吕（叔湘）先生，他与吕先生的学习经历，包括吕先生的其他弟子，吕先生对弟子们和他的影响，以及吕先生主编的杂志《中国语文》，等等。我相信，成凯兄是讲故事高手，两个故事我至今不忘。

一个是在谈及语言学理论的时候，成凯兄说，吕先生不大赞同。吕先生对他（们）说，语言学是钱串子，我这个（指字词的分析）是散钱。散钱能用，但是串起来就不能用了。在那个上下文里，加上成凯兄半模仿的表情，虽然车灯昏暗，我也可以大致想象出吕先生说这话时的神态。我读过吕先生、赵元任和王力先生的著作，对几位前辈充满敬意。我觉得这三位先生中，赵先生的科学性更强一些。这也是我最推崇的。所以我对这个故事始终不忘。

另一个故事谈及《现代汉语词典》：虽然它有一个编写组，但是大家都知道，这主要是吕先生的成就。我因为和商务印书馆来往很多，知道商务对这本词典很重视，对社科院这个编写组也很重视，得供着。那个年代，用商务编辑的话说，印《现代汉语词典》就相当于"印钞票"啊。成凯兄说，以前编词典，吕先生是要自己看一遍的。语言所的人都知道，吕先生看过的东西，他说没有错，就是没有错；现在编写组编的东西，吕先生肯定是没有看过的。光线昏暗，我眼睛再不好，也听得出他的表情是笑眯眯的。我相信，他只是在赞美吕先生，我自然也充满了崇敬。我学外语出身，知道学语言的人容易崇拜，也可以崇拜，因为人家语言比你好，就是比你好（强），没有什么可说的。

我也谈及金（岳霖）先生及其弟子们以及他们和逻辑有关的故事。没有想到的是，成凯兄对逻辑也非常感兴趣，对我讲的事情兴趣盎然。弟子们对老师都是尊敬的，说多了，尤其是有主见的人，自然也难免讲一些不太赞同的事情。其实，观点的不同也依然说明弟子对先生的尊敬与爱护。由于对语言学感兴趣，所以我对吕先生，还有赵先生和王先生非常感兴趣。关于后两位先生，我只是从书本上看来了许多故事，对他们有了一些了解。唯独对吕先生，听了成凯兄一夜娓娓诉说，我心目中有了一个还算丰满的形象。至今想起来，这真的是要感谢成凯兄。

后来成凯兄到哲学所找过我几次，有一次是送他出版的专著《汉语语法理论研究》。我们聊了许多，我记得他当时有些兴奋，还有些得意。难怪纪念文章说他极其看重此书。他没有直说，我也明白他的意思，本来我也准备给他写一个书评。将逻辑理论纳入汉语语法理论是他研究中的一个创造点。我研究逻辑，又对语言学感兴趣，用他的话说，我是"识货的"。但是那两年正是我学术研究的一个分界点，1996年从意大利参加第十届国际逻辑、方法论和科学哲学大会回来之后，我接着访问了日本和德国，终于决定放弃语言学研究，全身心投入逻辑与哲学的研究。做这样的决定，本身也是纠结的事情，加上事多，结果就没有给他写书评。今天想，我们有那么多交往，有那么多了解，他如此看重的一本书，我写，又是跨学科，一定要花些功夫，可我当时又要放弃这个学科的研究，所以确实有些为难了。但是没写，确实有些对不住成凯兄了。

后来我到了清华，和成凯兄似乎就没有再见过面，只电话过几次。但是我相信，只要见面，我们还会相谈甚欢。他谈过许多关于版本和收藏的事情，不过我对那些不感兴趣，我的态度可能使他扫兴，他会觉得有些对牛弹琴了，否则我们两人的关系可能还会更进一步。无论如何，他在我心中留下了美好的印象：一个学者，一位很会说故事的学兄。如果非要我评价一下，我会说：他表面儒雅，内心强硬，谈吐也很风趣幽默；话多了，聊深了，他会流露出自信，流露出一览众山小的感觉。

深深怀念成凯学兄！

（原为2018年11月14日日记）

怀念老毕

去年1月4、5两日我去医院看望老毕（富生），山西大学哲学系教授，回来写下日记一篇。今天，1月15日，是我的好友老毕逝世1周年的日子，我以此文纪念，以表我对老友深深的怀念。

周末去太原看了老毕两次，见面时他激动得热泪盈眶，在我劝慰下忍住了，但是分手时他终于忍不住泪流满面。老朋友了，都明白，这也许是最后一面。但愿真的会有奇迹发生。离开时我对他的学生建萍和金贵说，今年春暖花开，如果他缓过来，给他搞个小型聚会，我一定再来看他。

我和老毕认识30多年了。最初如何认识记不得了，但是有几件事情一直是难以忘却的。一件是在一次全国逻辑会议上（1994

年哈尔滨？），大家让他和我介绍国外情况。我介绍了英国和德国的情况，他介绍了日本的情况。之后我俩私下聊了更多"国外见闻"，一下子就接近了。第二件是1996年我在山大开会，到老毕家做客，他向我介绍了刘奋荣，他的学生，考上河南大学马佩老师的研究生。他知道我对学生外语要求高，特别强调她外语考了78分，因为不敢考社科院。他希望我能够帮助培养一下。看得出来，奋荣和他家的关系不一般，我就答应了。奋荣很出色，后来她硕士研究生没有毕业提前一年到社科院读了博士，毕业留所后不到一年就出国学习去了。第三件事情是2002年老毕帮助我组织在山西大学开了一个全国性的逻辑学术研讨会。那时科研经费紧张，办会不容易，不像今天经费充足，各地高校都在争取举办全国性的会议。山西又是旅游胜地，想参会的人很多。老毕确实帮了很大的忙，有些事情还直接找了郭贵春校长。那时我是现代逻辑专业委员会的秘书长，我知道，表面上老毕是为现代逻辑专业委员会做贡献，其实是在帮我。

我在北京出生，老家却是山西，所以我至少可以算是半个山西人。也许由于这份亲情，我和老毕关系非常密切：电话多，见面多，聊天多。还有一多，就是喝咖啡多。他抽烟不喝酒，我不抽烟不喝酒，结果，每次见面，他就拉着我喝咖啡。他说，喝咖啡至少比喝酒对身体有好处。我觉得也对啊。以前我很少喝咖啡，因为不喜欢，所以在国外也没有培养起这个嗜好。后来我喝咖啡，完全是老毕培养起来的。他到北京，我要请他喝咖啡，在外地开会，我会跟着他找地方喝咖啡。最夸张的是，有一次在太原从下午到晚上他拉着我打车到三个不同的咖啡馆喝咖啡，一一介绍点评咖啡的优劣，我是根本就不懂，只知道那个晚上我很久很久无法入睡，直到凌晨4点。我是一个非常简单的人，那以后就不让他这样做了：我们在一家咖啡屋坐下，喝咖啡聊天，到时候了点餐吃饭，之后接着喝咖啡或茶。我觉得这样很好，用他的话说，至少比喝酒对身体有好处。有时候我想，幸亏他喝咖啡，如果他这股劲头换成喝酒，我肯定就招架不住了。

老毕年长我5岁，但是和学界大多数同龄人一样，资历上却让我占了先。他在山西大学，崇尚我主张的逻辑观念，赞同逻辑应该同哲学相结合。他为山西大学逻辑学位博士点的建立做出重大贡献。他退休后有一次和我说起，他那里的逻辑专业博士点被取消了，气得不行，大骂有人在学术上不懂装懂。我只能好言相劝。我了解他，知道他好面子，也就是和我发发牢骚，在别人面前他也不敢这样说。去年上半年他参加中山大学逻辑所20周年庆典后忽然给我来电话说，系里换届了，新领导找他征求意见，听他汇报了中大会议的情况，支持他开一个逻辑会。他向我征求意见。我明白他的意思，给他出了一些主意，后来开会我也是抱病参加的。会上老毕做了一个报告，介绍了山西大学逻辑专业这些年来的工作和成绩以及现状。会议结束时老毕发言感谢大家，动情了，落泪了。因为身体原因我第二天上午返京。他特意一大早跑来，拉我到校门外吃豆浆油条。他再次说明，他对得起山大，对得起山大逻辑专业了。我也只能劝他，做了自己该做的就可以了。

老毕的学生不多，他对学生非常好，常常带着他们到处开学术讨论会。我和他的一些学生交往很多，也成为很好的朋友。他们只要找我问问题，我都会耐心解答。对待学生，我和他不一样，他有些像家长，像保姆，我觉得，他关心得太多了些。他就是这么一个人。他要是对你好，就会全心全意的。他对学生是如此，对哲学系逻辑专业是如此，对朋友也是如此。

我是脸上带笑离开他的病房的。但是我心里明白，他的病情是不可逆的。所以，我只是一遍又一遍地期盼：希望可以有奇迹出现。

（原为2019年1月6日日记，老毕去世后由朋友发在微信公众号上）

怀念徐奕春

2月19日早上,商务印书馆的编辑老关(群德)微信告诉我:"徐奕春老师春节后走了。"我感到一阵紧张,电话未通,忙微信迭复老关:"什么时候的事啊?""这才初八!""哀悼老徐!"转身告诉我夫人,她惊诧:"怎么啦这是?!"的确,最近坏消息有些多啊!先是走了老苏(国勋),后来走了王(炳文)老师,这又走了老徐!到了晚上,从商务的朋友那里得知,老徐是正月初二(2月13日)走的,家属不愿惊动亲朋,低调办完丧事后,告知单位,朋友同事都不知情,大家都非常遗憾没有前去送别。

老徐是商务印书馆的资深编审,大约长我四五岁,办公室的桌上地上总是摆满了书稿、清样,打捆叠放,地上堆满样书,感觉他工作强度很大。他退休前腰出了问题,手术好了以后我还劝他工作不要太拼,他也说好好休息。后来听说他查出癌症,不来办公室了,我给他打电话,他不太愿意多说什么,感觉上还是有些影响的。后来常向老关打听他的情况，得到的消息也差不多。如今，年还没有过完，却得到了这个最坏的消息。近几年好友走得有些频繁啊：我可能确实是有些老了。

我最早和商务建立联系是20世纪80年代初，最先认识的是张伯幼老师，后来认识了武维琴老师。大概从80年代末开始我经常去商务，1990年出第一本译著，1994年第一次参加商务举办的汉译名著选题规划会。最初是如何认识老徐的，如今记不得了，只记得1994年那次会议期间我和他已经很熟了，还看过他和商务老总林尔蔚、外语室主任韩文殿一起打牌。90年代初去商务，办完事情总会到老徐的办公室坐一会儿，聊一下，很久以后我才知道他是宁波人。后来伯幼老师退休了，他成了我的责编，我们来往就多了起来。老徐是很热心的人。商务曾给译者订《光明日报》多年，有时年初老徐特意电话问我收到没有，担心因为名单变动而遗漏。每次汉译名著选题规划会他都会给我打电话，记得有一次去香山饭店，他前一天专门电话来提醒我带上游泳裤，说可以游泳。他的做法好像是出于职责，更像是对朋友，我会觉得他对我关照有加。有一次我去商务谈稿子晚了，老徐还请我到外面吃饭。商务会议餐我受请多次，但是编辑单独请客，这是唯一一次。那次老徐很热情，让我无法推脱。他很坦诚，让我别客气，直言受领导的委托。在和老徐交往的过程中，我觉得他很诚恳，还有些憨厚，处处为我着想。

我的译著《逻辑大全》(奥卡姆著）是老徐编辑出版的。译稿交给了商务，和老徐成为朋友之后，我托他帮忙过问一下。他答应了,很快就出版了。译著《算术基础》(弗雷格著)也是他编辑出版的。商务编辑水平高,这是公认的。老徐的特点是认真。在编辑过程中,他让我提供了译稿的英文本,后来对译文也提出一些修改意见。我曾和他讨论过这个问题,像他(商务)这样校对着编辑,一年能完成多少字数。他似乎不太在意这个问题,只是强调质量。老徐除了做编辑工作,还做了许多翻译。他对罗素情有独钟,和我说过他想策划出版罗素全集,我还向他推荐了厦门大学哲学系郑伟平教授,郑专门研究罗素,他们建立起了联系。商务的许多编辑都做翻译,也都有译著出版,而在成果量方面,老徐应该是名列前茅吧。商务的编辑水准高,按照我的理解,其实也是一种学术含量和水准的体现。

老徐是一个很认真的人。我在商务出的书不少,唯独老徐做责编的两本书,加印了好几次,每次他都通知我,把样书和稿费单给我寄来。稿费不多,样书也只有两本,但是我会很高兴。我觉得这是对译者负责。他和我说过,他会关注自己责编的书,书库没有了,就会督促加印。我总说,作者、译者有著作权益,也签有版权,可以和出版社争取一些东西,实际上却是与出版社的编辑打交道。和熟悉的编辑争利益,这是我不愿意做的事情,更何况是朋友。所以我很少"催促"出版社这样那样,觉得让朋友为难了,但是自身利益得不到保障心里也是不会愉快的。所以我特别感谢老徐,我认为他是一个非常有责任心的编辑,不仅对译著本身负责,也对译者本人负责。

很多年前我曾翻译过达米特的《思想与实在》,原拟在另一家出版社出版，联系版权未果，告诉我不出了。我转请老徐在商务出，他立即上报联系版权，但是没有多久他就生病了。我也一直没有催问，内心希望他的身体可以康复。后来老关接手此书，重新启动出版程序，我在补写的译者短序中写道：

> 在确知他社不出此书后，几年前商务印书馆的编辑徐奕春先生把该书翻译作为选题上报，后因客观原因又耽搁下来，直到今年关群德编辑接手此事，我也抓紧完成了该译稿的收尾工作，将它以现在的样子呈现给读者。我想说的是，在中国出版界，有一些编辑一直是在踏踏实实从事学术出版工作，他们是令人尊敬的。

这话说得含糊，其实是想以自己的方式对老徐说几句心里话。说不清楚这是想感谢还是安慰。如今老徐走了，出书时我会修改一下，直言对他的感谢。而在这里，我要用中国人的传统方式说：老徐一路走好！

（原为2021年2月19日日记，后经商务印书馆陈小文总编辑修改，发在商务印书馆微信公众号上）

悼好友小邵

上午看书，突然听说小邵（强进）去世了，感到震惊，第一次有了白发人送黑发人的感觉。看了朋友圈的哀悼，和几个朋友通了电话，了解了一下情况，难过之余，最强烈的是为他惋惜：他才49岁，太年轻了啊。

初识小邵好像是第一次到复旦大学讲学。那时小郝（兆宽）刚工作不久：他到复旦工作是我推荐给俞吾金的。逻辑专业的人我只认识他。吃饭的时候小郝把逻辑教研室的同事请来，小邵也来了。告诉我他是研究西方逻辑史的。那一次只是认识，没有过多的交谈。后来我每次去复旦，他都要专门请我吃饭，美其名曰向我"请教"，第一次还特意去了一个比较高档的饭店。后来熟了，他知道我不讲究这些，就在复旦周边请我，也在校内餐厅请过我。记不清是什么时候和他真正熟悉起来，但是可以肯定不会晚于2010年：那一年我在复旦讲学三个月，小邵专门请我吃了几次饭,好像有一次还带了一个学生。

小邵请客,是我对他最鲜活的记忆,也是我对他最深切的怀念。小邵为人谦和,印象中他在生人面前显得内向,熟悉之后才会话多一些。最初他不太敢直面问题,提问有些躲躲闪闪。他可能怕我"看不上"他,也担心我"批评"他,但是看得出来,他确实是想问问题的。成为朋友以后,再端上酒杯,这些顾虑自然也就没有了。我和他谈得最多的是逻辑教学的方法和研究的方式,我还鼓励他出国学习。他后来对真之理论感兴趣,我们也讨论过这方面的一些问题。2018年北京开世界哲学大会,有一天他忽然来电话说,他的外国朋友来了,想和我聊一下。记得那天晚上是在清华附近一个咖啡厅,我们一起喝咖啡,讨论的话题很多,包括真之理论问题。事后他又来电话说,老外很高兴,在中国能够遇到一个懂弗雷格和真之理论的人。我记得这事不是因为自己受到称赞,而是为小邵感到高兴:他对学术感兴趣,在学术上真的在进步。还有一次,小邵打电话说来看我,送我他翻译的《杜威全集》中的一卷,我说不用专门来看我,以后有机会顺便给我就可以了。最后他还是送书过来。我明白,他是在告诉我,他在研究方面一直是努力的。他知道,年轻人热衷学术,做出了成绩,这是我最高兴的事情。

小邵是个好人,这是我对他的评价。用传统的话说,他具备温良恭俭让的品格。他在复旦做了太多的行政工作,有系里和院里的,也有学校的。这些工作太影响学习和研究工作,我多次建议他推掉,他总是笑着说,推不掉啊。中和谨慎,不会说"不",

这是他性格里的东西。前两年他竟然挂职下放到云南，电话中听出我对这事非常不理解，他还宽慰我，让我去云南旅游，要带着我看一看云南乡村的景象。今年春季学期我本来要到复旦讲课，小邵协助做了安排，告诉我他让他的一个学生给我做助教，跟我好好学习一下，他还答应到时候帮我借一本英文词典和一本德文词典。后来因为疫情我的课程取消了。复旦委托小邵具体操作。我们通了几个电话和微信，最后一次微信是2月12日，来往多条。他写道："我还期待请您喝酒哈"，"我们保持联系，期待明年春季"。没有想到，这竟是我们最后的对话。

  小邵一向尊我如师，我一直待他为友。小邵善酒，我不喜酒，但是让小邵请酒，一直是我高兴的事情，能够坐在一起谈一谈学术，在我是幸事，不论形式。这令人愉快的事情，过去一直期待，如今惜成追忆。我这里遥空举杯：小邵一路走好！

（原为2020年5月27日日记，后由朋友发在微信公众号上）

外国前辈、老师和朋友

感受奎因

7年前访问哈佛大学,曾经走近奎因(W. V. O. Quine),听他身边的人讲述他的故事,感觉十分亲切。今天翻阅刚刚出版的奎因中译本选集,似乎再一次走近了他。他的语言文字,他的思想精神,依然是活生生的,尽管他已是一位历史人物。以下文字,记录了我两次不同的感受。

一

2000年的圣诞节,奎因教授没有能够和人们一起度过。就在这一天,这位美国著名哲学家溘然离世,享年92岁。

这个不幸的消息,我是年初从西部回到哈佛以后,在1月18日出版的哈佛大学校报上看到的。该报用三分之二版的篇幅刊登了一篇文章,题目是《奎因,92岁,是20世纪的主要哲学家》,并配有一张奎因在办公室里的半身大幅照片，照片的说明文字是："奎因最著名的是他对认识论和哲学的贡献。"面对奎因的照片，我的感觉是深深的遗憾。

搞哲学的人，大概没有不知道奎因的。我最早接触奎因的著作是在20世纪80年代初，读了他的《从逻辑的观点看》和《语词和对象》，觉得他的英文非常流利优美。后来读了他的一些哲学论文，逐渐体会到一种切入哲学问题的方法和角度，有了一些兴趣。近几年来研究逻辑与哲学的关系，又读了他的一些论著，真正体会到他为什么会坚持一阶逻辑，由此也使我对他关于一阶逻辑与高阶逻辑和模态逻辑的区别的论述十分重视。这次能够来哈佛，非常高兴。原因之一就是奎因在这里。他不仅在哈佛大学哲学系读了博士学位，而且从1933年到1978年在这里工作了40多年。即使退休以后，他在学术界依然十分活跃。由于他的工作成就和影响，哈佛大学哲学系不仅是美国分析哲学的旗帜，而且成为国际学术界分析哲学的重镇。能来哈佛，不仅可以了解美国哲学界的状况，而且我本以为可以拜访奎因，好好向他请教一些问题。遗憾的是，我只接触了解了美国哲学界，却没有能够见到奎因先生。

奎因是20世纪最重要的哲学家之一。如果仅从哈佛来体会美国哲学界，可以说不谈奎因的思想几乎是不可能的。他关于本体论承诺的论述，他对分析和综合这一传统区别的批判，他提出的翻译的不确定性的观点，等等，几乎成为讨论中的常识。而且，这样的讨论并不仅仅局限在分析哲学中，在认识论和本体论的讨论中也频繁出现。而在国际学术界,奎因有20多篇论著被翻译成50多种语言,影响之大,不言而喻。仅从我国来看,奎因的思想也有一定影响。他的名著《从逻辑的观点看》《逻辑哲学》和《真之追求》都已经被翻译成中文。目前涂纪亮和陈波先生正在组织一些学者努力翻译出版他的文集。已故郭世铭学兄担任其中一卷的主编。去年,他在病床上两次托付我帮助他把这一卷校好。由于出国,我只来得及校阅了两章译稿,而把其他译稿的校对工作交给了学兄张清宇。据我所知,担任奎因著作翻译主编工作的还有陈启伟和张家龙两位老先生。我想,老中青三代学者自觉自愿,一起翻译介绍奎因的思想,这一事实本身就说明奎因的重要性。而我来到奎因身边,却没有能够见到他,怎么能够不遗憾呢?

我想拜访奎因,并非异想天开。我与他不仅有过文字来往,而且也有一面之交。多年以来,除了学习研究奎因的著作,我也翻译介绍过他的思想。十几年前,王炳文先生请我帮助翻译德国哲学家施太格缪勒的名著《当代哲学主流》。记得当时刚从德国回到北京,事情很多,但不好意思推辞,因此答应只翻译一章,结果他给我的一章就是专门讲述奎因的思想。90年代初,我读了奎因刚刚出版的著作《真之追求》,觉得非常好,想把它翻译成中文,于是写信给奎因先生,希望他能够帮助解决版权问题。奎因先生立即给我回信,并寄来即将出的修订版的修改部分。1996年10月,我应邀到日本讲学,恰巧参加了在日本国立京都国际会馆举行的第十二届京都授奖庆祝会和学术研讨会,有幸见到了88

岁高龄的获奖者奎因先生，并听了他做的报告《本能，具体化和外延性》。会议期间，我与奎因先生进行了简短的交谈，请他为《真之追求》的中译本写一个序。他很高兴地答应了。后来，除了寄来中译本序以外，他还给我寄过几篇论文。有这些交往，我本以为，拜访奎因先生是顺理成章的事情。而且来到哈佛以后，我听说，一年以前，德雷本（B. Dreben）教授去世，奎因还出席了他的葬礼。因此我觉得见到奎因先生应该没有什么问题。

去年10月，我特意带着三联书店出版的中译本《真之追求》，到哈佛大学哲学系提出要拜访奎因教授。系秘书对我说，他身体很不好（He is not well），不能见外人了，有事情可以与他的儿子联系，由他的儿子转达。从系秘书的眼神和语气里我明白了奎因的状况，因此我只是向系秘书要了一个信封和一张纸，写了几个字，夹在书里装进去，请系秘书交给奎因的儿子。我在纸上写道："我把这本书送给奎因教授，以此表示我的敬意，同时希望奎因教授看到这个中文译本会感到高兴。"我甚至没有留下我在哈佛的地址。今天的遗憾是如此清晰，我终于发现，当时在我失望的内心深处，其实仍然不是没有企盼的。（直到3月8日，开过奎因教授纪念会之后，从奎因的儿子给我的来信我才知道，他父亲看到这个中译本"很激动"［thrilled］。这使我也很激动。）

哈佛校报的文章里引用了许多著名学者对奎因的评价，包括哈佛大学哲学系著名教授帕森斯（C. Parsons）和普特南（H. Putnam）。我觉得，其中帕森斯的一个评价很有意思："他非常容易交往（sociable），但是如果他没有什么东西可说，他就不喜欢说。"这使我想起奎因在给我的第一封信里，特意用中文写上"王"来称呼我。我当时的感觉是"他一定很有趣"。对于后面一句话，我的理解是：奎因先生，或者像他这样的学者，并不是愿意什么都谈的，因此也不是什么人都可以交往的。我想，下学期应该去问一问帕森斯教授，这样的理解对不对。但是不管怎样，奎因的著作和思想留了下来，人们与它们总是永远可以尽情交往的。

2001年于哈佛

二

2001年3月2日下午3点，哈佛大学哲学系在爱默生楼一层报告厅举行了"奎因教授纪念会"。硕大的黑板擦得干干净净。讲台正中竖一幅奎因像，前面摆放着许多奎因的著作。左边设一个讲台，有话筒，右边支一个架子，上面是一幅巨幅奎因像。大厅两侧陈列一些奎因的生活照，大小不一。虽然这一天下了小雨雪，但是前来参会的人仍然很多，三四百人的大厅几乎坐满。看到一些与会者走路甚至颤颤巍巍，使我不禁想起一周以前辛迪卡教授对我说，非常遗憾，由于到巴黎去开会，他无法来参加这个纪念奎因的会。显然，奎因的人缘不错。

本来我以为，纪念一位像奎因这样的大哲学家，人们一定会"歌功颂德"。这样，发言者一定会从各自的角度高度评价奎因的思想。为此，我特意借了一个录音机，准备录下一些具有"历史意义"的讲话。结果却是完全出乎我的意料。会议由哈佛大学哲学系教授哥尔德法尔博（W. Goldfarb）主持。他简要介绍了奎因的生平经历，然后介绍了纪念会的程序。接下来，一些著名学者，包括福雷斯达尔（D. Follesdal）和普特南等，与奎因的子女交替发言。发言完全是个人化的，其间还穿插播放一些奎因生前喜欢听的音乐片断。这个纪念会真是别开生面！我在心里不禁称奇叫绝，同时也感到十分庆幸，因为从一些与奎因最亲近的人和好友那里，我不仅对奎因有了更多的了解，而且还有一些意想不到的收获。

奎因的儿子道格拉斯·奎因讲了奎因当年去乡村夜总会的故事。这是一次平凡的活动，却产生了不平凡的结果。夜总会上一首流行歌曲使奎因一部严肃的哲学名著获得了名字，这就是《从逻辑的观点看》。我读过这本书，也知道这个故事，就是没有听过这首歌。因此，当会场真的播放起这支歌曲的时候，我好像也亲临其境。虽然我不熟悉这首歌，也记不住它的曲调，但是我确实清清楚楚地听到了歌中唱到"从逻辑的观点看"。

奎因的另一部名著是《语词和对象》，有人称它是21世纪两部影响最大的哲学著作之一。这本书我读过多遍。但是从他儿子的回忆里我才知道，这本书写了7年。当年，奎因把装着这本书书稿的皮包挂在屋门的挂钩上，对家里人说，如果着火，这是第一件要拿出去的东西。可见这本书凝聚了他多少心血，他对这本书又是多么的重视。用他儿子的话说，那时奎因的态度使他体会到了"某种重要的东西"。然而，同样是这本书，从弗罗依德（J.

Floyd）教授的回忆中，我听到了另一个故事。奎因晚年对她说，在他的著作中，这本书不属于他最喜欢的。"整个说来，他更喜欢他写的逻辑教科书，因为它们比他那些更思辨的哲学著作给他更大的满足感。"奎因甚至在送给她丈夫德雷本教授的《语词和对象》上写道："送给波特，但是不送他可能会更好。"奎因这种极其真诚坦白的态度，让弗罗依德教授也感到非常吃惊。我们都写过书，出过书，可能也会有过某种"沾沾自喜"的感觉。但是，在奎因面前，这样的感觉真是惭愧！我想，除了逻辑与哲学的区别，以及对逻辑和哲学的不同看法外，这里一定还有其他一些值得思考的东西。

波士顿大学弗罗依德教授还讲了一件事。有一次她和丈夫开车送奎因回家。在车上奎因说到一个德国学者给他来信，问他在数学哲学的逻辑主义、形式主义和直觉主义中，愿意捍卫哪一种立场。奎因对这种提问表现出极大的"厌恶"。在他看来，让一个哲学家对号入座到一种预先存在的意识形态中，这是"极大的耻辱"。这个故事引起我深深的共鸣。后来我和弗罗依德教授交谈的时候，又提起这个话题。她再次给我描述了一遍，并且富有表情地说，你看到奎因那种态度，就会明白他气愤到什么程度。我想，奎因的强烈反应无疑显示出他在好友面前的轻松和对朋友的信任，也表现出老年人的天真率直，但是也许更体现了他对哲学一种本能的理解。哲学是智慧之学，人为地给它制造出种种条条框框，或者使它受到意识形态的束缚，难道不正是违反哲学的本性吗？

在纪念会上，我还听到一些十分有趣的故事，与逻辑和哲学没有任何关系。经济系的弗里德曼（B. Friedman）教授说，有一次英国著名哲学家艾耶尔来哈佛访问，奎因招待艾耶尔吃饭，他作陪。如今谈的是什么已经记不清楚了，但是他"只记得，他们一点也没有谈哲学"。奎因的儿子是搞生物研究的，他说，奎因对他学院里的研究会提出一些"很有洞察力的问题"，这些问题甚至可以与同行的那些问题相匹敌。弗罗依德教授说，有一次奎因向她和她父亲谈起她们的名字"Floyd"是威尔士语，而且教她们如何发音。还有现场陈列的奎因当年使用的那台打字机，为了书写逻辑符号，奎因亲手对上面的字母进行了改造。如今，它已经成为"文物"。此外，三十多年如一日，奎因拿着锄头，在自家屋后的小河沟里清除堵塞水流的树叶和树枝，并把这种放松精神的方式称为"除污"。所有这些，为我们展现了奎因人生中的另一面，使奎因的形象更为丰满。然而，我更多的感想是，学术研究不是一件容易的事情，而是一项事业。尽管奎因才华横溢，智慧超人，但是他以崇高的奉献精神对待逻辑和哲学，因此成就了今天的奎因，也成就了历史的奎因。这一点，我想，应该是我辈学人认真思考和学习的。也正因为这样，当我听到人们回忆他晚年记忆力开始衰退时的处境，尽管人们赞扬他"仍然不断抗争"，我却似乎可以体会到他的痛苦，一个纯粹学者的痛苦。这种精神令我感动，也使我感到一种巨大的鞭策。

奎因不是完人，同样会犯一些有趣的错误。他在1985年日记本上对计算机有一段评价：

计算机确实使事情做慢了，但是必须要说，它们为一些人创造了就业机会，否则这些人就会失业。

他儿子是计算机专家，对这段话的评价是"确实是有些离谱"。不过，从大家听到这段话爆发出的笑声，我感到，大家对奎因是那样的理解，那样的友好，感情非同一般。普特南在发言中一上来就说，自己听到这个会的消息以后，两个月来一直在思考一个问题："为什么大家那么喜欢万（他们对奎因的爱称）？"喜欢奎因，自然是他的情感和经验，但是当他像哲学家那样问起为什么的时候，一定还有更深的含义。我没有普特南或奎因那些同事、学生、朋友那样切身的体会，但是我却对他的问题有了一个答案：奎因确实是非常可爱！我知道，这个回答太朴素了。也许，它其实算不得一个答案，只是我的一种感受。这种感受不是录音机录下来的，而是从会场的气氛中体验到的。然而它却是非常真切的。

2001年于哈佛

三

中译《蒯因著作集》共六大卷，以《从刺激到科学》结束。奎因写这部著作的时候已是87岁高龄。这使我感慨万分：奎因的学术生命很长，一直持续到生命的最后一刻；也令我崇敬和钦佩不已：奎因是一个真正的纯粹的哲学家。

　　我国学界有一种现象，许多学者的学术生命似乎会逐渐衰竭甚至会突然终止。用意识形态的作用固然可以解释像金岳霖等老一辈学者，但是在今天却很难说通。我们经常看到的表述是"诱惑"和"浮躁"，它们似乎说明了外在和内在的原因。对此我却有些不以为然。在我看来，最主要的原因在于学者自己选择的生活方式，还有就是学者对学术的理解和追求。没有一种特定的生活方式，不可能有奎因那样长久的学术生命。没有对学术正确的理解和执着的追求，不可能取得奎因那样的成就。

　　什么是奎因的生活方式？一个美国朋友给我讲过一个故事。哈佛大学教授在退休的时候有一个仪式：学校会有一些老师来听他的一堂课。这个仪式比较正式，参加者衣冠楚楚。由于奎因是著名教授，因此在他1978年退休的仪式上来了许多人，包括哈佛大学的一些领导和知名人士。那个教授对我说："你知道奎因讲什么吗？他讲解上一堂课布置的逻辑习题！"该干什么，就干什么；不受外界干扰，不为他人所动。如果说这个故事体现了奎因在课堂上的情况，那么他的著作集则反映出他在课堂以外的情况。这些文字基本上都是学术研究的成果，少数一两篇非学术研究的文章也是与学术相关的。

　　奎因是哲学家。说他纯粹，是因为他的学术研究只限于逻辑和哲学。他的声誉凭借他在逻辑和哲学上的成就，而不是靠媒体炒作出来的，而且，他的成就是哲学这个学术共同体认同的。做到这一点其实非常不容易，因为哲学这个学科与其他学科不同。

比如一个人无论是自诩为物理学家还是被称为物理学家，他在物理学方面肯定是做出了成绩的，而且他的成绩一定是得到承认的。但是不少以哲学家自居或被称为哲学家的名人却得不到哲学界的认同。原因主要就在于他们那些洋洋洒洒的文字不属于或者主要不属于哲学领域。我常说，不要以为身在哲学所或哲学系，谈论的就一定是哲学。这是因为哲学有自身的标准，而且这个标准既是学术的，也是专业的。专业决定了文字论述的范围，学术则要求文字的论述是研究性的东西。很多从事哲学研究的人觉得这不过是对哲学理解的不同，他们总认为或希望哲学具有广泛的社会功用，对社会实践具有普遍的指导意义。但是这样的认识往往直接导致哲学在学术和专业上的消弱，而这样的希望常常会赋予哲学不恰当的社会功能。奎因告诉我们，"并不是所有在哲学上有重要意义的东西都会使外行人感兴趣"，他也看不出为什么外行人应该关注他"在哲学中所关注的那些东西"，在他看来，"哲学家们从专业意义来说并非特别适合""引起灵感和进行诱导"，我们应当努力促进社会平等，但是哲学家们"也并非特别适合于"这样做。他甚至明确地说："智慧才是那种可能满足这些始终是迫切需要的东西：*sophia*（智慧）才是必要的，*philosophia*（哲学）并非必要。"这不仅使人想起亚里士多德所说的，人们只有在满足温饱以后才来研究形而上学。无论是亚里士多德关于知识层次（其他层次与第一哲学）的区别，还是奎因关于专业的区别，都说明哲学有自己特殊的范围，是一个专门的领域。我不知道是奎因的这种看法导致他自己成为一位纯粹的哲学家，还是由于他是一位纯粹的哲学家，才有了这样一种看法。但是我赞同他的观点，而且我相信，他的学术成就与他这种对哲学的理解是分不开的。

20世纪的主流哲学是分析哲学，分析哲学有一句响亮的口号：哲学的根本任务是对语言进行逻辑分析。用奎因的话说，这种哲学的特征就是"越来越频繁地使用"现代逻辑，"越来越关注语言的性质"。奎因是哲学家，也是逻辑学家，他的著作集中体现了分析哲学的根本特征。现代逻辑的大量使用使分析哲学越来越具有科学性，同时使哲学讨论的技术性和专业性也越来越强。这使许多人抱怨、质疑、批评，甚至反对分析哲学。但是奎因对这样一种哲学却从来也没有怀疑过、动摇过。在他看来，我们在哲学名义下所探讨的东西，有许多就是被我们看作知识体系中"最技术性部分的那种东西"。奎因哲学以思想深刻和分析敏锐著称，许多著作不是特别容易读懂。但是，理解他的著作的困难不在于语言方面，而主要在于他讨论问题的技术性，而且是很强的技术性。在他讨论和分析问题的过程中，我们可以清楚地看到，他有很高的语言天赋和极强的驾驭语言的能力，文字书写流畅漂亮，特别是，他始终运用现代逻辑来探讨那些在他看来最重要的哲学问题。他对"分析命题和综合命题的区别"的质疑，他提出的"翻译的不确定性"的著名假说，他关于"真即去引号"的解释，他建立的"没有同一就没有实体"，"是乃是变元的值"等著名的本体论承诺，等等，所有这些都不是思辨的产物，而是充满了对逻辑方法的运用和对语言的细致分析。如今这些理论成果已成为哲学讨论的基本内容和常识，但是在学习和理解的过程中，我们可以清晰地体会到奎因哲学的实质是什么，他的追求又是什么。

我国学者接受西方哲学已有很长的时间，由此形成了独特的中国哲学。对于西方哲学的许多内容，人们似乎也很容易接受，比如现象学、解释学、存在主义，以及后现代主义等，但是唯独对分析哲学，人们总是有这样那样的看法，不那么愿意接受。在我看来，这里的原因是比较复杂的，简单地说则有两个。一个是对逻辑的理解，另一个是对哲学的理解。今天人们一般都认识到，缺乏对逻辑的认识和把握，因而缺乏运用逻辑来进行分析，是中国哲学的一个缺陷，也是我们不能理解和接受分析哲学的主要原因。这个问题的实质是没有认识到逻辑对哲学的重要性，因而认识不到运用逻辑方法来从事哲学研究的重要性和必要性。但是在我看来，对哲学的理解也是一个重要的原因。应该如何理解哲学，应该如何研究哲学，这其实也是西方哲学从古希腊到今天一直存在的问题。当然，随着科学的发展和学科的变化，对这个问题的认识也在发生变化。但是，若要人们可以普遍地谈论哲学，那么对逻辑的把握和运用逻辑分析的方法肯定是一个极大的障碍，然而，真是到了人人都可以谈论哲学的时候，大概也就不会出什么哲学家，更不会产生像奎因这样的大哲学家了。因此我同意奎因的观点，哲学家关心的事情并不是人人都关心的，哲学也并不是普遍需要的；而且哲学问题的讨论本来就是技术性的。

我常想，如果不是在讨论哲学的方法上不断出现进步，哲学能够发展起来吗？如果我们不在研究哲学问题的方法上胜过奎因，我们的哲学讨论能够超过奎因吗？同样，如果我们不在研究哲学问题的方法上胜过柏拉图，我们的哲学讨论能够超过柏拉图吗？可能会有不少人说"能够"，可我的问题是：凭什么？难道我们自己会比柏拉图更聪明吗？是凭我们会用电脑了吗？

2007年于清华

（原载《博览群书》2007年第4期）

走访达米特教授

1992年10月29日我到牛津拜访达米特教授。离开牛津以后，我乘火车去诺丁汉看一个朋友，在一个小站换车。在等车的两个多小时里，我记录下了与达米特教授谈话的一些主要情节，尤其是他说的一些话。那是一个很小的小火车站，名字已经遗忘。依稀记得那个候车室很小，好像只有两三张小桌子，一个售货员在卖一些食品、饮料和报刊。我当时买了一瓶啤酒，一包薯片，坐在一张桌子上一下子就写完了以下的文字。没有别人，只有我和伴随着我的那些新鲜的记忆。

1993年，以下文字的一部分曾经发表在《哲学动态》（1993年第7期）上。10多年过去了，今天重读这篇回忆，虽然感到很亲切，但是吃惊的是有些情节已经淡忘。由此我确实感到，回忆录的可靠性是值得怀疑的。因此，我放弃了重写访问达米特教授的想法，而是把当年这些文字登出，不加

图3　1992年访问达米特教授（左）留影

修改。只是在一些地方以注释的方式做一些说明。这里，正文文字是当初的，记忆应该是比较准确的。注释则是现在的。

迈克尔·达米特教授（1925—　）是英国牛津大学教授，当代著名哲学家，世界闻名的弗雷格研究专家。他的主要著作有：《弗雷格的语言哲学》(1973)、《弗雷格哲学的解释》(1981)、《分析哲学的起源》(1987)、《形而上学的逻辑基础》(1991)、《弗雷格的数学哲学》(1991)，等等。著名哲学家艾耶尔曾说，达米特的《弗雷格的语言哲学》是"杰出的成就。它不仅对弗雷格的观点提出明晰的说明和大体系统的描述，而且在由此产生的许多重要而困难的问题上展示了作者的许多深邃的洞见。该书以其诚实、严谨和敏锐的风格使达米特先生跻身于当代杰出的哲学家之列"。对于这样一位哲学家,多年来我一直怀着一种崇敬的心情。[1]1992年10月29日上午,我有幸到牛津专门拜访了达米特教授。

达米特教授在家里接待了我。他内穿浅灰色衬衫,罩一件红毛衣,扎一条浅咖啡色淡花领带,外着藏青色西装,一头白发,两眼炯炯有神。由于我们事先写过信,也通过电话,因此没有客套什么。达米特教授打开一瓶法国白葡萄酒,倒出两杯,给我一杯,然后我们就交谈起来。他简单地问了我访英期间的生活与工作情况,随后我们就转入讨论有关弗雷格的问题。

达米特教授一开始就高度评价了弗雷格的《算术基础》,认为这是一部杰出的著作,他讲了自己当初如何受这部著作的影响,并由此深入研究弗雷格。他特别强调说:"你只要一读这本书,就会被弗雷格杰出的思想所吸引。"对此我深表同感。我告诉他我已经把这部著作从德文翻译为中文,并找到出版社。他听了很高兴,表示赞赏,并说,这部著作很重要,他得到了一位译者赠送的一个意大利文本。

我问达米特教授,他于1958年给英国哲学百科全书写"弗雷格"这个词条的时候,把弗雷格的用语"Bedeutung"译为"meaning",后来在1973年发表的专著《弗雷格的语言哲学》中,则用"reference"表示"Bedeutung";而1952年出版的吉奇和布莱克的英译本《弗雷格哲学著作选读》第一版把"Bedeutung"译为"reference",而在1980年出的第三版中,则把"reference"改为"meaning",这是为什么呢?

---

[1] 这段话是回来以后为《哲学动态》写文章的时候加上的。

教授笑了。他很有兴致地给我讲了这一段历史。1953年，当他读到吉奇和布莱克的英译本的时候，他仔细对照德文原著检查，发现译文有许多错误，特别严重的错误是把名词"Bedeutung"译为"reference"，而把相应的动词"bedeuten"译为"stand for"，这样就使人无法搞懂弗雷格的思想。"Bedeutung"的英译当然应该是"meaning"，而"bedeuten"也应该相应地译为"mean"。为此，他写了书评，详细列举了英译本的错误并提出了批评。吉奇和布莱克在其第二版中改正了大部分错误，但是保留了"reference"和"stand for"。由于英译本的问世，人们开始广泛地接触并讨论弗雷格的思想。达米特教授发现大学课堂上的讨论十分混乱，因此他在1958年给大英哲学百科全书写词条的时候，有意要纠正这种偏差，他用"meaning"表示弗雷格的"Bedeutung"。但是没有成功。"reference"变成了"Bedeutung"的标准译法，被人们所接受。于是他在1973年出版的著作《弗雷格的语言哲学》中也采用了"reference"这一术语。谁知到了1980年，他们竟然把"reference"又改了回来，改成了"meaning"。讲到这里，达米特教授一阵大笑，他说："30年了，太迟了！"

我说，弗雷格关于"Sinn"和"Bedeutung"的区别十分重要。因此对"Bedeutung"的译法很重要。弗雷格的这种区别主要是为了区别出逻辑研究的对象和不是逻辑研究的东西。最重要的是说明，句子的"Bedeutung"是其真值。但是一些哲学家，甚至像奥斯汀，认为弗雷格对专名的涵义（sense）和所指（reference）的区别是对语言哲学的最重要的贡献，而把这种区别扩展到句子的涵义和所指则是错误的一步。我认为这种观点是错误的。[1]

达米特教授说，这种观点确实是错误的。奥斯汀做了很出色的工作。弗雷格的《算术基础》，他译得很好，但是可以说，他并不太懂弗雷格的著作。达米特教授谈了自己与奥斯汀的接触和感受[2]，然后说，弗雷格每次谈到Sinn和Bedeutung，总是先谈专名，然后再谈句子，但是重点总是在句子的Sinn和Bedeutung。我问他，这是为了便于理解吗？他说，是的，这样容易理解，比如说，晨星的Sinn和Bedeutung。

我问达米特教授是不是1957年去的明斯特，他说是的。那实际上不是他第一次去明斯特。他边回忆边说："我好像是1955年去的美国，见到了奎因。而去明斯特是在那之前，可能是1953年夏天。"他讲述了与肖尔兹教授在一起的一些事情，最后不无感慨地说："可惜呀！肖尔兹教授身体状况很坏，他叫人把弗雷格遗著的许多手稿用打字机打印出来。但是这毕竟不是全部。第二次世界大战中，由于飞机轰炸，弗雷格的手稿失落了。其中许多是很重要的，特别是他与列文海姆（Loewenheim）的通信。因此我们无法知道弗雷格的全部思想及其发展情况。"

我谈了我曾于1983—1985年在明斯特学习过两年多的情况，我还告诉他不久我可能去德国访问加布里勒（Gabriel）教授。这

---

[1] 这里我说错了，持这种观点的人是塞尔，不是奥斯汀。可能是因为当时我们一直在谈翻译问题，谈奥斯汀比较多，达米特还讲了一些当年上他的课的情况。他对奥斯汀的评价很低。我的这一"张冠李戴"不知道与当时的语境有没有关系。

[2] 达米特教授对奥斯汀谈了许多，批评也很多。但是我当时觉得这些话不适合于写出来，因此只写了"不太懂弗雷格"这一句。这也说明，十几年前我对学术批评的理解与今天是相当不同的。

时他说:"加布里勒现在正在研究洛采,想研究洛采对弗雷格有什么影响。我实在看不出洛采对弗雷格有什么影响。有些人总想从弗雷格以前的哲学家身上寻找对弗雷格的影响。当然,我不是特别了解德国哲学,但是我看不出那些哲学家对弗雷格有什么影响。"[1]

我本来还想向达米特教授请教几个问题,但是他却让我谈谈我自己的工作。于是我向他讲了我自己的一些想法。我说,我已经把弗雷格的《概念文字》的序、第一章和第二章的部分,以及其他13篇论文译为中文,即将由商务印书馆出版。我自己目前正在准备写《弗雷格思想研究》一书,我向他介绍了自己这本书的基本思想。达米特教授认真听我讲述。当我讲到弗雷格有一个方面的工作是从概念文字出发描述思想的时候,他插话说:"对,描述思想是弗雷格很重要的一部分工作。"当我谈到弗雷格从概念文字出发分析自然语言并取得重要成果的时候,他说:"特别应该强调,弗雷格不是单纯的分析语言,他是通过语言分析来分析思想,因为他认为句子结构和思想结构是相对应的。"

当我谈到弗雷格相信自己的概念文字不仅可以用来描述数学,而且稍加改进就可以适用于动态系统,比如物理、化学,而且对哲学也很有用,这说明弗雷格的概念文字对哲学分析具有重要意义的时候,达米特教授点头同意。他说,这一点很重要。所

---

[1] 加布里勒是德国研究弗雷格的专家。他强调弗雷格受德国传统学说和思想的影响,尤其是受洛采的影响极大。达米特教授关于"影响"的问题讨论了许多,其中谈到了胡塞尔。在德国留学的时候,我曾经听过关于胡塞尔的课,也看过《逻辑研究》,但是说老实话,我当时对胡塞尔不太熟悉,因此对这方面的谈话内容一点也没有记录。实际上,从这次谈话以后,我开始认真阅读胡塞尔的一些著作。

谓弗雷格开创了语言分析的时代，是说以前哲学家们也讨论对象、概念、主体、客体等问题，以及它们之间的相互关系。但是他们很糊涂，搞不清楚其间的关系。是弗雷格第一次谈清楚了什么是对象，什么是概念，它们之间是什么样的关系。[1]而且弗雷格告诉人们一种方法，一种如何进行分析的方法，这就是从语言出发来分析思想的方法。

我谈完自己的想法以后，达米特教授问我在翻译中有没有什么困难。我回答了这个问题，并特别详细地讲述了中文对"Bedeutung"的翻译及其中文的涵义。当我谈到关于"Bedeutung"，中译文是"所指"或"指称"，以前我采用前者，现在我想把它改为"意谓"的时候，他说："你讲的是对的。'Bedeutung'本身确实没有'手指'的意思。这个词很难翻译，因为弗雷格是在一种专门的技术的意义上使用这个词，而且在他早期和晚期著作中，这个词的意思是不一样的。"

谈完翻译的问题后，我说希望将来在研究写作中可以随时向

---

[1] 这一段话被我大大省略了。达米特实际上谈到了许多哲学家，包括英国的哲学家洛克、贝克莱、休谟等等，他认为他们都糊涂（they are all muddle-headed）。记得当时我听到他对比这些哲学家关于对象和概念的讨论，而称赞是弗雷格第一次区别清楚什么是对象，什么是概念的时候，"一个对象总是处于一个概念之下""一个概念是一个其值总是一个真值的函数"这两句话立即出现在我的脑海，我立即体会到了什么叫作"顿开茅塞"。其实，我当时不是不明白什么是对象，什么是概念，它们有什么样的关系，因为这些内容是弗雷格反复阐述和强调的，甚至可以说是他的思想中自明的东西。但是，是达米特教授使我从哲学史的角度，从问题本身的角度，而不是仅仅从弗雷格思想的角度，看到了这个问题的重要性。这段话我至今记忆犹新。但是当时我觉得把这些哲学家的名字都列出来，可能不太合适。我今天写出这些内容只是想说明它对我的那种震撼性的触动，再无其他意思。

他请教，他欣然同意："当然，没有问题。"

随后我们谈了目前关于弗雷格的几本专著，包括斯鲁加的《弗雷格》（1980）、克里的《弗雷格哲学导论》（1982）、贝尔的《弗雷格关于判断的理论》（1979）、贝克和哈克的《弗雷格：逻辑研究》（1984）、库车哈的《弗雷格》（1989），等等。我特意谈到他的名著《弗雷格的语言哲学》。由于受到达米特教授诚实认真的态度的感染，我表达了自己的一个意见："这是一部很了不起的著作，我从它学到了许多东西。但是我对其中一些问题有不同看法。比如，您说弗雷格的意义理论有三种要素：sense，tone，force。这涉及句子之内与句子之外的东西之间的区别分析，也涉及句子之内与真假相关和与真假无关的东西的区别分析。这是很出色的分析，但是这种系统的表述并不是弗雷格本人的思想。"我的话音未落，达米特教授就笑了。他说，当然，弗雷格确实没有概括出其间的关系。弗雷格关于sense谈了许多，关于force谈了一些，也说到了tone，但是作为一种思想研究，绝不能停留在它的表面上，所以他做出这些概括。

我谈了这部书在中国的影响，并告诉他我把该书的序言和最后一章译成中文，分别发表在两份中国杂志上。我把带去的这两份中国哲学杂志（《哲学译丛》1988年第4期和《自然哲学中的哲学问题》1988年第3期）送给他，他很高兴，并表示感谢。我又向他表示了一个愿望，希望他能写一本关于弗雷格著作的导论，深入浅出地介绍弗雷格的思想，其中不讨论别人的观点，不与别人争论，只做介绍。他又一次笑了。他说，当他完成《弗雷格的数学哲学》的时候，他的夫人对他说："你今后再也不要写任何关于弗雷格的东西了。"听我解释了我为什么会有这样的想法以后，他半开玩笑地说："等等吧，看我的夫人会不会改变她的主意。"

这时他突然问我懂不懂德文，我说懂。他又问我读没读过他的《分析哲学的起源》一书，我说没有。他起身去书房拿来一本书，对我说："我很想送你一本我的《弗雷格的数学哲学》。但是很对不起，我手边没有了。就送你一本《分析哲学的起源》吧！这是德文本，1987年出版。"他说，1987年他去意大利波罗尼亚大学做了一系列报告，没有想到这些报告被编辑起来，由舒尔特博士译成德文出版了。他在书上签名后，把书送给我。我表示感谢。[1]

我也送给他一本我的著作《亚里士多德的逻辑学说》（1991）。我说："您也许不太容易读懂中文，就不必去读它了。做个纪念吧！"他愉快地接受了。

时间很快，我们谈了两个小时。达米特教授请我一起去吃午饭。他开车带我到他的学院New College，我们在那里共进午餐。饭后喝了咖啡。离开饭厅时，他提出领我去校园转转，然后送我去火车站。我实在过意不去，婉言谢绝。但是我提出了最后一个请求：与他合影留念。他笑着同意了。

分手时，达米特教授对我说："一定给我来信！"我说："一

---

[1] 1991年，达米特的《弗雷格的数学哲学》刚刚出版。由于他在1973年的著作中就谈到要出这本书，因此，这本姗姗来迟的书非常引人关注。我内心非常希望能够得到达米特教授的这本赠书。记得当时与教授分手以后的第一件事情就是去书店买了这本书，花了35英镑，这对我来说是一个很大的数字。不过，得到《分析哲学的起源》确实令我高兴。此前我好像根本不知道达米特教授写过这本书。离开英国以后我去了德国，在那里看了这本书，才明白他为什么对我谈了许多胡塞尔，而且他当时在给我的信中也谈到胡塞尔。

定！"望着达米特教授转身离去的背影，我心中感慨万分。我真想象不出，他那厚厚的大约10部著作是怎么写出来的！但是有一种感觉是清晰的：不虚此行。在我的记忆中深深留下了一位性格开朗、平易近人、思维敏锐的哲学家的形象。[1]

（原为达米特：《分析哲学的起源》附录2，王路译，
上海译文出版社，2005年）

---

[1] 2000年我在《寂寞求真》一书中也写过一段关于访问达米特教授的回忆。侧重点不同，但是从另一个角度说明了一些我的感受。这段话如下：

    1992年在英国的时候，我专门跑到牛津，登门拜访了达米特教授。达米特教授是著名的语言哲学家、弗雷格研究专家，蜚声海内外，刚刚退休，受到许多大学邀请，讲学活动很多。电话里听说他刚从意大利回来，不过他很愉快地安排了我去的时间。我生怕过于冒昧，事先请教朋友黑尔，他建议我在达米特那里待一个小时为宜。所以在与达米特谈了一个小时左右的时候，我找准一个机会客气地提出告辞。达米特教授和蔼地对我说，他的夫人出门了，中午不回来。如果我没有事情，他很愿意请我共进午餐。于是我们又谈了一个多小时，之后他请我到学校餐厅吃了午饭，饭后又去喝咖啡，我们一起实际上待了4个小时。这样一个结果，事后大出黑尔的意外，连说了几个"wonderful"。在交谈中我发现，达米特教授不仅是弗雷格研究专家和语言哲学专家，而且在哲学史方面也有非常广博的知识。他谈到洛克、休谟，也谈到奥斯汀、塞尔，还谈到胡塞尔和海德格尔，涉及的范围非常广。虽然他对这些人褒贬不一，喜好不同，但是显然他非常熟悉这些人的著作和思想。对我提出的每一个问题，他的回答都尽量提供了一个来龙去脉。也许这是他对一个来自遥远东方的中国学者的青睐惠顾，也许这是他对一个年轻后辈登门求教的诲人不倦，也许这是他沉浸在学术中的自然表现。然而，我却感到好像自己在读一本厚厚的书，一本充满智慧、敏锐、深刻和博学的书。……奎因在年轻时游学欧洲，曾拜访过卡尔纳普，与他相处6个星期。他后来在回忆中写道：

        这是我第一次与一位年长学者进行持续不断的理性接触的经历，更不用说是一位伟人了。这确实是难以忘怀的经历，我的理性第一次被一位活生生的老师而不是被一本死书点燃了。

    我相信奎因先生的感受。所谓与君一席话，胜读十年书，说的大概就是这个道理。

向往戴维森

一直盼望着参加"戴维森与中国哲学"学术研讨会，见一见这位令人景仰的学者，想不到却听说他去世的消息。心情复杂，难以言表。

戴维森著作不多，但是他的文章和思想影响极大。关于他的思想的学术研讨会，世界上开了将近20个，关于他的思想研究的著作出了20多部，他的成名论文《真与意义》是被选编和引用最多的文章之一。他到许多国家讲过学，他的一些文章被翻译成十几种语言。一句话，戴维森不仅是当代美国最重要的哲学家之一，而且是最富有国际影响的哲学家之一。

戴维森最主要的工作是意义理论。他高度评价弗雷格的思想，认为正是由于弗雷格关于意义和所指的区分，我们才知道如何探讨意义问题。但是他又深刻地指出，局限于意义和所指的讨论将使我们重新回到经验的老路上，甚至走进死胡同。因此他另辟新径，从塔尔斯基的真之理论出发，探讨一种不依赖于经验的绝对的意义理论，也叫真之理论。这是一项非常艰辛的工作。几十年来，他反复探讨这一问题。如果仅从他发表论文的内容看，他的论述有不少重复，一些论述不乏相互矛盾之处。但是这恰恰反映了他从事哲学研究的科学态度，而且他的工作不仅在不断深入，还启发带动了一大批哲学家从事这方面的研究并取得了许多有意义的成果。

我从戴维森的思想受益主要有两点。除了意义理论本身以外，还有就是逻辑与哲学的关系。他专门论述这二者关系的地方很少，但是在他的文章中，几乎无处不在体现着这二者的关系，尤其是他的论文《真与意义》和《形而上学中的真之方法》。不少人认为分析哲学颠覆了形而上学，与形而上学分道扬镳。戴维森（当然还有其他一些哲学家）的工作使我真正认识到，过去的本体论和认识论的研究都是形而上学的研究，同样，分析哲学的研究也是形而上学的研究。分析哲学与本体论和认识论的不同之处主要在于方法。哲学史的延续是思想的延续。方法的变革则带来哲学思想的进步。"是"与"真"的联系从古至今，一脉相承。真的核心地位从隐蔽到凸显，反映了哲学方式的变化。像戴维森这样的哲学家，始终是站在哲学史研究的主线上思考着哲学的核心问题。因此，他才是重要的哲学家，他才能被称为"对人们有帮助的哲学史的解释者"，他的影响才会是重大而深远的。

戴维森除了研究工作，一生都在教书。他认为，在教学工作中你会发现，一个安静的小伙子在讨论班上一言不发，却会写出一篇出色的论文，而一个女孩子坐在角落里，穿着超短裙，显得有些轻巧，却可能是大课上最有才能的学生。这是教学对你的一种报偿。这些惊奇使我们时常想到，我们可能很容易低估我们的学生，甚至一些学生根本用不着让我们教他们如何研究哲学，因为一些我们费心尽力的事情，他们自然而然就会了。这些教学体会不仅有趣，而且给人以启示。也许是因为我才刚刚开始教学，才会有这样的感觉。不过，哲学确实有不同于其他学科的一些性质，需要认真体会。做哲学教师，面对学生，千万不要自以为是。

戴维森访问过许多国家，与许多国家的哲学家有广泛的接触。他认为，过去有许多事情他不知道，而且今后总有许多事情他不知道。他想知道其他经济、文化、地理环境下的哲学家是如何生活和工作的。他想和他们进行争论，依赖他们的批评和洞见，反过来再做自己所能够做的工作。这话说得不错。好奇心是天性，绝不为哲学家所独有。但是，争论、批评和洞见却是哲学所必须要有的活动。相比之下，我们的争论和批评太少，声称洞见和发现的却大有人在。我相信，戴维森的话绝不是假谦虚，而是一种对哲学和对从事哲学活动的见解。这种见解出于他几十年哲学研究的心得，对我们是极其有价值的。

戴维森是我信赖的哲学家，10年前我曾经想编一本专门论述真的文集，所选目录得到他的回信肯定。他又是我推崇的哲学家，我曾多次建议商务印书馆重印戴维森的中译本文集，我也建议我的一些朋友重视和研究戴维森，自己还翻译过他在90年代初期的三个讲座:"真之结构和内容",发表在《哲学译丛》上。戴维森也是我喜欢的哲学家,他的研究不是东一榔头,西一棒子,而是专注于最基本的问题上,锲而不舍。神交已久,自然特别希望能够见一见他,与他当面谈一谈自己的想法,特别是谈一谈自己关于"是"与"真"的一些想法。没有可能的事情,人们大概也不会去梦想。如今我真是有些遗憾,一种无可补救的遗憾。

(原载《世界哲学》2003年第6期)

逻辑的创新与应用
——辛迪卡教授访谈录

2000年11月,我参加波士顿大学科学哲学研究中心召开的"辛迪卡哲学现象"学术研讨会,认识了辛迪卡(J. Hintikka)教授。在来年春季的学期里,我得到他的允许和邀请,经常到波士顿大学去拜访他。辛迪卡教授开朗、热心、富有激情。每次他都让我中午去,请我共进午餐。我们总是边吃边谈,从学术到文化,从思想到学者以及美国学术界,所谈内容极其广泛。与辛迪卡教授的交往,不仅使我在学术上受益良多,而且也是我在美国访问研究期间美好的经历。

应《哲学译丛》主编之邀,我从与辛迪卡教授的交谈中选择出一些话题,做成如下访谈。从确定访谈到最终成文,得到了辛迪卡教授的同意和确认。这里我要对辛迪卡教授表示衷心的感谢!

王路(以下简称"王"): 我在冯·莱特教授写的自传里读到过一

段话，他好像对你的评价很高，以有你这样一个学生感到骄傲。他是逻辑学家，当然也是哲学家。不过，从你的研究成果来看，你好像还有更宽的背景。是这样吗？

辛迪卡（以下简称"辛"）：1947年秋天，我进入赫尔辛基大学，专业是数学。从职业的角度说，这是一个安全的选择。当然，这里也有我父亲的建议，他希望我步我叔叔的后尘，将来成为数学家。但是，我自己还选了第二个专业来学习，这就是哲学。因为我从中学起就对哲学非常感兴趣。在听哲学课的过程中我又接触了逻辑，从此与逻辑结下不解之缘。今天回过头来看，我的博士论文从技术上说是数学的。后来在研究中，我逐渐认识到，我的能力和倾向更适合搞哲学，而不是数学。我对数学和逻辑结构非常着迷，但是当它们在一些具体媒介，比如几何学、物理实在、人的行为或人的意识中体现出来的时候，我处理起来可以更为得心应手。

王：在这一过程中，冯·莱特的作用大吗？

辛：很大。我在哲学上只有一位老师，他就是冯·莱特。上大学由于选修哲学，我开始听冯·莱特的课。有一些课是哲学课，但是改变我一生的是那些逻辑课。当时，冯·莱特基本上是在使用命题演算中常见的分配范式的技术，并把它扩展，应用到其他方面，比如应用到一元量词理论、关系逻辑的一些特殊情况，以及模态逻辑。如果说冯·莱特的书给人一种印象，他想办法解决了他在讨论的问题，那么他在课堂上很可能就是在做这样的工作。看他这样做本身就是一种美妙的体验。但是还有别的东西。

冯·莱特用瑞典语讲课，听课的学生很少。不久他们就被吸引到那种思维过程里面去了，尽管积极的程度有不同。第一学年结束的时候，我学了一些基础逻辑，但是更重要的是，我学会了自己对逻辑和哲学进行思考。这是使我成为哲学家至关重要的一步。也许我应该说，这是使我成为哲学家的第一步。通过听这些课，我认识了冯·莱特，从此一直和他保持联系。1949—1956年那些重要的年代，我们的联系尤其密切。

王：那些年为什么重要呢？

辛：我是说对我重要。1948—1949年那一学年，我到美国在威廉姆斯学院留学。其间访问了哈佛大学哲学系，见到了C. I. Lewis、H. Sheffer和奎因，还分别见到一些比较年轻的哲学家，其中有H. Hiz和王浩。这是我个人第一次与芬兰以外的国际哲学团体中的领袖人物接触。回到芬兰以后，我开始发现我修的那些非哲学课更有意思。通过数学学习，我认识了芬兰最出色的数学家。我在1952年拿到我的第一个学位。我完成了对分配范式及其基本性质的一种系统说明，并把它发表在《当代芬兰哲学》上。1953年秋天，我进行了博士论文答辩。1954年我到哈佛访问研究一个学期。那一次奎因不在，去英国访问讲学了。有幸的是亨普尔接替了他的位子。他告诉我波士顿地区的基本情况，最后建议我访问一下两个与我年龄相仿、前途无量的人：乔姆斯基和德雷本。我见到了乔姆斯基，但是与他从来没有什么密切交往。我也见到了德雷本，我们很谈得来，成为终生的朋友。我们两人有一些根本的哲学分歧，但是这从来没有影响我们之间的友谊。而且，他对我的批评确实促进了我的主要哲学思想的发展。

王：我来之前不太知道德雷本，因为没有看过他有什么著作。来这里以后，他是人们常挂在嘴边的人物，而且与奎因和罗尔斯的关系十分密切，好像很重要。

辛：除学术水平外，他在哈佛决定教授任免的机构里任职20多年，当然影响很大。1956年，我成为哈佛研究员协会成员，后来我才知道，是德雷本提名我的。

还应该说一下，我见到维特根斯坦也是在这段时间里，而且也是通过冯·莱特。1949年我从美国回芬兰的时候，根据冯·莱特的建议，在剑桥做一周短暂停留，到他那里与他讨论一下我的学习和研究。结果在他的住处我见到了维特根斯坦。后来在吃饭和其他场合，包括两次维特根斯坦与朋友进行的哲学讨论，我又见过他。但是我与他的直接交流没有超过一两句话。当时我多少意识到维特根斯坦在哲学中的地位，但是对他的思想没有什么直接的兴趣。

王：维特根斯坦是很奇特的人物。我注意到，当代许多人都说从维特根斯坦那里受到影响。甚至达米特也这样说。不过我对这种说法总有些疑惑。你对维特根斯坦也很有研究，是不是也受他很大影响？

辛：我对不同哲学家相互之间的关系总是感到困惑，对史学家和其他人对这些关系的谈论则更感到困惑。所谓"影响"，史学家好像是几乎专门指一个思想家采纳了另一个思想家的学说。在我看来，不同哲学家之间实际的相互作用比这要复杂得多。很久以前,一个朋友向我表达她的惊讶,说我没有成为任何一个著名哲学家的追随者。我当时的惊讶一定比她还要大得多。我从来不懂为什么许多人总是把重要性与不同的"学派"或"运动"联系起来。

王: 你的说法使我想到奎因。上次在纪念奎因的会上[1],弗罗依德说奎因根本不相信哲学运动。在奎因看来,一个哲学家被要求对号入座到一种预先存在的意识形态中,这是极大的耻辱。他认为,这种划分归类的做法充其量对学监和图书管理员有用,但是对思想家没有用。

辛: 很遗憾,那次会我没能参加,因为我到巴黎开会去了。你知道,我是国际哲学学会主席,学会的会是必须参加的。不过我想,奎因大概是对的。只有像维也纳学派那样,当哲学家和/或科学家一起相互作用的时候,"学派"或"运动"这样的词才有意义。

哲学家之间相互影响的关系可能同样是令人困惑的。1931年,维特根斯坦列出10位对他有"影响"的思想家。但是人们不可能发现任何迹象说明维特根斯坦从最后五位思想家接受了任何特殊的思想。而在前五位思想家中,除罗素外,其他人的影响在文献中被夸大了很多。我想,维特根斯坦所考虑的似乎是那些对他提出问题或以其他方式引起他思考的人,而不是那些他分享其观点的人。

王: 你曾多次提到你的"游戏理论语义学"是受到维特根斯坦的

---

[1] 2000年12月24日圣诞节,奎因不幸逝世。2001年3月2日下午,哈佛大学哲学系在爱默生楼(哲学楼)举行了"奎因教授纪念会"。

"语言—游戏"思想的启发。也许这算是一种影响。

辛：这可以算是一个说明"影响"的特例吧。最初读维特根斯坦的时候，我对维特根斯坦的语言游戏概念及其在我们语言的语义中的作用很入迷。由于我有一些冯·诺依曼的博弈论知识，因此我联想到一个简单的、也许有些傻的问题：如果把游戏理论的基本概念应用到维特根斯坦的语言游戏或类似的理论中，会发生什么情况？但是，相关的语言游戏是什么？我对司寇伦函数的潜在兴趣使我想到一个答案。一个句子S的司寇伦函数值是用来赋予S真的"证人个体"。因此S根据我们规范的前理论看法是真的，当且仅当存在其司寇伦函数的一个整集。现在，显然可以把寻找恰当的证人个体看作一种诺依曼-摩根斯坦理论意义上的"针对自然的游戏"，以司寇伦函数集来起制胜策略的作用。由于典型的情况是一个人不知道所有要求的个体，因此证实S的游戏从根本上说就相当于一种寻找和发现的游戏。这样，维特根斯坦的语言游戏思想直接激发了一种重要的途径，而这种途径最终成为著名的博弈论语义学。

王：不过，你的"游戏"与他的"游戏"区别很大呀！

辛：是的。很久以后我认识到，当维特根斯坦坚持认为对象这个概念的一个重要方面就在于一个对象可以被寻找并且被发现时，他非常接近这个思想。但是，他从来没有把这个思想与逻辑结合起来，而是把它与空间概念结合起来。正像人们可以说的那样，他从来没有认识到，是一个对象乃是一个约束变元的值。

王：我认为这一点是非常重要的。弗雷格说一个对象总是处于一个概念之下，一个概念总是一个其值为真的函数。意思也是这样。1992年达米特对我说，像洛克、休谟这样的哲学家总是探讨对象和概念，但是他们都很糊涂。直到弗雷格才清楚地说明什么是对象，什么是概念。我当时真有一种"顿开茅塞"的感觉。当然。我一直觉得，维特根斯坦从逻辑、主要是从弗雷格那里获得了许多灵感，他把逻辑应用到哲学领域，因此提出了许多新的有启发性的思想。但是他从来也没有像弗雷格、罗素和奎因这样的哲学家那样把逻辑贯彻始终，因此除了有他晚期的种种困惑以外，大概也有你所说的这种与重大发现的失之交臂。至于今天他那些众多的追随者，可能问题就更大了吧！

辛：你对弗雷格确实有许多很有意思的想法。关于维特根斯坦与弗雷格的关系，你可以去问弗罗依德。她知道得很多。不过，就我来说，也许我的哲学思想中最重要的观念最初是受到维特根斯坦启发的。同时我也认识到，我应用维特根斯坦的思想，不仅是以一种他本人所没有采用的方式，而且是以一种他无论如何都会立即拒绝的方式。

除此之外，我还有其他一些主要问题和主要思想受到维特根斯坦的启发，对我的研究激励很大。但是这些就使我成为他的追随者吗？我从来不认为是这样。他"影响"我了吗？对这个问题的回答取决于"影响"一词的意义。在前面提到的维特根斯坦列出10位影响他的思想家的意义上，我毫不犹豫地承认维特根斯坦对我的思想活动的影响，即使我对他的一些主要观点进行了尖锐的批判。

至于你说的他的追随者，他们的想法确实更远了。大多数语言学家和语言哲学家似乎都认为语言游戏属于语言的语用学。而用Yehoshua Bar-Hillel的说法，语用学对他们来说常常是"废纸篓"，凡是不能以明确的句法和语义探讨的问题都可以放到它里面。

王：去年在波士顿大学开的"辛迪卡哲学现象"研讨会上，我听到有人说你是逻辑领域的一个"革命者"（revolutionary），最近我在一本刚刚出版的讲你的书里又看到这种说法[1]，作者甚至认为在这种意义上奎因也不如你。我想，这主要是指你的IF逻辑。前几年陈波教授从芬兰回国以后，曾经写文章向中国读者介绍过你的这种逻辑。因此，你在逻辑领域中的"革命"即使在中国大概也不令人陌生。这个名字本身就很有意思：独立—友好逻辑。

辛：当我提出称这种新逻辑为独立—友好（IF）一阶逻辑的时候，我犯了一个多重策略错误。正像我自那以后多次指出的一样，以任何特殊的称号来说明这种新逻辑的特征都是错误的。它是没有限制的一阶逻辑（即量词理论），不受任何不必要的限制妨碍。正是人们接受的一阶逻辑才需要从术语上进行限定的，比如限定为依赖—不便的逻辑或独立—质疑的逻辑。

王：IF逻辑是在一阶逻辑基础上发展的。一般把一阶逻辑称为古典逻辑。照你的解释，IF逻辑仍然属于古典逻辑的范围了？

辛：是的。IF逻辑不是"非古典的"。它不涉及任何逻辑概念解

1　Kolak, D., *On Hintikka*, Wadsworth, 2001.

释的变化。IF逻辑中使用的联结词和量词的语义博弈规则也是人们接受的一阶逻辑所依赖的规则，当然例外的情况是允许有信息独立解释。这样，IF逻辑在某种意义上说比已接受的一阶逻辑更古典。

实际上，我也不是一下子就认识到这一点的。完全想明白这个问题仅仅是过去两三年的事情。量词之间依赖和独立的关系是非常重要的，因为它们是在一阶层次上表达变元之间依赖和独立关系的唯一方式。既然我们确实想表达我们的逻辑语言中变元之间依赖和独立的所有可能模式，IF一阶语言就是寻找完全明确的科学语言或逻辑语言中或者至少是在一阶层次上选择的语言。

从否定的方式说，人们接受的弗雷格—罗素对量词的处理在其所能表达的东西中是有严重局限性的，因此作为一种科学或数学的逻辑是不充分的。从技术上讲，弗雷格—罗素对量词的处理是不充分的，因为在已接受的逻辑中，量词之间的依赖关系是由其论域之间的包含关系指示的。通常的论域关系不能表达出量词之间依赖和独立的所有可能模式。

王：我觉得你讲得很有意思，也很有道理。请恕我直言，也许是由于我不太熟悉的缘故，从文献来看，你的IF逻辑似乎还没有得到广泛的接受。这是为什么呢？

辛：在文献上还是可以看到的。应该承认，IF所带来的发展开辟了一个天地，其潜在的丰富性使人感到几乎难以置信的难堪。

王：对不起，请问：你说的"难堪"（embarrassment）是什么意思？

辛：我用"难堪"这个词是有考虑的，这是一个比较个人化的表达。因为我强烈地意识到,我自己已经再也没有时间、精力和背景知识来利用这些可能性了。你知道,我现在在做一些编辑工作,教教书,我的年龄也大了,又没有助手,因此要我个人来想进一步实现这些想法是有许多困难的。但是我相信,我的思想会被缓慢地吸收到讨论的主流中去。这一点我是比较乐观的。这不仅因为我作为一个探究者是有局限性的,而且更因为这些新洞见的结果是非常根本性的,因此思想家们很难按照他们的理解来重新调整他们的思想。

无论如何,我确实相信,尽管可能有些不太现实,我提出的新逻辑的优点是非常明显的,值得有洞察力的哲学家采用,使它发挥应有的作用。

王:你的研究非常广泛,包括历史性的研究。我觉得,一些大师,特别是像亚里士多德这样的人,对后人是非常重要的。比如,从逻辑技术的角度说,今天我们从他那里学不到什么东西。但是在逻辑思想以及与逻辑相关的思想方面,我们却总是获得许多十分重要的启发。你对亚里士多德很有研究,你觉得呢?或者说,你的思想从历史中是不是也获得许多营养和启示呢?

辛:当然。我的IF逻辑的语义思想,在某种意义上来源于古希腊的逻辑和认识论。苏格拉底提问的方法是我年轻时就感兴趣的东西。柏拉图把这种方法变成一种一般的询问和哲学训练的方法。而到了亚里士多德这里,则开始发展出一种系统的提问游戏式的理论。

王:是《论辩篇》吧?

辛:不只是《论辩篇》。在《前分析篇》和《后分析篇》中,亚里士多德思考整个科学过程。他在那里把这个过程看作一种问答系列。在任何提问游戏中，最重要的策略是预见答案。亚里士多德认识到，答案各种各样。有些答案是可以预见的，有些答案则是无法预见的。而完全可以预见的则是那类被早先答案所逻辑蕴涵的答案。正是通过分析与早先答案相关的这些答案，亚里士多德成为西方思想史上第一位逻辑学家。这一步研究和发展是十分重要的。当一个问题的答案被一个早先的答案所逻辑蕴涵时，这样的步骤和过程与一般的问答活动在概念上是完全不一样的。正如亚里士多德所说，这样的步骤和过程必须通过论证来判断。回答者和他或她的认识状态无关。这里至关重要的是问题及其答案与早期答案的逻辑关系。因此，人们有理由把这样的步骤从日常问答步骤分离出来，称它们为"逻辑推理步骤"。从亚里士多德这里，我确实吸收了非常重要的思想。由此我发展出一般的追求知识的形式，即提问的方式加上推理形式。我认为，任何以理性方式寻求知识的推理过程都可以表达为这种形式。

王：我想，逻辑学家与哲学家、有逻辑背景和没有逻辑背景的哲学家还是有些区别的。你觉得这样的区别大吗？顺便说一下，我这样问是有目的的，因为在中国，逻辑并不是为哲学家普遍重视的。除了喜欢像哈贝马斯这样的哲学家外，大多数哲学家还是更喜欢像海德格尔、德里达那样的人。

辛：我经常对我的哲学同事提出一些批评，因为他们没有能够利用逻辑研究所带来的一些可能性。但是我对批评那些自命自封的哲学家不感兴趣，我也从来不考虑他们。比如德里达和罗蒂。因此我的批评在许多人看来也许是不公正的。其实，根据圣经的标准，饶恕他们是很容易的，因为他们常常不知道他们说的是什么。我认为逻辑是重要的，不仅对数学，而且对一般的日常语言，特别是对哲学问题的分析，都是重要的。逻辑不仅是知识性的东西，而且会对我们的智力方式和兴趣方向产生影响。最重要的是，这种影响往往是根本性的，因为由此会带来哲学问题的重要发现和发展。

（原载《世界哲学》2002年第5期）

怀念辛迪卡

（刘）新文传来辛迪卡教授去世的消息，非常突然，也使我有些难过。本来与杉杜（G. Sandu）已经联系好了，下个月利用去荷兰访问的机会于9月15日访问赫尔辛基，准备去看望辛迪卡教授。这些天我还在想给他带一个什么样的礼物，因为我一直觉得我对他是有歉疚的。

2000年我去哈佛大学访问一年，其间去波士顿大学访问辛迪卡教授大约10次。每一次他都让我12点左右去，请我到faculty club去吃午餐。每一次都是他付账。第二次我曾提出自己付账，他不让，笑着说在美国应该由他来付账。我本想回国后邀请他来中国访问，好好尽一次地主之谊。但是2001年回国就忙着调动工作。要离开哲学所了，也就不好意思动用哲学所的资源请他来访。刚到清华那几年，情况不太熟悉，也无法邀请他来。再到后来，他年事已高，按照中国人的习惯，七十不留宿，我也不敢再动这个念头。但这总是个心结。于是后来我邀请了他的学生，赫尔辛基大学逻辑研究所的所长杉杜教授访问清华，算是还愿。下个月访问荷兰，我是准备去看望他的，不想愿望再次成空。

在长期学术研究活动中，我与一些西方著名哲学家有过面对面的交流，包括达米特、辛迪卡教授，唯独与辛迪卡教授的交流最多，大约10次。这对我是非常难得的学习机会。第一次见辛迪卡教授是在2000年11月，我参加波士顿大学的一个关于辛迪卡教授的讨论会，与他认识并说好以后去拜访他。第一次访问他是翌年春天，那一次访问我至今记忆犹新。

按照约定我先到波士顿大学他的办公室，也是《综合》杂志的编辑部，有些杂乱，书刊很多，堆放也不整齐。我们聊了半个多小时。他邀请我去faculty club吃饭。吃饭的时间好像很长，我们聊了很多。所谈内容大都记不住了，只记得他对我的一个评价：你把对弗雷格的辩护大大向前推进了一步。在与外国学者的交流中，那一次我最积极，甚至有些"卖弄"，因为我非常想继续与他交流。最后在分手的时候他说："你一定再来，还是中午，提前给我打电话。"我高兴万分，立即建议以后每一次选一个题目，不要像这次这样漫无边际地聊。他让我定选题，我扬了一下他送我的他写的书《维特根斯坦》说，那就聊维特根斯坦吧。他说好，然后我们就分手了。在以后的交谈中，我们讨论过他的IF-logic，讨论过逻辑与哲学，讨论过维特根斯坦、弗雷格、亚里士多德，讨论过芬兰学派，包括他的老师冯·赖特，以及他的一些助手和围绕他的思想的一些工作。后来我写过一个关于他的访谈：

《逻辑的创新与应用》，发表在《世界哲学》上，内容也主要集中在逻辑与哲学方面。

在我的记忆里，辛迪卡教授聪明、睿智、和蔼、幽默。非常遗憾的是，我没有做笔记的习惯，许多内容都已忘记了。除了第一次见面，还有印象的只有几件事情了。一件是在讨论亚里士多德逻辑的时候，我谈到有些人认为亚里士多德逻辑很差，他立即"ha"了一声，那个象声词若是译为中文，大概要介乎"哈"与"呵"之间，他的表情似乎介于惊讶和不屑之间。作为现代逻辑学家和哲学家，他非常重视亚里士多德，这一点给我留下深刻印象。一件是关于达米特的讨论，他似乎对达米特的观点有些不以为然。记得他批评达米特在语言哲学中使用"verification"这一概念时，我为达米特辩护，说他后来改用"justification"了呀，他立即笑着说：那不解决问题。我觉得他的笑很有一些深意，含有轻蔑的意思。一件是谈到他自己的思想，他似乎有些抱怨自己年事已高，没有助手，因此许多有创建的思想无法实现，我记得他用了"难堪"（embarrassment）一词。还有一件是在谈到维特根斯坦与弗雷格的关系时，他让我去找弗罗依德，说她知道得很多。就是由于他的建议，我后来去访问了弗罗依德教授几次，不仅讨论了维特根斯坦，而且还了解了许多有关德雷本教授的故事。（德雷本是奎因的学生，与弗罗依德是夫妻。他在哈佛大学赫赫有名，后因为犯错误离开，受聘于波士顿大学。据说离开哈佛大学之后再也没有进过哈佛校园。）

没有邀请辛迪卡教授来中国，真的是我一大遗憾。下个月去他的家乡也看不到他了,同样是一个遗憾。忽然发现,我与辛迪卡教授竟然没有一张照片,这不能不说又是一个遗憾。眼下只能期待着到时候听听杉杜教授多讲一些辛迪卡的故事了。

辛迪卡教授安息吧,我会一直怀念你的。

(原为2015年8月14日日记)

怀念 Bob

今天在华东政法大学讲学，听梅祥说 Bob Hale 去世了，很吃惊。小夏（璐）和 Bob 有联系，对他很关注，梅祥也是听她说的。回来用梅祥给的链接地址看到了 Shefield 大学哲学系的消息：Bob Hale 教授是去年 12 月 18 日去世的。

我认识 Bob 是 1992 年 10 月初，我去圣安德鲁斯大学逻辑与形而上学系访问研究，他在火车站接的我。他告诉我住处没有安排好，直接拉我去他家住，一住就是两周。所以我和他有许多直接的密切的接触。

住在他家，每天早上有丰富的早餐，但是我唯独对麦片留下深刻印象：麦片泡在从冰箱取出的牛奶中吃。除了冰镇啤酒和冰镇西瓜，我一般没有吃过冰冷食物。开始我没觉得什么，加上入乡随俗，我也吃了。但是整个上午感觉不舒服。坚持了三天吧，我终于忍不住让他帮助我把牛奶加热了。Bob 很能干，家务活也做。每天早上他还准备午餐：一份三明治。我亲眼看到他亲手做：将西红柿切片，有时候是将黄瓜切片，和沙拉、奶酪、肠或肉片一起放在两片面包之间，用保鲜膜包好。他自己一份，给他上中学的儿子一份，由于我在，还要给我做一份。他是一个很细心的父亲，甚至连饮料水瓶也要帮助儿子放入书包。晚上他夫人Magie做晚饭，有时候他也会帮忙。记得圣诞节他家的烤火鸡就是他做的。他告诉我他烤了六七个小时以及烤制方法，很有成就感。

除了家务，他还是一个园艺高手。他有一片小园子和一个塑料棚，里面种满了花草植物，许多是可以食用的东西，记得还种了姜，"ginger"这个词就是他在那里说了以后我才想起来的，自那以后就再也没忘过。他还自己沤肥，有一次给我展示如何取肥，给植物上肥。我在农村干过园艺，春天沤肥是很辛苦的事情，也很味儿。看到他做这些事情感到很神奇。

Bob兴趣广泛。他喜欢运动。有一次他拉我去骑自行车。我以为没有什么，一骑才知道不是那么一回事。苏格兰是丘陵地带，坡地很多，陡坡也多。我只在北京平坦的马路上骑过车，第一次遇到这样陡坡，又不好意思让他落下很远，所以在下坡的时候完全是一种"豁出去"的架势。回家后Magie问我感觉怎么样，Bob说我骑得很好。我说"挺好"，心里其实只有后怕。还有一次学术旅游，Bob拉我和另外两个学生一起去登山。他还特意给了我一双登山鞋。看着他们全副武装的样子，我竟然不知深浅就跟着去了。登山不久就下起了小雪，我的鞋不跟脚，很快脚就起泡了，很疼，不久他们几个人就跑得没影了。接着天也暗了下来，路也没有，我一个人只能艰难上行，心理也产生一些变化，不知是恐惧还是担忧。最后我终于登上山顶，和他们会合。他们很高兴，夸了我半天。我心想，不会有下一次了。

在Bob家里白住白吃，总是不好意思的。到了周末，我去买了肉，烧了一锅红烧肉，还做了一次锅贴。每次我做饭，他们夫妻两人就在旁边问这问那，充满好奇。虽然饮食方面有文化差异，我的手艺也就是将生的做熟了，但是他们吃得不亦乐乎，赞不绝口。后来在我坚持下，他帮助我联系到一处学生宿舍（因为教师公寓还要再等两周），我搬出去了。

两个月后的圣诞节，他请我去家里做客。再次见到Magie，她说，王，现在你英语说得非常好了。你知道吗，刚来时你住我家，我常常听不懂你说的话，我问Bob，他说你说的是德语。Magie的这段话我至今不忘。我是英语专业的，知道说外语要注意语法和语音语调。在歌德学院学德语时，德语老师曾说我的脑子里有一架机器，会自动调整，每次说错了，我会自己改正。但是后来在德国生活学习期间，特别是在和老外交流过程中，我认识到，说话速度是主要的，思想交流是第一位的。有些语法错误难免，说出正确的外语需要经过长时间的训练。因此我就不再纠正说出的"错"话了。英国是我到过的第一个英语国家，由于有德国的生活经历，所以生活用语中讲德语是自然而然的。比如"附近"，英文应该是nearby，但是我却会脱口而出in der Naehe。我常常是开口之后，立即意识到一个词说错了，但是我不理会，继续说。语言的错位是存在的，可能有些我意识到了，有些我没有意识到。德语词冒出来太多了，自然给人家的理解造成问题。

离开英国前，Bob又请我去家里做客。餐后他特意请我出门到当地一个小酒馆喝啤酒。那好像是一家荷兰酒馆，很地道。在喝啤酒期间，他问了关于亚里士多德研究的情况。在英国四个月期间，我们交谈很多，但是只谈过弗雷格，以及维特根斯坦、奎因、达米特等与弗雷格相关的人物和问题。他看过我的简历，当然知道我研究过亚里士多德，这是我们第一次谈及这个问题。我给他讲了我对亚里士多德的认识和理解。当我说起70年代关于亚里士多德三段论的现代解释时，我提到Smiley。他立即说，我们两人一起去剑桥开会时，我身后站起一个人向他提问题，那个人就是Smiley。我"啊"了一声，深表遗憾，我不知道是他，否则我一定会和他交谈一番的。在学术讨论中，我一般是讨论对方的问题，而不会主动谈及自己的东西，能够谈论亚里士多德，我感到学术上我们确实有了比较深的了解。

我回国以后，Bob于1993年访问了北京，访问了社科院。访问期间有两个故事我至今不忘。一个是访问北大做报告，他谈论弗雷格，陈波在提问时谈论奎因以及对奎因的理解，陈波说一句，Bob说一个"no"，这样连说了三个"no"。结果在场的人都笑了。另一个是访问人大做报告。讲到弗雷格可以用逻辑方法定义数，并企图从逻辑推出数学的时候，一个学生当场说，请他写出来。我对这个学生说，这是常识，不用问了。结果那个学生说，你不用管，让他写。我有些生气了，他是真把我当翻译了。

于是我对Bob说，他让你写。Bob有些诧异，看了我的表情，还是走到黑板前，用粉笔书写起来，一行公式还没有写完，那个学生立即说，如果是这样，我还能证明1加1等于3呢！我做翻译，一般会偏袒我方，免得丢脸。但是这次我真的有些生气了，就对Bob翻译了他那句话。Bob立即转过身来，手心向上托着粉笔说，你来写，然后走回自己的座位。我对那个学生说，他让你写。整个会场鸦雀无声。我一生中有两次体会到针掉到地上都可以听见的那种安静。这是一次，而且时间似乎特别长。最后是主持讲座的刘大椿老师出来打圆场。后来吃饭时我对大椿说，学生的学术水平差一些没有关系，可以慢慢学习，学风却是重要的，不能差，大椿也觉得那个学生有些过分。事后Bob向我表示了他的不满和他的不解。我很无奈，只能调侃说，这是人大学生的一个特点：他们极其富有批判精神。

自那以后，我和Bob通过几次信，由于我懒得用英文写信，我们联系就少了。到清华几年以后，我开始邀请老外来讲学，和他打电话联系，最初听说他病了，癌症，在化疗，效果还不错，所以讲学的事情一直拖下来了。直到2015年，他说完全康复了。我在清华搞了一个小型的国际研讨会，请他过来参加，会后又留下讲学一周，梅祥和小夏就是那次和他认识的。机会难得，我把他介绍给人大许涤非，后来许还去他那里访问研究了一年，对他赞不绝口。

Bob是我认识的哲学家中非常哲学的一个。他是新弗雷格主义的主要代表人物之一。他研究数学哲学、逻辑哲学、形而上学,他关于数学问题的探讨,关于抽象实体的观点,关于必然性的观点,在学界很有影响。以前读过他送我的书 *Abstract Objects*(《抽象对象》),最近又刚读了他2013年的著作 *Necessary Beings*(《必然性的东西》)。读他的东西很亲切,感觉他似乎在和我说话,甚至争论。我不知道我是不是受他的影响,只是觉得我们很投机,很投缘。每次在一起,可以讨论许多问题。第一次见面,在他家,在客厅、书房、厨房、餐厅还有菜园子,后来又在学校里,我们讨论弗雷格,背后则是达米特,那时达米特的《弗雷格的数学哲学》刚出版,是人们讨论的热点话题。最后这次见面,我发现他谈论模态问题,谈论必然性问题,背后却有 Kit Fine 的影子,而 Fine 的书和文章我正好也都读过,所以我们的共同话语很多,也知道各自在说什么。他还是那样雄辩,喜欢争论问题,还多了些咄咄逼人。我在国内鲜有这样的机会,所以和他在一起非常亲切和开心。

一个人,能够和好玩的人在一起玩,是很愉快的事情。一个学者,能够和有学问的学者一起讨论学术,是很享受的事情。如果二者可以兼得,则是人生极乐事、大幸事。我和 Bob 相距遥远,一旦相遇,就是酒逢知己。记得分别前夜我请他在蓝旗营斜街羊大爷二楼吃涮羊肉,他很高兴,对中国之行非常满意,觉得清华很大,很漂亮。他说,遗憾的是 Magie 没有来(她在学画,有一个画展)。他对中国的美食赞不绝口,但是他说,最令他难忘的还是1993年来访问时在我家里吃饭,我妈妈做了那么一桌子好吃的。他不说,我还真忘了。其实那时我还没有自己的房子,我请他到我妈妈家做客，当然也是为了感谢他和Magie。好友就是好友，他的记忆如同我的记忆，有些经历是永远也不会忘记的。

　　Bob走了，好友本来就少，如今又少了一个。只能在这里对老友默默地说一声，一路走好。

（原为2018年11月7日日记）

怀念谢波斯教授

今天收到赫尔玛（Herma）来信，新年前31日夜间，我的导师谢波斯教授（Heinrich Schepers）去世了，享年94岁。这个消息有些意外，让我吃惊，也非常难过。去年她信中还说，谢波斯教授每天还来研究所，只是乘车不便。这次谢波斯教授是因病（中风）30日住院，31日做了一个手术，然后平静入睡后（估计用药了?!），再也没有醒来。

第一次见谢波斯教授是在1984年1月。那时德国还未统一，我在西德曼海姆歌德学院学德语大约四个月，再有两个月就毕业了。阿登纳基金会的人帮助我联系了谢波斯教授，他初步同意接受我去他那里学习，于是我去明斯特见他，也算是面试一下吧。

见面在莱布尼兹研究所，资深编辑彼勒先生（G. Biller，赫尔玛的丈夫）也在座。如今还有几件事情记忆深刻。一件是谢波斯教授稀松的白（微黄）发，笑眯眯的样子和沙哑的声音，穿一件

怀念谢波斯教授 | 295

图4 与莱布尼兹研究所的资深编辑在一起。从左至右依次为：
G. Biller、作者、Niels Oefenberger、Martin Schneider

粗呢（布纹）西装。这个印象好像就是他的形象，从第一次到最后一次见他，一直没有变过。另一件是那次交谈中我一直努力说德语，表达不了时我才用英语。所以我的德语说得磕磕巴巴的。彼勒先生大概发现我可以说英语，可能也是觉得我说德语太费劲了，于是总和我说英语。我知道自己的德语不行，但是我仍然坚持用德语表达。为此谢波斯教授还说了彼勒先生：他（指我）要说德语，你就不要和他说英语了。关于我的学习，谢波斯教授说，你想学习中世纪逻辑，我大概帮助不了你什么，但是如果你想学习莱布尼兹，我倒是可以帮助你。关于读博士学位的时间，谢波斯教授说要学习"至少14个学期",大概是看到我诧异的神情,他微笑地补充说,德国的博士学位有"贵"和"贱"之分,明斯特大学的博士学位是"贵"的。也许是受到研究所氛围的感染:谢波斯教授和蔼可亲,彼勒先生乐观豁达,我对明斯特之行印象极佳。回曼海姆之后告诉基金会的人,我决定去那里读书。经过基金会的联系,两个月之后,我通过德语考试,顺利进入明斯特大学哲学系学习,成为谢波斯教授的学生。

开学后第一次到莱布尼兹研究所见谢波斯教授的情况已经记不得了,只记得他和彼勒先生称赞我的德语进步很大。后来因为个人原因,我没有读完学位,中途回国。告别谢波斯教授那天下着秋雨,我没有言明原因,但是谢波斯教授显然看出了我沮丧的情绪,安慰我将来随时可以和他联系,需要帮助随时说话。屈指算来,后来我多次访问明斯特看望谢波斯教授,既有较长时间的,如1993年两个月、1996年三个月(这两次都是谢波斯教授写信做联系人,阿登纳基金会赞助的),也有短暂的,一两天,三五天,最后一次是2015年,我借去阿姆斯特丹大学访问研究的机会专程去看他,只在研究所待了半天,他请我还有彼勒和赫尔玛夫妇一起吃了一顿饭。我和谢波斯教授通信不多,每年都是彼勒和赫尔玛与我通信,使我和谢波斯教授相互知道对方情况。

当年由于中断学业,谢波斯教授没有指导我写论文,但是,由于长期与他的密切接触,在学术研究方面,我受他的影响是很大的。细想起来,有几件事情是值得记忆的。

一件是关于亚里士多德的研究。在和我的接触中,谢波斯教授感到我对亚里士多德非常感兴趣，甚至论文也想做这个方面，就介绍了研究所里的一个编辑尼尔斯博士（Niels Oeffenberg）和我认识，说他是亚里士多德研究专家，我可以向他学习。结果我和尼尔斯成为好友，我确实从他那里学到很多东西。从这件事情，我学到了一种带学生的方式：不要有门户之见，要尊重学生的意愿。谢波斯教授最初也有让我学习莱布尼兹的意思，特别是，他们发现莱布尼兹对汉语有许多研究和论述，因此我若是可以在这方面做一些工作也很不错。但是，从研究的角度考虑，亚里士多德当然是重要的，想研究亚里士多德也是不错的事情，因此他尊重我的选择。导师带学生，要尊重学生的意愿，但是也要对学生的意愿做出正确评判。他曾和我说过，亚里士多德总是（immer）非常重要的。这句话我至今不忘。既然亚里士多德重要，我又有研究的意愿，当然是可以研究的。

另一件是关于读书的方法。谢波斯教授的课我选过四门，两门是关于中世纪逻辑的讲座，两门是关于莱布尼兹的讨论班。讨论班基本上就是阅读莱布尼兹的著作，边阅读边讨论。讨论班用的文献是拉丁文，大概是为了方便一些学生，选用的都是有德文译文的。有一个学期我就是用的德文文献。讨论班就在研究所的会议室，人不多，有学生，也有研究所的工作人员。讨论的方式是一句一句读，一句一句讨论。有一位黑人同学很活跃。他在德国已经六七年了，博士论文是写康德的。在讨论中他经常说，康德说些什么，这句话与康德的某某论述很像，这个意思与康德的某某思想相关。他还以这样的方式与其他人争论。每当他说完或者谢波斯教授觉得他说得太离谱时总是说"Nein, nein"（不、不）。谢波斯教授一般不说他说得不对，而总是说莱布尼兹这句话说的是什么，它是什么意思。意思是，你说得太远了，脱离了莱布尼兹的论述。只是有一两次谢波斯教授谈到（那位同学所说的）康德的话是什么意思，意思是即使是康德的话，也是应该这样理解的。我和这个黑人同学很熟，住同一栋学生宿舍，有一些私下交往，他常对我说起对谢波斯教授的不满，说他不懂康德，一堂课只读那么一点点东西（一页或半页纸）。我没有读过莱布尼兹的东西，所以每次课都认真准备，但是因为水平太差，在讨论班上几乎没有发过言。我不赞同那个同学的态度，但是对这样的读书方式一度也感到疑惑。私下彼勒先生对我说，这个学生不好好读书，谢波斯教授对他脾气太好了，他们在谢波斯教授面前可不敢这样。这使我感到，彼勒先生对这样的读书方式是认同的。后来我从尼尔斯那里，从其他老师的课上终于明白，这是一种最基本的读书方式，尤其是读经典的东西，读那种用希腊文和拉丁文写的著作。多年以后我终于对谢波斯教授的授课方式有了充分的认识，并将它化为自己的读书方式。我对学生们常说：不要让你已有的知识结构成为阻碍你进步的要素，而要让它们成为促进你进步的要素。所以，读书首先要读懂人家说的是什么，为什么这样说。这样的说法，归根结底，得益于谢波斯教授的言传身教。

还有一件是如何做研究。谢波斯教授是国际公认的莱布尼兹研究专家，但是他的研究成果非常少。多年以后我在重返研究所的时候曾经问过他为什么不写东西。他说，他相信他对莱布尼兹的著作有非常深入的理解，但是由于把全部时间和精力都投入到编辑出版莱布尼兹著作上去了，没有时间看二手文献，因此无法写文章。1985年我过生日的时候他送我的题字书是Guthrie的 *The Sophists*，大概是因为我和他的讨论中曾提到智者派，在德国读书的时候他还送过我德文版的莱布尼兹著作。直到近几年我去看望他时他才送给我他写的论文，那时他早已不做研究所所长了。记得他送我论文的时候高兴地说，现在我可以写文章了。我理解他的意思是说，他有时间看文章了。这大概也是对此前我的问题的回应。如果说在德国读书期间以及与外国学者的交流中我潜移默化地获得了对如何做研究的认识，那么可以说从谢波斯教授那里我明确认识到如何做研究。近年来我对我的学生明确地说，一手文献是研究的基础，二手文献是研究的起点，即这种认识的集中体现。这样的认识来自我在德国的求学经历，更是来自谢波斯教授的言传身教。

能够和谢波斯教授相识，成为他的学生，还是有些戏剧性的。我读研究生时专业是逻辑史，写的论文是亚里士多德逻辑，毕业以后的计划是研究亚里士多德，然后研究中世纪逻辑，再以后研究皮尔士、弗雷格和罗素的逻辑。所以出国之后就想学习亚里士多德逻辑和中世纪逻辑。基金会让我们自己找学校和导师。记得我在曼海姆大学图书馆里翻遍了历年所有大学的课程目录，讲亚里士多德的教授不少，但是讲中世纪逻辑的教授几乎没有，只看到谢波斯教授在明斯特大学开这门课，于是我就选定了跟他学习。我的想法是，这样既可以研究亚里士多德，又可以学习中世纪逻辑，我哪里会想到谢波斯教授是研究莱布尼兹的专家。可以说，我到明斯特大学学习也有些误打误撞。那时对学术的理解，对逻辑和哲学的理解，都是有问题的，至少非常肤浅。庆幸的是我找到一位好老师！！！我的同学曾经评价周先生说，王路，你有一位好老师。应该说，是周先生把我领进学术的大门，而真正在学术这条路一直走下来，使我成为今天的样子，不仅要感谢周先生，还要感谢谢波斯教授。我认为，尤其是在学术理念和学术方法上，谢波斯教授给我的指导和帮助令我受益无穷，终生难忘。

　　回想和谢波斯教授的交往，最常想到的就是后来每次访问德国去研究所看望他时他高兴的样子。他会非常认真地听我说自己在做些什么。他的一些似乎不经意的评价有时候会给我深刻的启示。谈及亚里士多德研究，他说，亚里士多德总是非常重要的。谈及弗雷格，他说，弗雷格是非常重要的。这使我对亚里士多德和弗雷格的研究有了新的认识。每一次看他时，他都会很高兴地向我展示他正在看的莱布尼兹手稿中的东西，谈一谈他近来的工作。最后一次见他是2015年。那时他已经是90岁高龄，拄拐，每天还到所里工作。彼勒先生和我说，谢波斯教授的腿有问题，不能开车了，每天坐一个多小时公交车到研究所。我很感动。近年来我常谈论学者与文人的区别，我从谢波斯教授身上看到的是学者的生活方式，体会到的是学者的精神，学到的是如何做一个纯粹的学者。

用中国人的方式表达：谢波斯教授一路走好！

用学生和学者的方式表达：感谢谢波斯教授的教诲和帮助！感谢明斯特大学哲学系！感谢明斯特大学莱布尼兹研究所！

（原为2020年1月4日日记）

听到谢波斯教授去世的消息，与他的交往又浮现在脑海。昨天翻出和他的照片，幸亏2012年和夫人一起去看望他，夫人带相机给照了几张相，否则我连一张和他的合影相片都没有。又翻出1997年给《哲学动态》写的访谈看了一遍，对下面这段话又有了不同的理解。

王路：有一种说法，莱布尼兹是现代逻辑的创始人，他的关于建立普遍语言和把推理转变为演算的思想对现代逻辑有重要影响。弗雷格在他的著作中就说受到莱布尼兹的影响。您怎么看这个问题？

谢波斯：不知道有多少现代逻辑学家读过莱布尼兹。在莱布尼兹的著作中，确实有很多有价值的思想。不过人们必须重新认识和理解这些思想。莱布尼兹搞了一套逻辑演算，不过他的这套演算对现代计算机逻辑是不够用的，还必须加上布尔代数才行。此外，莱布尼兹还提出了一套二进制的想法，但是这套想法也不能直接过渡到现代的二进制。弗雷格

图5 与导师谢波斯教授（前排中）的合影

确实说他受到了莱布尼兹的影响。但是我们还应该问：他从莱布尼兹那里到底继承了些什么思想？

我们都认为莱布尼兹提出了现代逻辑的理想，包括构造形式语言和建立演算。我们一般也认为是弗雷格实现了这一理想。有些人还认为弗雷格的逻辑工作受到了莱布尼兹的影响。但是谢波斯教授似乎不是这样看的。用今天的话说，莱布尼兹的理念和弗雷格的工作有相关性，但是不是就一定有因果性？我在《逻辑的起源》中对人们一种通常的看法提出质疑：人们认为逻辑的产生与数学相关，与辩论相关，问题是，这样的相关是不是就一定会产生逻辑？用这里的话说，二者相关，是不是就一定有因果性？

这样反思的方式来自对文本的理解，其实谢波斯教授早就是这样做的。从文本出发，这是哲学的基本方式。不要想当然！！今天人们总说要有问题意识，这样说本身是没有什么问题的。问题是，这样的问题意识从哪里来？谢波斯教授一谈莱布尼兹就会非常具体，这是因为他对莱布尼兹太熟悉了。我对逻辑的起源可以有相似的看法，也是因为熟悉相关文献。在这个问题上，在相似的问题上，大概是可以类推一下的。所以，哲学研究一定要从文本出发，依据文本说话。哲学也许有多种方式，但是这无疑是最基本的方式。

（原为2020年1月7日日记）

怀念尼尔斯

给尼尔斯[1]家打电话，总没有人接。前几年曾经有过一次这种现象，后来得知他生病住院了。这回电话几次不接，最后电话号也取消了，估计他走了。

第一次见尼尔斯是1984年在明斯特大学莱布尼兹研究所。谢波斯教授介绍我和他见面说，亚里士多德专家。他高而胖，显得比我大一圈。那一次说了什么已然忘记，只记得他西装革履，打着领带，面带微笑。从第一次见面到最后一次，他始终那样微笑。

我和他熟悉是从读亚里士多德开始的。他知道我想研究亚里

---

[1] 尼尔斯博士，1930年生，德国明斯特大学莱布尼兹研究所编辑，明斯特大学哲学系教师，1995年退休；亚里士多德研究专家，参与主编大型丛书"亚里士多德逻辑的现代解释"；退休后致力于推动德国与阿根廷、智利、罗马尼亚、匈牙利等国学术交流。

士多德，建议我们一起读《前分析篇》。时间、地点和方式都是他提议的：晚上6点到8点，到他租住的公寓里，我用德文本，他用希腊文本。第一次的情景至今栩栩如生：他住的房间不太大，一张双人床，一张书桌，一把椅子，一台电视机，两个沙发，一个开放式厨房。我们寒暄了几句，就开始在桌前读书：我坐椅子，他坐在床上。他读一句，讲解一句。我不懂希腊文，只能听懂德文。好在我熟悉亚里士多德的著作，可以明白他的讲述，也可以和他讨论。他好像很高兴，觉得他没有白讲。我心里则不太服气，觉得我熟读Ross的英译本，又读了德译本，只是不懂希腊文而已；花两个小时只读了一两页，有些浪费时间了。不过我知道这是一次很好的学习机会，至少可以学习德语，所以我非常愉快。结束时他提议我们一起去吃饭，带我到湖边一家希腊餐馆。那次吃饭是他付账，我们一起聊到晚上11点，分手时商定以后每两周一次。后来那个学期我们一直延续这个模式，区别只是我付自己的饭钱，所有酒钱都是他付。

尼尔斯是罗马尼亚人，在罗马尼亚读了博士学位，获得洪堡奖学金到当时的西德做访问研究，结果他没有回去，又读了一个博士学位，然后就留在西德了。他和我说，他不满意莱布尼兹研究所的编辑工作，还是想做研究。他确实不安于现状，我回国之后，他又申请了一个研究基金专门去研究了两年，结果把编辑工作也丢了。1993年2月我再访德的时候，他在明斯特大学哲学系教书了，讲亚里士多德逻辑，但是只有半个教职，开讨论班。我们的共同朋友彼勒先生不止一次对我说过，非常不明白他为什么轻易丢掉莱布尼兹研究所的工作。我知道尼尔斯瞧不上编辑工作，他就是想做研究，只是这代价似乎有些大。

尼尔斯是典型的书呆子，只知道做研究。他一门心思研究亚里士多德逻辑，认为亚里士多德逻辑除了是二值的和三值的以外，还有一种四值的。他的研究成果自有独创性，专著《亚里士多德的多值逻辑》被译为多种其他文字。他多次和我谈起他的研究成果，希望我可以帮助他把书译为中文，他负责出版经费。在国内找一个懂德文又懂逻辑的人很难，这件事后来没有做成。我的书架上摆放着他赠送的一套《亚里士多德逻辑的现代解释》系列丛书。一开始是他和波鸿大学哲学系逻辑研究室主任阿·迈纳（A. Menne）教授共同主编，迈纳去世后他独自继续这一工作，我陆续收到八卷。后来他和我说，他与东欧一些国家进行了学术交流，该丛书在那里影响很大。

尼尔斯是帕兹希（G. Patzig）的学生，他们的师生关系似乎关系不太好。他从没有主动和我谈起帕兹希，多是接我的话头说几句。帕兹希是德国的明星教授，国际著名学者，亚里士多德专家，对亚里士多德的三段论和形而上学深有研究，影响很大。我到德国读的第一部德文专著（上课用的不算）大概就是帕兹希写的《亚里士多德的三段论研究》。最初我在曼海姆大学图书馆看到这本书的目录，一到明斯特大学我就去借了这本书看。我和尼尔斯说起这本书，他告诉我帕兹希是他的博士导师，我才知道他们的关系。后来我和他说起我读弗雷格，用的是帕兹希编的两个小册子，他对我说，帕兹希是弗雷格的崇拜者，他的办公室里挂着弗雷格的巨幅照片，谁要是说弗雷格的不是，他就和谁急。我没有见过帕兹希，读他的东西感觉极好。我一直关注他的著述，1993年访德时借印并阅读了他和弗雷德（M. Frede）共同翻译和注释的《亚里士多德〈形而上学〉Z卷》。这书刚出版不久，我深受吸引，对于我研究亚里士多德的形而上学起了重要作用。我和尼尔斯提起这本书，赞不绝口，他不置可否，我也就没有多说，其实我是很想和他多聊一聊帕兹希的。

我是学英语出身，又在德国学习，还学过法语，一直很重视外语学习。但是应该如何看待外语，尼尔斯对我的影响很大。最初读外文文献，看到书后有长长的多种语言目录，我总觉得有些故弄玄虚。刚开始和尼尔斯一起读《前分析篇》，他阅读并讲解希腊文，我也有些不以为然。和尼尔斯成为朋友以后，我改变了看法，对外语有了新的认识。尼尔斯懂多门外语，包括好些斯拉夫语系的语言。第二个学期读《前分析篇》时，他听说我在学习拉丁语，于是在一些重要之处，总要用拉丁文复述一遍，还回答我一些关于拉丁文的问题。学外语的人容易崇拜，虽然过了崇拜的年龄，但是从他那里我明白一个道理：懂一门外语就是可以用它工作。在哲学所人们总说我懂好几门外语，身边也有人声称懂多少门外语，但是我只说自己懂英语和德语，因为在工作中，我确实只使用这两种语言。会说一两句拉丁语，借助词典翻译推敲一两句希腊文，这实在是说不上懂。不懂就是不懂，不必装懂，更不要说懂。

尼尔斯家住科隆边上的贝尔吉施格拉德巴赫。第一次邀请我去做客时他不无得意地说，要请我去参观他的"小型"（kleine）亚里士多德图书馆。公寓不大，两室一厅，厅中靠边隔出一段做了他的书房。书房不大，两面墙的书架，摆满了一套套亚里士多德的著作，希腊文的、拉丁文的、德文的和英文的，还有各种研究著作。难怪他说这是个"小型"图书馆。他特意拿出Ross主编的《工具论》说，这就是你说的那本书吧。我读研究生时从哲学所图书馆借了这本书，几乎占为己有。在和尼尔斯一起读《前分析篇》时，用的是德文本，我常说起这本书，谈到其中一些英文表述。尼尔斯知道我喜欢这本书，说你可以拿去看。后来我是突然回国的，在明斯特分手时，他说那本书就送你了，留个纪念吧。那本书刚拿来时几乎是新的，一直在我的案头或书架上。如今灰色纸质封套破损，放在一旁，深蓝色的精装封面显示着它的经典。每次翻看它，我就会想起尼尔斯，想起他的小型亚里士多德图书馆，想起和他读书的时光，想起他的微笑。

2008年我去巴黎大学访问，顺便去看他。他又到科隆火车站接我，换车带我去他家。他告诉我，非常不幸，他的夫人去世了。我很震惊。那一次，他说了好几次他sehr einsam（很孤独）。他退休一个人在家里，我能体会他的感受，也很同情他。他夫人是当地一所中学的老师，他们是通过报纸征婚认识的，他们住的房子就是他夫人的。以前每次去他家里访问，都是他到科隆火车站接我，换乘火车到他住的小城，他夫人开车来接我们，用餐也是他夫人付账。他夫人性格开朗，热情大方，笑声不断，对我非常好。1997年最后一次见面时她说，尼尔斯总提起你，他的信都是我给他打字，你的事情我都知道。我说，多亏了你打字，我才愿意给他写信，否则我也不会写那么多，他的字太难看懂了。她披着我刚送的大披肩，亲昵地抚摸着尼尔斯的肩膀说，你瞧，我很重要吧。她对他的照顾无微不至。尼尔斯的书稿都是她帮助打字的。她的去世对尼尔斯的打击真的是很大。我去看他，他真的是非常高兴。

尼尔斯生活能力很差，不会打字，写字潦草，几乎无法辨认，他也不会用电脑，不用手机。用惯手机电脑之后，我觉得和他交流非常吃力。慢慢地，交流就少了。我只能给他家里打电话。他长我20至25岁，所以我每到欧洲，总是争取去看望他。2012年去荷兰访问，我想去看他，几次电话也没有联系上。2015年终于联系上了，我没有让他到科隆火车站接我，自己乘大巴直接到他住的城市，他乘公交车到大巴站接我，拥抱我时热泪盈眶。我知道，人老了，容易脆弱。他问我，去中餐馆（他夫人的最爱）吗？我说，去希腊餐馆吧。我们一起喝了德国啤酒，吃了希腊餐点。也许是荷兰啤酒喝多了，可能是见到他高兴，那一次我觉得德国啤酒特别爽，喝了两扎，他只喝了一扎：这是唯一一次他比我喝得少。晚上我让他退掉了预订的酒店，就住在他家，和他聊到深夜。他的房间凌乱不堪，他说一个外甥有时候会过来照顾他。可以感到，他生活得很不像样子。那一晚他非常高兴，后来还坚持叫来披萨外卖，我们又喝了啤酒。第二天一大早我动身去明斯特大学莱布尼兹研究所。天气不好，说什么我也不让他送我去大巴车站。蒙蒙细雨中，他送我到公交车站。上车前，我们再次拥抱，他说：Lu（扬声），我会想你的。我的眼泪一下子就流了出来。

（原为2021年4月1日日记）

德雷本教授

哈佛大学的校园里有一座楼叫爱默生楼，属于哲学系。访问哈佛大学期间，我在这里听过不少课，还参加了两个十分有意义的会。一个是"德雷本教授纪念会"（2000年10月26日晚上），另一个是"奎因教授纪念会"（2001年3月2日下午）。前一个比较随意，后一个则经过认真准备，显得有些隆重。这当然是可以理解的。奎因是著名哲学家，享誉国际学术界。相比之下，德雷本甚至可以说没有什么名气。但是，只要在哈佛待上一段时间，就会知道德雷本的重要，因为人们经常谈论他，而且在那漫不经心的谈论中还表现出对他的尊重。

德雷本是哈佛大学哲学系教授，在哈佛大学哲学系工作多年，退休以后受聘于波士顿大学，直到1997年去世。他一生主要从事逻辑和哲学的研究与教学，同时长期担任学术领导职务。德雷本是奎因的学生，也可以说是奎因的得意门生。他从40年代投师奎因门下，以后成为奎因的同事和终生的朋友，两人合作50多年。他自己常说，在整个哲学史上，再没有两个人之间有过更长的工作关系。德雷本与奎因的关系确实非同寻常。我在哈佛听过一个故事：在前两年开的世界哲学大会上，人们让奎因谈谈自己的学术思想，奎因年事已高，结果是德雷本把奎因的思想谈了一通。奎因评价说，他了解得比自己还清楚。有幸的是后来我得到了这份未发表的文章。文章不长，题目是《奎因论奎因》。这可以说是一篇奇文！它几乎完全是用奎因自己的话写成的！德雷本教授的夫人弗罗依德教授对我说，她手里有文章的手稿，里面有奎因所有这些话的出处。我没有进一步打听这篇文章是先讲后写的，还是先写后讲的。从文章来看，它似乎是在开会前就已经写好的。这样的话，与我听说的故事显然有些距离。不过，与众不同的人有些传奇色彩也是很正常的。

德雷本与奎因有一点十分相似。奎因的严谨学风和科学态度，在哈佛有口皆碑。他的名著《语词和对象》被称为20世纪两本最重要的哲学著作之一。这本书他写了7年。当时没有复印机，在交出书稿以前，奎因把它放在一个旧皮包里，挂在门把手上。他对儿子说，如果房屋失火，这是第一件要拿出去的东西。他儿子回忆说，这使他感到"某种重要的东西"。但是，就是对这部著作，奎因有不同的评价。他晚年亲口对弗罗依德说，在他的著作中，《语词和对象》不属于他最喜欢的。他更喜欢他写的逻辑教科书，因为它们比他那些更思辨的哲学著作给他更大的满足感。奎因这种"真诚坦白"的态度令弗罗依德"非常吃惊"。

我想，奎因的这种看法可能会有许多因素，但是严谨大概是其中一个主要原因。从追求完美的角度说，逻辑著作可以做到没有错误，哲学著作却很难做到。

德雷本恰恰也是如此。在他的纪念会上，许多人都称赞他在治学过程中态度严肃，学风严谨。他经常对学生说，急于写东西是错误的。而他自己，1956年与出版社签订了出版合同，准备写一本《判定问题的系统方法》，结果写了23年。最典型的一件事是哥尔德法尔博教授讲的一个故事：他是德雷本的学生，毕业以后参加过德雷本教授一项写作工作，德雷本教授修改了30遍，结果他在打字机上从头到尾打了30遍。

治学严谨是德雷本与奎因的共同之处，无疑也是大师风范，然而使我印象最深，感触最大的却是他们的一个差异。奎因的地位是同他的学术成就联系在一起的。他关于本体论承诺的论述，他对分析和综合这一传统区别的批判，他提出的翻译的不确定性的观点，等等，如今几乎成为哲学讨论中的常识。而且，这样的讨论并不仅仅局限在分析哲学中，在认识论和本体论的讨论中也频繁出现。而在国际学术界，奎因有20多部著作被翻译成50多种语言，影响之大，不言而喻。仅从我国来看，奎因的思想也有一定影响。他的名著《从逻辑的观点看》《逻辑哲学》和《真之追求》都已经被翻译成中文。目前他的文集翻译也在准备出版。相比之下，德雷本教授没有博士学位，发表的东西不多，只有一本专著和几篇论文。但是，他在哈佛大学的学术地位非常高，说话很有分量，对周围的人影响很大。帕森斯教授说，当初自己准备做博士论文时，也不知道做什么好，觉得似乎应该做数学哲学方面的东西。有一次他去找德雷本交谈，德雷本对他说："我觉得你在数理逻辑方面可以做一项很不错的工作。"结果，他选了证明论方面的题目，由此也走上了研究逻辑的道路。当时德雷本并不是他的导师，而只是一个助教。哥尔德法尔博教授说，奎因在其关于本体论的6篇重要文章中5次提到德雷本，一次由于建议，一次由于批评，两次由于讨论，还有一次是由于指出文献。由此似乎也可以看出德雷本对奎因的影响。后来我专门就这事问了别人，得到的回答是，奎因是个天才，写东西很快，文笔也很漂亮。他写完东西经常给德雷本看，而德雷本总会指出一些问题，提出一些修改意见。最后奎因一定会接受德雷本的意见。辛迪卡教授对我说，他在50年代就认识了德雷本，很谈得来，成为终生的朋友。他们两人在一些哲学问题上存在着根本的分歧，但是德雷本对他的批评促进了他自己的主要哲学思想的发展。

迈坎（E. McCann）教授在纪念会上谈到德雷本教授对自己有三点影响，其中对他影响最大的一点是德雷本教授说的"在谈论哲学的过程中搞哲学"。迈坎教授后来向我解释了这话的意思。他认为，这是一种研究哲学的方式。从根本上说，这是苏格拉底从事哲学研究的方式。一些人进行哲学讨论，他们观点不同，甚至冲突，每一个人都试图坚持自己的立场，反驳对方的立场，由此形成相互的思想交锋。在哲学史上，对话式的著作并不少见，如柏拉图的对话、贝克莱的《海拉斯和菲罗努斯之间的三个对话》、休谟的《关于自然宗教的对话》、莱布尼兹的《人类理解新论》等等，其中都可以使人体会到这种方式。按照我的理解，迈坎教授的体会大概不仅来自德雷本的这句话，而且还来自德雷本教授的哲学实践，因此也可以说比较典型地反映出德雷本教授从事哲学研究和教学并且影响周围人的方式。长期以来，在他身边一直聚集着一个哲学群体，他们在一起讨论问题，形成思想的交锋和碰撞，引人启发和深入思考。而在这样的讨论中，德雷本教授是中心，他的知识背景，材料把握，思考深度，总是可以使讨论者受益。据说，每次讲课和讨论班，德雷本教授总是捧着高高的两大摞书来。他从不信口开河，而是非常严谨，引经据典，但是他又不是仅仅单纯地拘泥于文本，而是把问题放在比较大的知识框架里进行讨论，提出自己十分深入和深刻的思考结果。尤其是，这个群体的成员不仅是出色的，而且是流动的，自然而然也会把这里讨论的思想成果以及这样讨论的方式带到其他地方，或者以其他方式表现出来。

德雷本是奎因的学生，也是奎因的朋友，又在一起工作合作那么多年。因此，人们在纪念德雷本的时候自然而然地谈到奎因，后来在纪念奎因的时候又多次谈到德雷本。这是丝毫也不令人奇怪的，尤其是在哈佛。但是，对我来说，这里却有一个值得认真思考的问题和现象。

奎因不仅在世时具有广泛的国际影响，而且今天已经成为一个伟大的历史人物。他的思想保存在他留给后人的那些著作中，成为人们学习、研究和讨论的资源。德雷本生前在哈佛具有举足轻重的影响，但是他能够成为一个历史人物吗？虽然他也有著作和论文留下来，但是它们的作用和影响能够与奎因的相比吗？今天在哈佛，人们常常把他和奎因联系在一起来谈，但是，多少年以后还会是这样吗？

我对一些美国教授提过这个问题，他们也认为这是一个十分有趣的事情。奎因和德雷本都是大师级的哲学家，一个可以成为历史人物，另一个却可能会被人们遗忘。在这种意义上，德雷本显然无法与奎因相提并论。但是，德雷本也为哈佛做出了杰出的成就和贡献，成为许多人心中的偶像。特别是，像德雷本这样的人的思想和影响，从哲学史的著作中往往是不容易读到的。他不像苏格拉底那样提出什么学说，通过学生的文字使自己的思想得以广泛留传。但是他通过教学，通过指导学生，通过日常的学术讨论，在自己的周围产生出现实的、活生生的而且也是重要的影响。因而哈佛给予他极高的评价，也为培养和造就出他这样的人物感到骄傲。

然而遗憾的是，一些美国教授对我说，德雷本这样的人以后会越来越少，有人甚至认为几乎不太可能再出现了。原因很简单，制度使然！西方学术机构的基础是博士制度，而博士制度的结果导致博士头衔成为获得学术职位的必要条件。在德雷本的纪念会上，哥尔德法尔博介绍德雷本的生平时以欣赏赞许的口吻谈到他没有读博士学位，但是立即幽默地补充说："我并不是提倡这样。"西方的博士制度是从中世纪延续发展过来的。博士学位与学术职位的挂钩，从什么时候开始成为必要条件，似乎并不是非常明确。从德雷本的情况看，至少在六七十年代，美国还没有这样。英国哲学家黑尔（B. Hale）教授于90年代初受聘于格拉斯哥大学，也没有博士学位。不过这可能是个特例，记得他当时对我说过，博士学位已经逐渐成为进入学术岗位的必要条件了。

今天，西方哲学家对博士学位的要求本身一般没有什么太大的异议，基本都赞同博士学位是一种专业资格。他们的意见主要集中在目前教育的行政体制对研究成果要求的量化以及所谓成果引用律上。英国著名哲学家达米特曾对这种制度和现象提出严厉的批评。他认为，维特根斯坦1922年出版了《逻辑哲学论》，自那以后直到1951年去世，只发表过一篇短文。弗雷格在世的时候几乎默默无闻，他的著作很少被提及。如果处在今天的制度下，根据今天的标准检验，这两位思想巨匠大概是无法生存的。达米特十分尖锐地指出："并不是说量不是唯一的标准，而是说它是纯粹有害的（positively harmful）。"尤其在哲学领域，更是如此。而且，最大的受害者实际上是学生。这样的制度和要求导致博士生不得不尽快完成博士论文，论文完成之后还要尽早发表出来。一旦走上学术岗位，他们还要循着这一轨迹前进，他们必须拼命发文章，出专著，以便在学术的阶梯上攀登。

学术的标准从来都是可以讨论的，文科和理工科的区别也很复杂。即使人文科学和社会科学也是有很大差异的。因此从人文科学的角度，尤其是从哲学专业的角度出发，我更觉得德雷本的形象具有现实意义。从事研究的方式是多元的，产生影响的方式也是多元的，甚至培养、造就和成为大师的方式也是多元的，那么，仅以量化这一种方式作为衡量和评判学术水平的标准，难道是有道理的吗？具体一些说，奎因这样的人对人类的思想文化做出非凡的贡献，无疑在哲学史上将占有非常重要的地位。然而德雷本这样的人虽然在哲学史的意义上很难被人们提到多少，但是我们能说他对人类的思想文化没有做出重要的贡献吗？一种人文环境能够造就奎因这样的人当然是理想的，但是如果不能为德雷本这样的人提供生存发展的空间，难道就不感到遗憾吗？

（原载《读书》2002年第9期）

继承与超越

逻辑的观念

自从1978年开始跟周礼全先生学习逻辑以来，至今已有20年。回想起来，我学习逻辑的过程与国内许多人差不多都是一样的：先学习了传统逻辑，然后学习了现代逻辑。1981年研究生毕业以后，我留在中国社会科学院哲学研究所逻辑室，虽然也教过逻辑，但主要是从事逻辑研究工作。我先是认真研究了逻辑的创始人亚里士多德的逻辑思想和理论，后来又专门研究了现代逻辑的创始人弗雷格的思想。同时我对中世纪逻辑也下过一些功夫。这些年来的学习和研究使我对逻辑这门科学的性质有了比较深刻的认识和理解。因此，当我今天写这样一本叫《逻辑的观念》的书时，既感到非常亲切，也觉得非常实在。

这些年来，除了进行专业研究，撰写专业学术论文和著作，还经常参加一些学术讨论会，与学界同仁进行学术交流。这使我与国内研究普通逻辑、自然语言逻辑、中国逻辑史等方面的学者有了不少面对面的交流，因此对他们也有了不少了解。我发现，有许多同志对现代逻辑的重要性和必要性认识得不够，因此不肯在现代逻辑的学习上下功夫。1986年在承德召开的逻辑讨论会上，我在大会报告中曾说："如果不学现代逻辑，那么混饭吃可以，但是真正想搞好逻辑的教学与研究是不可能的。"结果招致许多人的不满。现在想起来，那时候年轻气盛，又是刚从国外回来，说话没有遮拦，太直白，也太随便了，因此有些不太礼貌，可能伤了不少人，特别是一些老同志。这里，我为自己的孟浪向大家道歉！但是，至今我仍然认为，我当时的意思是没有什么问题的。后来我在许多学术会议上都发表过应该注重现代逻辑学习的看法，不过再也不用那些比较刺激人的字眼了。但是，我发现，问题并没有改变。特别是在1994年桂林召开的学术讨论会上，我关于中国逻辑史研究应该注重现代逻辑的报告产生了强烈的反响，有赞成的，也有反对的。反对者特别批评我"狭隘""不宽容"，认为我以"小逻辑"的观点把"大逻辑"排除在逻辑之外。从那以后，我对逻辑是什么这个问题重新进行了反思和研究。我坚信，我的观点没有错。逻辑是什么，这是由它自身的内在机制决定的。用哲学的话说，就是由它的本质决定的。如果说不宽容，那么这不是我不宽容，而是逻辑这门学科的性质不宽容，正是这种性质把不符合它的东西排除在逻辑之外。但是，我也知道，自己明白这一点是一回事，把这一点讲明白则是另一回事，而至于能不能说服别人就更是不同的问题了。因此，当我写这本《逻辑的观念》的时候，我时常想到的是国内逻辑学界的同仁，他们有些是我的老师，有些是我的朋友，还有一些是未曾谋面的同事，仿佛他们就在我的面前。我以这样一种方式在继续与他们进行对话和交流，不仅跨越了时间和空间的距离，而且时时经历着心灵的感应和思想的碰撞。

最近几年，常常应邀到一些大学和研究单位讲学。根据不同对象，我讲学的内容也从逻辑扩展到语言和哲学。在讲学过程中，我发现了一个问题，这就是在我国高校哲学系中，现代逻辑并不是必修课。因此，我们哲学系培养出来的学生在知识结构方面存在着严重的缺陷，这就是缺少现代逻辑的训练，因此缺少现代逻辑的基本知识和技能。哲学系的学生是哲学教学和研究队伍的后备力量。后备力量如此，我国从事哲学研究和教学的队伍当然也有同样的问题。更为严峻的是，由此产生了非常严重的后果。由于不懂现代逻辑，我们对西方以现代逻辑为基础和背景的哲学研究就不容易学习和理解。比较客观的学者还会承认这部分内容比较难，读不懂，而缺乏客观精神的人则干脆认为这部分内容是没有用的，对它们不屑一顾，甚至高举大批判的旗帜把它们批判成资产阶级的。不少人问我：现代逻辑有什么用？我也常常必须回答这样的问题。我感到，这样的问题，实际上是在问：现代逻辑对哲学有什么用？而更深层次的则是逻辑与哲学的关系这样一个重大问题。这些年来，虽然我一直主要在从事逻辑研究，但是自从研究亚里士多德逻辑开始，我就读了他的《形而上学》，而且这些年来，经常在读这本书，我也一直在思考一些哲学问题，特别是思考逻辑和哲学的关系问题。有时候，我感到自己好像是想明白了，但是不久又似乎不是特别明白。因此，在写这本《逻辑的观念》的时候，我无法正面回答这个时常萦绕于心的问题，而只能在这样一个题目下回答现代逻辑对哲学有什么用的问题。问题的存在永远激励着学者不断思考和进取，因此即使写下《逻辑的观念》一书的最后一个句号，我也没有如释重负的感觉。

在日常语言中，逻辑是一个有歧义的词。在学科中，逻辑也是一个有歧义的词。不过，这些其实都不重要。如果现代逻辑不是那么专门化、技术化，如果它也像亚里士多德逻辑或传统逻辑那样容易学习和掌握，那么它大概就不会招致那么多非难了，本书中所谈到的许多问题大概也就不会成为问题了。然而如果现代逻辑真像亚里士多德逻辑和传统逻辑那样，它还会有所谓的"现代"之说吗？它还会在21世纪给哲学带来一场革命吗？那样的话，还有必要像本书那样强调它的重要性和必要性吗？问题是，现代逻辑就是这样的专门化、技术化，要是不下功夫，不经过专门的学习和训练，你就无法把握它，从而也就无法真正地理解什么是逻辑。而且，现代逻辑大师不是一个两个，而是一个群体，他们在学术界的地位，他们推出的现代逻辑研究成果，他们在哲学界以及现代逻辑对哲学的影响，又是有目共睹、不容置疑的。因此我们不得不重视和强调现代逻辑的重要性和必要性。这样就有了一种"难"的感觉。想学现代逻辑的人感觉到难，宣传现代逻辑的人也感觉到难。最容易的办法大概就是把它丢开。问题是，从事研究的人都知道逻辑的重要，而且谁也不愿意落下一个不懂逻辑的名声，特别是从事逻辑教学和研究的人。我们确实"难"！

我认为，应该有一个正确的逻辑观，应该对逻辑这门科学的性质有一个正确的认识。而且，作为学者，我们应该知"难"而上。本书所谈内容就是我的逻辑观，也是我认为正确的逻辑观。希望它会对读者有所启迪和帮助！

最后，我还想谈一点实际的东西。我认为，现代逻辑（至少一阶逻辑）应该成为我国高校哲学系的基础课和必修课。这样，我们培养的哲学系的学生就不至于在知识结构方面存在重大缺陷。因此，我希望并且呼吁，现代逻辑的教学能够得到有关方面的高度重视，特别是能够得到教委的高度重视！如果教委能够重视并参与解决这个问题，扭转目前逻辑教学的落后状况是非常有希望的。应该说，就学习现代逻辑来说，学生方面没有什么问题，主要问题是在师资方面。具体地说，目前我国从事逻辑教学的许多教师仍然不懂现代逻辑，因此他们还无法胜任现代逻辑的教学工作。但是如果教委重视和支持，则可以通过集中办班培训的方式在几年的时间内初步解决这个问题，而且只要重视和支持，并有相应的政策出台，逻辑教学落后的状况一定会逐步得到改变。我们不是总说普及与提高相结合吗？应该说，我们确实早就该大力普及一阶逻辑了。可以说，不懂一阶逻辑，就是不懂逻辑。一阶逻辑不普及，我们的哲学研究和逻辑研究状况就不会有什么根本的改观。

（原为王路：《逻辑的观念》第一版序，商务印书馆，2000年）

"是"与"真"
——形而上学的基石

最初接触亚里士多德的《形而上学》大约是在1979年。那是我跟着周礼全先生读研究生的第二年。由于研究方向是西方逻辑史，毕业论文选定了研究亚里士多德逻辑。为了做论文，除了研究《工具论》，我也读了他的其他一些著作，其中最主要的就是《形而上学》。读过之后我的感觉是，不仅读不懂亚里士多德的《形而上学》，而且对自己过去读过的那些哲学也产生了疑惑。我不明白，既然读过那么多哲学著作，为什么会不明白《形而上学》中的许多思想？那时我读的亚里士多德著作是英文版的，总是琢磨不透他说的那个"being"，因而时常把握不住。它与一般哲学教科书通常所说的内容，比如世界是物质的，物质是发展变化的，等等，似乎没有任何关系。不过，既然《形而上学》是亚里士多德的名著，是哲学史上的经典著作，我也就始终没有放弃对它的阅读和理解。多年以后，我才逐渐明白，为什么阿维森纳说他读了40遍才开始明白形而上学。只是当年做研究生论文的时候，我对《形而上学》只字未提。这里虽有取巧之嫌，主要还是不敢问津。

1982年，美国著名哲学家埃尔曼（J. Earman）教授来我国做为期7天的讲学，题目是科学哲学，我做翻译。其间有一件事情对我触动很大：

> 埃尔曼教授讲课的最后一天，结束时有一个简短的致谢仪式。别人的发言我都忘记了，但是查汝强先生有一段话，我却牢牢记在心里。他的大意是说：通过与埃尔曼教授的交流，我们发现还是有不少共同之处。比如关于"真理"这个问题的探讨。埃尔曼教授讲了许多关于"真理"的探讨，我们马克思主义哲学也有许多关于"真理"的探讨，我们讲绝对"真理"和相对"真理"，人类在认识发展的长河中，总是在不断逼近"真理"。我在翻译这段话的时候，机械地把"真理"都翻译成"truth"。我想，在场的听众大概不会产生什么疑问。但是我不知道埃尔曼教授对这段话怎么想。其实，我当时的感觉可说是有些"震惊"。埃尔曼教授讲了7天课，天天都在讲"truth"，但是他明明讲的是"是真的"（is true）这种意义上的"真"（truth），根本不是"真理"，与我国马克思主义哲学所说的真理根本就不是一回事。而且我在翻译中也没有使用"真理"，而是用的"真"这个概念，比如"句子的真""命题的真"，等等。查先生竟然能够如此理

解,而且他的英文还是不错的,真是不可思议!我当时的明确感觉是,他没有听懂埃尔曼教授的讲课,由此推想,学员中大概也有不少人和他一样。在潜意识里,我觉得这里可能还有些什么问题,一时又说不清楚。从那以后,我在研究中一直比较关注和思考与"真"和"真理"相关的问题。[1]

以上背景说明,在很早的时候,"是"与"真"就成为理解西方哲学的主要问题在我的头脑中出现了。不过在一开始,我并没有明确注意到它们之间的联系。好在它们作为问题在我学习和研究的过程中时时出现。有了这种问题意识,只要它们之间有联系,认识到它大概就是迟早的事情。如今回想起来,究竟是什么时候确切地认识到"to be"乃是"是"而不是"存在",什么时候认识到"truth"乃是"真"而不是"真理",并且什么时候确切地认识到"是"与"真"的密切联系,已经记不太清楚了。但是可以肯定,1990年在完成《弗雷格哲学论著选辑》的翻译的时候,我已经有了明确的上述认识。

获得这样的认识是一回事,把这样的认识阐述出来则是另一回事。由于语言方面的困难,我采取了一种比较谨慎和慎重的态度。在弗雷格译著的序中我谈了与真相关的问题:

关于"Wahrheit"。在本书中,我把这个词一律译为"真",把它的形容词"wahr"译为"真的",在讨论这个问题时,

---

[1] 王路:《寂寞求真》,第69—70页。

还有两个相关的词，一个是"Wahrsein"，这个词实际上是"ist wahr"的名词表达，我译为"实真"；另一个词与这个词相区别，即"Fuerwahrhalten"，这个词实际上是"(etwas) fuer wahr halten"这一表达的名词形式，我译为"看作真"。应该注意的是，国内对"Wahrheit"有"真""真理""真理性"和"真实性"等译法，与之相关的词及各种词类形式的译法也极不一致。[1]

1992年，我在《哲学研究》上发表了论文《"是"的逻辑研究》。在这篇文章中，我从逻辑的角度详细阐述了"S是P"这种基本句式以及对它的研究的不同结果，并从语言学的角度探讨了"是"的系词特征以及它在印欧语言中的特性。除了逻辑和语言学的解释外，我非常简要地提到"是"与"存在"的区别以及围绕这种区别形成的争论，我还指出，"'是'（比如：'einai''esse''be''Sein''être'等等）这个词本身就有本体论的涵义，意为存在"。但是我沿袭通常的说法避开了对这个问题的深入讨论，仅仅点到为止。

真正开始想阐述对这个问题的看法，是在1995年以后。特别值得提到的是1995年，周礼全先生从美国回来，我与他讨论了许多学术问题，特别是比较系统地谈了自己关于西方形而上学的

---

[1] 弗雷格：《弗雷格哲学论著选辑》序，王路译，王炳文校，商务印书馆，1994年，第17页。

看法，谈了我对"是"与"真"的一些看法，还表示自己想把这一工作做细。周先生关于中世纪逻辑谈了许多看法，但是对形而上学没有发表任何意见。后来他回美国给我来了一封信，劝我还是抓紧时间把《中世纪逻辑》一书写出来。他认为，这是具有开拓性的工作，可行性也很大。至于形而上学这种比较"玄"的东西，闲来把玩一下即可，不必当真。其实周先生一直在研究元哲学，与我谈过许多形而上学的问题，因此我十分明白他说的"玄"是什么意思。我没有接受周先生的建议，但是他的态度和意见促使我采取更加谨慎的态度。

为了阐述这个问题，我又做了许多准备工作。首先是1996年，我在《中国社会科学》上发表了论文《论"真"与"真理"》。澄清对于"真"的理解，乃是理解"是"的必要的一步。其实，在这篇文章的第四节论述亚里士多德关于"真"的论述的时候，我已经谈到了亚里士多德对"是"的论述，并且简要谈了它们之间的联系，只是没有展开而已。随后在1997年，我发表了论文《如何理解"存在"？》。文章提到康德的著名论题"是"（Sein）显然不是真正的谓词，并且指出"存在"的译法是有问题的，但是我的主要讨论却集中在"存在"（existence）上。我认为，作为准备工作，这两篇论文是必要的。因为，如果总是把"真"与"真理"混为一谈，或者分不清关于"存在"的研究与对"是"的存在解释的区别，那么对于如何理解"是"这个形而上学中至关重要的概念就无法说清楚。经过这些铺垫之后，我终于在1998年发表了论文《"是"、"是者"、"此是"与"真"——理解海德格尔》，把我关于"是"的看法以一种案例分析的方式阐述出来。以后的文章不过是这种案例分析的继续，就不用再多说了。

在阐述自己思想的过程中，一些人起了很大的作用，而且有几个人是值得提到的。

一个是学兄王生平。他在一篇文章中提到，我对他说海德格尔的"语言是存在的家"翻译错了，应该翻译为"语言乃是是之所在"。这等于把我的观点公布于世。由于他的文章发在报纸上，马上就有了一些反应。其实，我和他是老同学，经常讨论一些问题。我和他谈过许多关于"是"与"真"的看法，完全是出于好玩，纯粹是聊天。他却非常重视我所说的那些东西，认为很重要，并一再希望我能够把这些想法写出来。坦白地说，他对这一问题的"重要性"的说明确实起到了一些"敦促"作用。别的不说，我关于海德格尔和笛卡尔的那两篇文章就是他直接约稿，经他推荐发表在《哲学研究》上的。

另一个是学兄罗家昌。在我们的交谈中，他不仅提出问题，而且常常提出一些批评。他对我最大的批评就是认为我鼓吹"逻辑万能论"。直到我关于巴门尼德的文章发表以后，他的这种观念才有所改变。此外，他也总是非常热情地把他看到或听到的一些相关意见告诉我。从他那里，我不仅获得一些具体的意见，包括公开发表的和私下讨论的，而且比较好地理解一些不同哲学背景的人对我所探讨的问题是如何理解的。

在前辈中，汪子嵩先生对我的帮助是很大的。他不止一次对我讲述他自己在撰写哲学史过程中对"to on"这一问题的思考变化，而且把他与王太庆先生在电话中交谈的一些具体意见和思想，把王先生关于希腊文"*einai*"的一些看法转告给我，从而使我在向他学习的过程中可以间接地向王先生学习。此外，汪先生不仅送给我一些珍贵的外文资料，甚至他后来那两篇关于"是"的文章也是在发表之前先寄给我看的。

梁存秀先生和叶秀山先生对我也有直接的帮助。梁先生知道我研究"是"，曾把他的学生李文堂的博士论文《费希特的"是"论》推荐给我，向我讲述了他的观点并建议我与他进行讨论。我和叶先生的交流是比较多的。尤其是他在社科院大楼九层哲学所的那间"小屋"，我去过多次。叶先生对我的一些看法是持批评意见的，我与他也有过争论。这些批评和争论总是促使我进一步深入思考。特别是，与叶先生面对面的交流，使我不仅可以向他请教学习，而且得以直接接触和体会到一种比较有代表性的对于西方哲学的思考方式，并且得知由此产生的思想结果，对我的研究具有极大的启发。

此外，我的许多好友对我考虑的这些问题也一直给予关注。韩水法曾邀请我在他主持的北大哲学沙龙上讲述过"真"与"真理"的问题。王晓朝邀请我参加清华大学哲学系举办的古希腊哲学国际学术研讨会，讲述亚里士多德的《工具论》与《形而上学》。黄裕生和马寅印邀请我在他们主持的社科院哲学所纯粹哲学论坛上讲过两次关于"是"的问题。这样的学术交流机会使我不仅可以阐述自己的思想和观点，而且能够直接听到不同意见和批评，收益是无法用语言形容的。除了这些比较正式的场合，在私下里我与许多朋友，包括靳希平、倪梁康、谢地坤等西学专家，也曾就"是"的问题进行过直接的讨论，获益匪浅。

坦白地说，在交往中我也有一些深深的遗憾。周礼全先生知道我想写这本书以后，曾经写信给我，建议我去拜访王太庆、苗力田等几位老先生，和他们讨论这些问题。他说，他们和汪子嵩先生一样，都是他的老朋友。如果我愿意，他可以写信帮我联系。我虽然很想向这些老专家请教，却不太愿意麻烦远在异乡的老师，自己又有些懒，总想找个什么机会，因此拜访的事一拖再拖。1999年在社科院召开的"新中国哲学50年"大会上，我见到了王太庆和苗力田先生。由于苗先生学生太多，身边总是簇拥着许多人，我也就没有去凑那份热闹，心想以后总会有机会，倒是与王先生聊了很长时间，并说好以后登门拜访。不幸的是，此后不久王先生和苗先生先后去世。失去向这两位西方哲学专家，特别是古希腊哲学专家当面请教的机会真是不应该。回想起来，有遗憾，也有自责。我确实是有些太不主动了！

在我的学术交往中，特别是进入20世纪90年代以后，我利用一切与外国学者交流的机会向他们询问关于"是"与"真"的问题。在无数次直接的面对面交谈中，我一边请教问题，一边印证自己的理解，同时也在思考他们的回答，包括观察他们的反应，看他们是如何理解的。通过与他们的交流，我更加相信自己的看法是有道理的，至少基本看法是有道理的。在研究中发现一个问题，产生一个想法，形成一种观点甚至一种理论并最终把它阐述出来，乃是一个漫长的过程。我的观点的提出，最初是以批评的方式出现的。简单地说，我认为以"真理"翻译"truth"是错误的，以"存在"翻译"to be"也是错误的，这样的翻译导致对西方哲学中与此相关的许多问题的曲解。在提出批评的过程中，我也处于被批评的地位，我的看法也受到不少批评。有一种意见我认为是值得重视的。这种意见认为，只有批评是不够的，还应该有"建设"。用过去的话说，就是不能只"破"不"立"，而应该又"破"又"立"。我同意这种看法，主要是因为它提出了更高的要求。简单地说，它要求除了批评以外，还应该有些别的什么。我在本书所做的，虽然有批评，但主要的还是那些批评之外的东西。至于它是不是"建设"，或者说"建设"得怎么样，则要由读者去评价了。

关于学术批评本身，我曾经在《哲学研究》2002年第3期专门进行了讨论。因此，读者可以相信，我非常希望大家能够对我在书中提出的观点和论证，包括提出的一些问题进行讨论和批评。我认为，学术批评是哲学发展的生命所在，是非常不容易的事情，因此对于大家的批评，我不仅会认真对待，而且会非常感谢。

书稿交给出版社以后不久，我离开社科院哲学所，调入清华大学人文学院哲学系。这两个单位都是周先生工作过的地方，只不过他是先在清华，后到社科院，而我则从社科院来到清华。周先生曾给我讲过许多清华的往事，包括他的老师、同学和朋友以及所谓清华学派。前些日子他在电话中还说，下次回北京要到清华，带着我去看一看他在清华住过的地方，走一走他在那里经常行走的路线，讲一讲当年的故事。周先生说这话的时候很动情，我也非常感动，因为对我离开社科院的想法他最初是不太支持的。2000年我到新泽西看他的时候，他从自身经历出发，给我讲他当年为什么主动从大学来社科院，委婉地告诫我未来的几年对我，特别是对一个像我这样的研究者来说是多么重要，劝我慎重考虑。我也许真的不是一个好学生，常常不听老师的话。就像写这本书一样，在去留的问题上，我最终还是自作主张。但是，周先生总是那样宽厚，一旦我做出决定，他就会全力支持。如今回想起来，在新泽西，他是那样耐心地听我讲我（本书）的思想观点，和我讨论了许多问题，后来他在电话里、在书信中又是那样关心询问我的调动情况。很难让人相信，他所做的是他本来并不赞同的事情。一如许多学兄朋友所说："你有一个好老师！"其中一个"好"字，怎么理解大概也是不会过分的。这里，我把我在社科院撰写的最后一部著作，也是在清华大学出版的第一部著作，献给周先生，对他多年的关心与教诲表示衷心的感谢！

（原为王路：《"是"与"真"——形而上学的基石》序，人民出版社，2003年）

一 "是"到底论

近年来在与"being"相关的讨论中，我被称为"一'是'到底论"的代表，人们对我提出了许多问题和看法。本书回答了许多见诸文字的质疑和批评，使关于"being"及其相关问题的认识进一步得到深化。这里，我想就几个私下交流中遇到的问题谈一谈自己的认识。在我看来，它们与"being"相关，也很有趣。

"being"应该译为"是"，而不是译为"存在"，这一观点似乎得到越来越多人的赞同。常有人对我说，总体上可以理解这种看法，也认为它有道理，但是总觉得它还欠缺些东西。对熟悉的人我常笑着回答："就是欠缺些与你知识结构中有关'存在'的认识对应的东西。张无忌在给周芷若输入九阳真气疗伤的时候，不是总觉得她体内有一股怪异的内气在与自己的真气抗衡吗？！"这话是说着玩的，不必当真，但是却隐含着我对国内学界的一个认识。

中国人学习哲学，总是从阅读中译著作开始的。由于

"being"译为"存在"乃是普遍现象，因此当一个人真正步入研究阶段的时候，他或她已经在自己的知识结构中积累了许多有关存在的理解和认识，"存在"一词甚至已经成为不假思索、脱口而出的用语。在这种情况下，随着不断学习和研究的深入，能够认识到"是"这个译名有道理而"存在"这个译语有问题，这本身已经是一个了不起的进步，但是接受"一'是'到底论"又谈何容易?！因为"是"与"存在"乃是两种完全不同的理解。且不说抛弃甚至铲除多年形成的知识积累在情感上有多么难以接受，需要做出多么巨大而持久的努力。至少在这一过程中，已有的知识结构一定会时时处处以不同方式进行顽强的抵抗。不仅如此，现有的中译著作仍然在潜移默化地影响着读者，培养和造就未来的哲学研究者，而在他们身上，上述感触和困惑以后依然会同样出现。所以，"欠缺"感是正常的，是中国文化的一种体现。有这种欠缺感没有关系，问题在于如何对待它。在我看来，每个人都有自己的知识结构和积累，这是长期学习所形成的，也是宝贵的。但是一个人应该努力使它成为促进自己学习进步的要素，而不要让它阻碍自己的发展。

有许多人对我说，那些中译著作大多出自名家啊！他们也都留过学呀，有人还有学位。怎么可能他们关于"being"的翻译和理解都错了呢?！这种思考问题的方式也许很自然，却是典型的诉诸权威或诉诸大众。由于涉及译者，通常我不发表意见。应该看到，西方学术进入我国的历史并不长，西方哲学引进的时间则更短。因此就学习和研究西方哲学而言，国内的基础其实非常薄弱。更何况西方哲学是一个具有两千多年历史的学科，涉及多种语言文字的使用，集西方科学、思想、政治、宗教、语言等交织的大成，经历了从一体到众多科学的分离，因此西方哲学是一个独具特色的学科。西方哲学自身又有形而上学与其他哲学之分。形而上学被公认为是难懂的，形而上学著作也被认为是最难懂的，而"being"问题恰恰属于形而上学。想一想，在不长的历史积累上学习形而上学，在完全不同的语言文化背景下理解"being"，难道真的会没有问题吗？同样是学习和研究哲学，或者自认为或自诩是学习和研究最正宗的哲学，难道所理解和把握的真的就是形而上学吗？

而就译者个体而言，在早期没有中译本的时候，他们在学习过程中一定积累了许多中国思想文化的东西。那里可以有"存在"，可以有"有""无"，但是不会有"是"。而中译本出现之后，如上所说，他们在学习过程中一定会积累许多有关存在的认识。这些术语及其形成的概念和认识都会影响甚至支配他们的翻译，在翻译过程中他们相互"参照"，不断重复和加深这样的概念和认识。此外，一些人学习西方哲学是从翻译外文著作入手的，还把这看作进入西方哲学的途径，有些翻译甚至是为了读懂它。这样，许多译著并不是研究的结果，而是学习的产物。译者最后以译著而成为名家，因为名著传播了译者的名字，但翻译中的问题也随着译著深入人心。一个人第一次把自己的翻译变成印刷符号的时候，他或她可能还会有些沾沾自喜。但是对翻译中的错误，他或她并没有清楚的认识，甚至没有意识。翻译还会继续，由于各种原因，也许第一次翻译错了，以后永远都是错的。我是研究者，也都做过翻译。我懂得翻译的艰辛，也尊重译者的工作，但是我知道，诉诸权威或大众绝不能成为考虑"being"的依据。

有人曾对我说，你的观点是颠覆性的，大概不会被人接受，尤其是不会被译著等身的人接受。这话说得直白，有些一针见血。"being"是西方哲学中的核心概念，它的翻译若是错了，改正起来确实代价很大，一如梁存秀先生所说，牵一发而动全身。而我的工作除了使人认识到应该如何理解"being"，似乎还会使人隐隐感到：已有的理解要重新理解，已有的翻译要重新翻译。假如这确实会得罪一些人，我只能借用达米特的话说："我不道歉。"在这一点上，我敬佩王太庆先生和汪子嵩先生，他们晚年的工作表明，他们实实在在地在重新翻译和重新理解西方哲学。

近年来在开会和讲学时常有人问我，还在研究"being"问题吗（哪）？（！）有些人表现出关心、关注，也有人透着调侃。有人对我研究"being"多少有些不理解。在他们看来，你研究逻辑，也研究分析哲学，而"being"的研究属于形而上学，后者似乎与逻辑没有什么关系，至少与分析哲学没有什么关系。对此我有完全不同的看法。

1992年，我在相关研究中发表的第一篇文章就叫《"是"的逻辑研究中》。我常说，"being"乃是亚里士多德逻辑的核心概念，也是他形而上学的核心概念，二者字面上就是相通的。因而在有关"being"的研究中，逻辑与哲学始终是结合在一起的。

看不到这一点,形而上学研究是不得要领的。2003年我出版了《"是"与"真"——形而上学的基石》一书,明确使"是"与"真"这两个概念联系起来。这是一个清晰的思路。在传统哲学中,"是"与"真"体现了句法和语义两个方面,二者又可以是对应的,因而人们可以从这两个方面去探讨形而上学问题,当然我们也可以从这两个方面来理解形而上学。这个思路提供了一条理解形而上学的新的有益途径。新,指的是它与以往"存在"和"真理"的理解不同,后者不仅有问题,而且相互无法产生联系,至少字面上看不出有什么联系。有益,指的是它有助于我们更好地理解西方哲学。不仅有助于我们理解传统哲学中有关"being"的讨论,而且有助于我们理解分析哲学中有关"truth"的讨论,比如,为什么传统哲学中"being"是核心概念,而在分析哲学中"truth"是核心概念?不仅如此,这一思路还有助于我们理解整个哲学史一种从"being"到"truth"的发展和转变。因此,有关"being"的研究不是单纯的翻译问题,而是如何理解西方哲学的问题。正是从"being"与"truth"的联系之中,可以看到西方哲学,特别是形而上学的核心和主线,从而有助于我们更好地理解西方哲学。

有人对我一直研究"being"问题不以为然,在他们看来,"being"有系词含义和存在含义如今已然众所周知,将它译为"是"还是"存在"也已经说得很清楚了,因此没有必要再讨论了,或者,哪里还有那么多东西可以讨论呢?我对这种不以为然的态度也是不以为然的。在《"是"与"真"》一书中,我明确阐释了在西方哲学讨论中,应该在系词的意义上理解"being",应该把它译为"是"而不是译为"存在",并且应该把这样的理解和翻译贯彻始终。不仅如此,我还强调,这不是一个简单的翻译问题,而是如何理解西方哲学的问题。从事哲学研究的人都认为亚里士多德的《形而上学》难懂,国内学界许多人也认为分析哲学难懂。在我看来,它们之所以难懂,在很大程度上与"是"和"真"相关,与对它们的理解相关,与讨论它们的方式相关。所以,我不断重申上述看法:这是如何理解西方哲学的问题。既然这是形而上学主线上的问题,是核心问题,既然这一研究有助于我们更好地理解西方哲学,当然应该持之以恒,而不是浅尝辄止。在我看来,这些年来国内学界关于"being"的问题有了一些讨论和认识,取得一些进步,但是远远不够,还有大量工作需要我们去做。我认为这一工作是值得的,因为"是"的问题归根结底与"真"乃是相联系的,"是"与"真"的问题乃是十分有价值的哲学问题,对它们的理解也是一个检验我们理解西方哲学的尺度,因为正像我以前的书名所说,它们是形而上学的基石。

最后说一下,"一'是'到底论"不是我提出来的,是人们对我的观点的称谓。以前为了讨论的方便,我只是借用它。记得有一次在讨论中,我强调自己的观点乃是"对'是'的理解贯彻始终",王晓朝兄直言:"你就是'一"是"到底论'!"好的,就"一'是'到底论"吧。

(原为王路:《一"是"到底论》序,清华大学出版社,2017年)

逻辑与哲学

分析哲学有一个响亮的口号：哲学的根本任务就是对语言进行逻辑分析。我对这个口号印象深刻主要还不是看来的，而是听来的。20世纪80年代初期在西德学习时，为了学习德语，我总是揣着一个半导体收音机，结果在一个名人讲座节目中听到波亨斯基（Bochenski）亲口说出这个口号。他那浑厚的声音至今犹在耳旁：logische Analyze der Sprache。这个口号显示出分析哲学的两个特征，一个是与逻辑相关，另一个是与语言相关。一些名著更是直接命名，不加掩饰，比如维特根斯坦的《逻辑哲学论》、奎因的《语词和对象》。在我看来，与逻辑相关，与语言相关，这不仅是分析哲学的主要特征，而且是西方哲学的一般特征，是从古希腊特别是从亚里士多德以来西方哲学的主要特征。亚里士多德是形而上学的奠基人，人们称分析哲学是当代形而上学，因此保守一些说，与逻辑和语言相关乃是形而上学的主要特征。

一个直观的问题是，即便认为与逻辑和语言相关是分析哲学的一个特征，能不能说这是西方哲学的一般特征？确切地说，能不能说这也是传统哲学的一个特征，是形而上学的一个特征？我的回答是肯定的。这是因为传统哲学也有逻辑理论和方法的运用，也有大量与语言相关的讨论。区别仅仅在于，传统逻辑与现代逻辑不同，因而在哲学研究中所表现出来的逻辑理论和方法的应用也不同，所体现的对语言的分析也不同。但是这一点并没有获得足够的认识。现代逻辑与分析哲学结合，因而分析哲学所体现出来的与逻辑和语言的关系，似乎多少还是可以被认识一些的；但是传统逻辑与哲学的结合，对其中所体现出来的哲学与逻辑和语言的关系却常常是不被认识的，因而是被忽略的。在我看来，应该对逻辑与哲学的关系有清楚和充分的认识，这对于正确地理解西方哲学，从而更加深入地研究西方哲学，乃是非常必要的。

传统逻辑来自亚里士多德逻辑，是一种基于"S是P"这种句式而形成的主谓形式的逻辑，而现代逻辑来自弗雷格逻辑，是一种基于函数和自变元而形成的具有函数结构的逻辑。这样两种不同形式的逻辑所造就的哲学区别很大。最明显的一点不同可以归结为从"是"（being）到"真"（truth）的转变：在传统哲学中，"是"乃是核心概念，而在分析哲学中，"真"乃是核心概念。然而这样一种重要的区别以及它们之间的密切联系，却由于汉语翻译而荡然无存。长期以来，学界将"being"译为"存在"，将"truth"译为"真理"，结果从字面上隔断了逻辑与哲学的相通，也割裂了"是"与"真"的联系。我认为，这样的做法是错误的，由此形成的认识也是有严重问题的。

十几年前，我出版了《"是"与"真"——形而上学的基石》（2003）一书，虽然也论述了逻辑与哲学的关系，但是重点在于从语言层面阐述有关"being"的问题。我指出，在西方哲学研究中，应该将它译为"是"，应该主要在系词的意义上理解它，并且把这样的理解贯彻始终。《逻辑与哲学》（2007）是随后出版的，是相关研究的继续和深入，重点从逻辑与哲学的关系阐述了有关"being"的问题，并且阐述了西方哲学从是到真的变化和发展。从本书的序可以看出，我当时以为有关"being"的研究可以告一段落。这是因为我以为，自己有关"是"与"真"的研究为国内学界指出了一条理解西方哲学的途径，人们可以因循这条途径去深入研究西方哲学。没有想到的是，我的观点遭到许多批评，包括许多做出大量翻译的一线学者的批评。这使我在过去10年中对各种不同观点做出回应，并且对"是"与"真"的问题做出更加深入的研究。今天重读本书，我认为我的观点是正确的，它得益于对分析哲学的研究和认识，得益于对现代逻辑在分析哲学的运用的认识，也依赖于对亚里士多德的形而上学以及传统哲学的研究和认识。归根结底，我的观点得益于对逻辑与哲学的研究和认识，得益于对逻辑与哲学的关系的研究和认识。

金岳霖先生曾经说过，过去说人不懂逻辑，那是骂人话。我理解，他这话只是对研究哲学的人说的。他的意思是说，研究哲学，不懂逻辑是不行的。其实，类似的话早就有人说过。在亚里士多德看来，人们进行形而上学研究时就应该懂逻辑，而康德则认为，形而上学研究应该从可靠的科学出发，即从逻辑和数学出发。今天情况似乎变了：不少研究哲学的人大言不惭地说不懂逻辑，更有甚者，一些不懂逻辑的人堂而皇之批评逻辑对哲学的作用和意义。这无疑是不对的。我认为，对逻辑是可以批评的，对运用逻辑的理论和方法也是可以批评的，对于运用这样的理论和方法所取得的哲学成果也是可以批评的。但是，这样的批评必须基于一个前提，即对逻辑的理论和方法、对逻辑理论和方法在哲学中的运用有清楚的认识。缺乏这样的认识，相关的批评就是不得要领的。特别应该看到，这样的认识是理解西方哲学的基础，因而是我们研究和发展西方哲学的必要条件。

（原为王路：《逻辑与哲学》再版序，清华大学出版社，2019年）

逻辑的视野

2000年圣诞节前夕，美国著名哲学家、逻辑学家奎因去世，翌年3月哈佛大学哲学系在爱默生楼为他举行纪念会。那时我正在哈佛，有幸参加了这个会，聆听奎因亲友们讲述了一个个生动的故事，奎因在我心中的形象更加丰满。最有趣的是他儿子讲述奎因当年去乡村旅游，在夜总会上听到一位乡村歌手演唱了一首流行歌曲，他从一句歌词获得灵感，决定用它命名自己的一本文集，这就是《从逻辑的观点看》。他儿子还播放起这首歌曲，引来会场上一阵小小的骚动。我也仿佛亲临其境，不能完全听懂歌词，更记不住曲调，但还是全神贯注，直到清楚地听到"从逻辑的观点看"（from a logical point of view）和随之而来的一片笑声——那情景至今难忘。

《从逻辑的观点看》是20世纪一本哲学名著，却直言逻辑，得名还颇具传奇色彩，反映出逻辑与哲学密切相关，也说明奎因对逻辑的重视。他在序中讲过这个故事，他儿子的复述和播放的歌曲不过是锦上添花。人们各取所需，有人关注作者和这本书的名气，也有人在意它的启示和影响，正所谓外行看热闹，内行看门道。

奎因是我非常喜欢的逻辑学家和哲学家。在他那里，逻辑与哲学获得完美的结合。从事逻辑和哲学研究40年，不知不觉中，奎因的东西看了许多遍，逐渐对他研究哲学的方式有了一些认识，也把这种方式变为自己的方式。今天将自己的一些文章结集出版，十分自然地想到奎因，想到他做哲学的方式，想到他的《从逻辑的观点看》。模仿他的书名，这本文集取名《逻辑的视野》，意思也是从逻辑的观点看。

奎因哲学有许多特点，其中之一是他对传统哲学中一些经典的理论认识提出质疑和批评，并引起热烈的讨论。我觉得在这一点上我与他有些相似：我对国内学界一些传统的认识提出质疑和批评，也引起人们的关注和讨论。比如我认为应该将"being"译为"是"，而不是译为"存在"，应该在系词的意义上理解"being"，并且应该将这样的理解贯彻始终，我也被称为"一'是'到底论"的代表人物。批评是哲学的一种方式，实际上就是提出不同的看法。这样的不同看法不是凭空产生的，针对性极强，产生的结果较大，甚至不同凡响。事实如此，值得思考的却是背后的原因。原因可能多种多样，多与逻辑的视野相关。比如在逻辑领域，人们不赞同我的观点，总批评我是小逻辑观，而在关于"being"的哲学讨论中，人们不同意我的观点，常常批评我是逻辑的理解，甚至有逻辑主义的倾向。这些批评，无论对错，本身也体现了一种逻辑的视野。它们还说明，我的工作本身，特别是我提出的那些观点，确实是与逻辑相关的。

逻辑在中国受到的待遇是不同的。在很长时间里，它被看作形式的东西，初等的东西，脱离实际的东西，甚至是资产阶级的东西。如今人们不这样看了，也承认逻辑重要，但似乎只是流于表面：许多人心里不以为然，甚至以这样那样的方式诋毁逻辑。在我看来，这主要有两个原因。一个是人们不懂逻辑，没有认真学过逻辑，没有掌握逻辑所提供的理论和方法，因而在涉及逻辑的哲学讨论中，只能对逻辑做字面的理解，对一些著名哲学家的相关论述望文生义，按照一些业已形成的说法对逻辑说三道四，在与逻辑相关的问题上夸夸其谈。另一个是人们对哲学缺乏正确的认识，总是从一些加字哲学出发来理解、认识和谈论哲学，因而在具体的研究中，在心里会觉得逻辑没有什么用处：没有学过逻辑，一些人不是也成为大师了嘛！？他们的著作不总是在获奖嘛？！即使对康德，不是也可以谈谈头顶的星空和心中的道德律吗？而对黑格尔，不是也可以谈谈绝对精神、自然哲学和法哲学吗？而谈论这些又哪里需要什么对逻辑的认识和把握呢？哲学如此，其他学科更不在话下。所以似乎有一个悖论：一方面还是要承认逻辑重要，因为人是理性动物，不能不讲逻辑；另一方面许多人对它敬而远之。

在清华教逻辑近20年，每一次第一堂课都会有学生问，逻辑有什么用？我的回答是："没有什么用。你们没有学过逻辑，不是也考上清华了吗？但是不学数学语文英语，肯定考不上。"我说的是实话。小孩子从两三岁会说"不"开始，就一直在学习、培养和建立逻辑思维的能力。所以，用不着学逻辑，人们照样在进行逻辑思维。我对学生们说，你们没有学过逻辑，但是你们的逻辑思维能力并不比我差。我们的区别是，你们不知道什么是逻辑思维能力，不知道被称为逻辑的这种思维方式是如何运作的，更不知道它是先验的，为什么是先验的。所以，我建议你们好好学习逻辑，通过逻辑的学习，在你们的知识结构中建立起一种叫作逻辑的东西，将来在生活和工作中，让这样一种知识结构可以起作用。我认为这说明是直白的，道理也浅显，但是人们却不一定明白，特别是不少从事逻辑教学的人似乎也不明白。许多逻辑教材都在导论中说明逻辑有什么用，而那些说明往往与逻辑没有什么关系，即使没有学过逻辑的人也是可以知道的。许多从事逻辑教学的人热衷于逻辑教学的改革，他们不努力提高逻辑水平，而总是说逻辑有什么局限性，解决不了什么问题，满足不了什么需要。他们不是踏踏实实搞好逻辑教学，总是想标新立异，比如在"非形式逻辑"的"非"上做文章，在批判性思维的名头下搞事情。在我看来，这些人最大的问题是对逻辑缺乏正确的认识，对逻辑的理论缺乏充分的理解和把握，甚至根本就不懂逻辑。

  逻辑经历从古代到现代的发展变化，如今各种逻辑系统五花八门，应用广泛。因此除了问什么是逻辑以外，近年来也有人问我什么叫懂逻辑，因为一个人似乎不可能知道那么多逻辑系统。20年前我在《逻辑的观念》一书中提出"必然地得出"，借助亚里士多德的这个表达说明有效推理,说明什么是逻辑,今天我可以说,我的这个观点没有变。借助那个说明,我们可以明确地说,亚里士多德是逻辑创始人,弗雷格是现代逻辑创始人。这样,逻辑的性质没有变,方式却发生了变化,因而形成的理论也有了重大区别。所以,对于懂逻辑来说,这里也存在一个变化。过去可以给出一个标准,比如知道三段论及其证明,但是今天肯定不够了。今天我给出的标准是:能够完整给出一阶逻辑的理论,包括可靠性和完全性证明这样一些元定理的证明。这是因为,一阶逻辑是一个完整的理论,它是现代逻辑的基础,而我们对逻辑的理解和认识,就是建立在一阶逻辑理论之上的。在我看来,懂不懂逻辑,这是一条底线。在此之上,可以懂得多些,少些,但是达不到这一点,可以说是不懂逻辑。

所以,逻辑的视野非常重要。明确这一点就可以说明,为什么长期以来我与学界会有一些分歧和争论。

比如关于逻辑教学,我主张教授现代逻辑,实际上就是主张教授一阶逻辑的主要内容。过去我反对搞普通逻辑的科学体系,今天我反对搞非形式逻辑和批判性思维,因为它们多是以这样那样的理由和方式排斥一阶逻辑。逻辑就是逻辑,本来是不必加字的:不用加上什么"形式""普遍""辩证"等修饰。在我看来,非形式逻辑重点在"非",表面上它"非"的是形式,实际上"非"的是逻辑,若是没有加字,它还怎么"非"呢。至于批判性思维就不用提了,字面上它与逻辑就没有什么关系。

又比如关于逻辑研究,我一直主张与哲学相结合。我所说的逻辑教学，一直也主要限于哲学系。我的理由很简单：亚里士多德是逻辑的创始人，也是形而上学的奠基人。弗雷格是现代逻辑创始人，也被称为分析哲学之父。他们的逻辑与哲学是密切联系的，因而他们的哲学开辟和引领了哲学研究这个学科，至少是其中最重要的部分和领域。这就说明，逻辑与哲学是密切相关的学科，逻辑在哲学研究中可以发挥重要作用，20世纪以来的哲学发展充分证明了这一点。

再比如关于哲学研究本身，一阶逻辑与哲学密切相关，是分析哲学和语言哲学的基础，也是在当代哲学中广泛使用的理论和方法。不仅如此，人们还应用它进行传统哲学问题的研究，进行哲学史的研究，取得了许多新的研究成果，推进了这些研究领域的发展。我提出的关于"是"与"真"的研究，就得益于一阶逻辑所提供的关于句法和语义的认识。认为"being"有"存在"含义，将它译为"存在"，这种主流做法无疑是有问题的，主要是因为缺乏关于句法方面的认识，至少与缺乏这样的认识相关。将"truth"译为"真理"，认识不到哲学家们的相关探讨主要是"是真的"这种意义上的东西，这种普遍情况也是有问题的，原因之一则是缺乏关于语义的认识，至少与缺乏这样的认识相关。"是"与"真"，乃是西方哲学的核心概念，是贯穿始终的。但是，它们最主要的乃是形而上学的概念，是形而上学中贯穿始终的。认识到这一点也就可以知道，形而上学与加字哲学是有根本区别的。

在我国哲学界，大行其道的是加字哲学，而不是形而上学。

形而上学是先验的,而加字哲学是经验的。比如加上"中国"二字,哲学就变为中国哲学,似乎就与中国思想文化自然而然联系起来。它可以讲述"道可道非常道",包罗万象,但显然是可以不谈逻辑的。再比如人们谈论马克思主义哲学,正由于加了"马克思主义",因而人们理所当然地要求"问题在于改变世界",要解决现实问题,这样也就与逻辑没有什么关系。人们当然会说,中国哲学和马克思主义哲学也是讲逻辑的。我完全赞同这样说,如同我在逻辑课上承认一年级学生逻辑思维能力不比我差,这其实也是说他们是讲逻辑的。但是,这样的"讲逻辑"与我说的完全就不是一回事。我说的是应用逻辑的理论和方法,这就需要对逻辑这门科学有比较清楚的认识和理解,对逻辑这门科学所提供的理论和方法有充分的认识和把握。做不到这一点其实没有关系,因为还可以努力学习,争取获得对逻辑有一定的、适当的认识、理解和把握。若是这一点也做不到,那也无妨,至少还可以相信逻辑学家们所说的关于逻辑的认识。所以,重要的是应该尊重逻辑这门科学,而不要依据什么加字逻辑,不要在那些加字逻辑的论述中寻找适合自己需要的论述。无论如何,不要轻信那些诸如辩证逻辑、非形式逻辑所说的东西,更不要轻信所谓批判性思维鼓噪的东西。

有人可能会认为,亚里士多德逻辑是两千多年前的东西,早就进入历史博物馆了;弗雷格逻辑也是百年前的产物,难免已有过时之嫌。确实,站在今天逻辑的高度,我们会觉得亚里士多德逻辑不过是一阶逻辑的一个子系统,弗雷格逻辑相当于一阶逻辑的一个简体版,它们远没有今天的逻辑那样多样化,表达力也没有那样丰富。但是我觉得事情远不是这样简单。今天的逻辑科学是在亚里士多德和弗雷格提供的成果基础上发展起来的。由于我们学习和掌握了这些成果,还学习了更多的东西,因此今天我们会觉得他们创造出来的这些成果比较简单了,一如鸡蛋被立在桌子上之后,人们会说:这么简单啊!应该看到,在他们形成这些成果的过程中,他们思考了更多、更复杂的问题,而且他们的思考蕴涵着更为深刻而宝贵的认识。所以,千万不要轻易地贬低亚里士多德和弗雷格。更通俗地说,逻辑有两个方面,一是观念,二是理论。没有观念,理论无法产生,没有理论,观念无法呈现。所以,即使亚里士多德逻辑已经过时,他的逻辑的观念依然有效,令人受益。哪怕弗雷格的逻辑理论已经显得有些简单,它的产生过程依然蕴涵着丰富的思想,富于启示。想想亚里士多德对传统哲学的影响,看看弗雷格对分析哲学和语言哲学的产生和发展所起的作用,其实不难看到,逻辑绝不仅仅是对形式的描述和研究,更不是符号之间的转换推演,它在哲学中的作用是实实在在的,它确实可以为哲学的发展做出巨大贡献。

我的逻辑观和哲学观来自亚里士多德和弗雷格。分开来,人们可以谈论逻辑,也谈论哲学。我却越来越认识到二者联系密切,其实是可以不分的。即使分,它们仍有一个共同之处,这就是"逻辑的视野"或者说"从逻辑的观点看"。在我看来,逻辑就是一阶逻辑,它可以通达今天多样化的逻辑理论,也可以延伸到传统中谈论的逻辑,它可以为探讨分析哲学的理论和问题提供途径和方法，也可以为研究其他哲学，比如欧陆哲学，比如传统的形而上学提供思考方式和帮助。拥有逻辑的视野，不过就是依据逻辑的理论和方法来探讨哲学问题，在已有的问题和理论中发现问题，努力去解决这些问题，并在这一研究过程中提出新的问题，提出新的认识和讨论方式，从而推进相关问题的发展，推动逻辑和哲学研究的进步。

（原为王路：《逻辑的视野》序，清华大学出版社，2021年）

求真不辞漫漫修行
——王路教授访谈

上午是王路教授雷打不动的工作时间,我们的谈话约在了下午。秋日午后的阳光温和洁净,在他的脸上照出一层透明的光彩。他很健谈,条理清晰,声音浑厚。听说他的课很得学生好评。不过谈完以后我明白,那些外在的吸引力背后,真正有力量的是他对学术理念的执着,还有他特别理性的学者气质。

读书是生活方式

很抱歉我不愿上午接受你的访问,上午要念书,习惯了。说得好听点儿,学术研究要持之以恒,要厚积薄发,要能够坐冷板凳。其实在我来说,这就是一种生活方式。

今年是中国社会科学院研究生院成立30年。当年能在那里读书真是挺幸运的。经过"文革",能够读书了,还是读研究生,我们那一代人都觉得机会难得,读书认真也刻苦。1978年社科院研究生院刚组建,没有校舍,我们哲学系到处租房子,从北京工会干校,到通县的旅馆,最后是北京十一学校,三年搬了好几次家。在工会干校的时候,十几个人住一间教室,又住宿又学习,条件真是艰苦。不过,这些事情也就是今天说说而已,当时我们真不觉得什么。我记得这些往事,因为那是我的学术起点。在那里,我认识了我的老师和一些同学,进入了金岳霖这个师门,也开始了自己的学术生涯。

中国人很讲究师门和学派。我去过金先生家几次,但是没有谈过学术。我对他人格魅力的了解,主要是听来的。后来我通过阅读金先生的著作,对他的思想有了一些认识,才真正钦佩他了。我逐渐明白人们为什么要谈论金岳霖。金先生早年创建清华大学哲学系,中间转北大哲学系,后来到社科院哲学所建立逻辑研究室,曾经是我们身边的人,我们和他有直接的接触和交往,受他的教诲,因此对他有感情。但是金岳霖也是一位历史人物,他对中国的思想文化有影响。这种影响,在我看来,主要是在逻辑和哲学。

我的老师周礼全先生不如沈有鼎先生、王浩先生出名,但他是金先生最亲近的弟子,他的思想理路与金先生也更为接近。跟着周先生读书,突出的感觉就是"细"。仔细的阅读,细致的分析,不忽略细节,文字表达细腻,等等。冯友兰先生在评价金先生的时候说,金先生的本领是可以把简单的东西说得复杂。我想，这其中就有"细"的因素和作用。这种"细"，至今我做得也不如周先生。但是它对我的学术方式确实有很大影响。今年6月8日，周先生在美国去世了。我非常怀念做周先生学生和在哲学所的那段日子，那时我常常去周先生家，无话不谈。当然，谈论最多的还是学术。

学术传统的精髓

我来清华已经6年了。此前我在社科院哲学所，算上读研究生，待了24年。在最近几年里，我常常回想起哲学所的一些事情。也许是由于离开它，对它的一些东西反而看清楚了。我觉得，哲学所有一个最大的优势，这就是它有深厚的学术传统。这个传统是金先生、贺麟先生，还有其他一些老先生建立起来的。在我看来，这个学术传统的精髓就是以学术研究为第一生命。前两年在哲学所成立50周年庆祝会上，邢贲思先生说，他在哲学所的那些年，整个哲学所，老老少少，上上下下，一心一意搞科研。这是邢先生在哲学所31年的深切体会，既作为学者，也作为管理者。"一心一意搞科研"，说起来简单，真正做起来并不是那样容易。哲学所的历史告诉我们，金先生、贺先生等老一辈学者没能做到，哲学所的其他人也没能做到。不过，这并不是他们的本意，而是无奈。在过去的岁月，这个传统曾经遭到严重的破坏，如今它也在经受着各种各样的冲击。但是，正是由于有金先生、贺先生等前辈以及他们的门人弟子，还有许多受到他们熏陶和教诲的后辈同人,这个传统一直坚持顽强地延续着。我受益于这种传统,我的学术理念是在这种传统中形成的。

清华与社科院不同,它是大学,教学始终是头等重要的大事。当然,大家都知道,学术研究也非常重要,它是搞好教学的重要条件和保证。从1994年起,我应邀在一些高校中讲学,所以,对教学我并不陌生。我喜欢给学生上课,喜欢和学生面对面的交流。所以来到清华以后,我没有觉得研究受到影响,也很快适应了教学。也许是由于有社科院的背景和经历,对于教学中的一些问题,我有一些自己的认识。

国内哲学教学主要有两个问题。一个是方式问题。哲学教学要讲述哲学史上的主要人物和思想,哲学的基本概念和理论,哲学的重要流派和发展,等等。有人认为哲学主要不是传授知识,而是培养思维能力。也有人认为,哲学的主要任务固然是培养思维的能力和方式,但是也包含哲学知识的传授。我认为,这两种说法都有道理,关键在于以什么样的方式去实现。像现在这样上一大堆导论课、概论课、原理课,大概哪一个任务也无法完成。我曾在德国学习,也到英美等其他一些国家做过访问研究。我觉得,我们与西方大学在哲学教学上的主要差距之一是在文献阅读上。哲学与其他学科不同。它的主要概念和思想,它的理论和方法,它的思维方式和眼界,只有通过阅读文本,通过对文本的深入分析和理解,通过围绕文本进行深入的讨论,才能获得。泛泛而谈,仅仅停留在物质精神、主观客观、身心二分等一些概念的表面,是无法引导学生进入哲学殿堂的。当然,阅读和讲解哲学文本，本身是有要求的，不会像这里说说这样简单。因此改变目前的方式，需要很大的努力。

另一个是理念问题。这其实也与哲学研究的理念有关。我国从事哲学教学和研究的人一般非常重视问题意识，强调要把哲学的学习和研究与解决社会现实问题结合起来。这样的看法不是没有道理，但是如果把它作为对整个哲学的看法，对全部哲学的要求，肯定是要出问题的。还有，强调问题意识无疑是对的，关键是问题来自哪里？是来自社会生活实际，还是来自哲学文本？这样的要求不仅直接导致研究生关于论文的选择，而且会影响到哲学研究本身。实际上，在阅读哲学经典的时候，我们常常会发现与这样的理念格格不入的情况。亚里士多德说人们要在解决温饱之后再来研究哲学。奎因说，智慧可以满足人们的迫切需要，"*sophia*（智慧）才是必要的，*philosophia*（哲学）并非必要"。这些大哲学家的话不一定都有道理，但是他们关于哲学的一些看法，我们大概也不能视而不见。在我看来，我们关于哲学的问题意识强调得太过了，对于结合社会实践来寻找和思考哲学问题的意识强调得太过了。这对我们的哲学教学和研究生培养有影响，对科研的影响则更大。这一点，只要看一看今天哲学领域的项目内容和资金走向，再看看最后产生的所谓成果就可以了。

在目前哲学界，我对一个做法比较反感，这就是"创新"满天飞，甚至一篇硕士生论文，也要求"创新"。其他领域我不懂，但是在哲学领域，我认为这是根本做不到的。"创新"一定是研究的成果。所谓研究成果，一定是在前人的基础上做出来的新东西。因此，哲学上的创新是很难的。没有读文献，怎么能够断定自己的东西是别人没有认识到的呢？怎么就敢说自己的认识是新的呢？许多学生是在进入研究生阶段才开始接触哲学原始文献的。三年（现在越来越多的学校纷纷改为两年）的时间，除去那么多公共课，与专业无关的必修课，除去写论文的时间，又有多少时间来阅读文献呢？今天的一些创新成果，充斥着一些新术语、新概念，这些术语和概念来自其他领域或学科，往往又失去了原有的含义。最成问题的是，一些论著的参考文献翻来覆去总是那几篇。学而不思则罔，思而不学则殆。古人固然强调了学习和思考这两个方面的重要性，但是在我看来，我们现在最缺乏的还是读书。读书是需要花时间的，读书也是需要本领的。今天我们差不多都知道强调一手文献的重要性，其实对于研究来说，二手文献同样重要，甚至更重要。哲学的一些基本概念，几乎都有自己的知识谱系。不读一手文献，会缺乏对问题本来面貌的理解，但是如果不读二手文献，就无法知道问题的研究结果和状况，因而无法从研究的前沿起步，充其量是在那里写读后感。在这一点上，我不认为关于哲学研究究竟是问题研究还是哲学史的研究的争论有多么重要。二者其实是不太容易完全分开的。认识到这一点很关键。作为研究者，它有助于我们做出真正的研究成果。而作为教师，它有助于我们至少培养起学生们关于文献，关于什么是研究成果的意识。学生在读期间，因为时间所限可能无法做得很好，但是他们至少应该知道这是今后从事研究的一个准则。

"是"与"真"——西方哲学的核心

我研究的领域是逻辑和语言哲学,这是比较专门的领域。简单说一说吧。在国内学界,搞逻辑的人一般不太重视哲学,搞哲学的人又往往缺乏逻辑训练。我做研究的重点是从逻辑出发,探讨逻辑在哲学中如何起作用,从而说明逻辑与哲学的关系。如今我的研究也算有了一些成果吧。一个比较主要的成果是使人们认识到逻辑的重要性。另一个成果是从逻辑与哲学的关系出发,提出关于西方哲学的一些新的理解。

在中国,逻辑这个概念是随着西学的引入而出现的,后来才建立起逻辑学科。因此我们是先有逻辑这个概念,然后在中国文献中寻找相关的内容,把它们称为逻辑。当然,也有人认为,我们自古就有逻辑,也一直在讨论逻辑问题,只是没有使用这个名字来称谓,因而没有这个概念。无论怎样,都会牵涉到对西方逻辑这个概念和学科的理解。另一方面,逻辑经过从传统到现代的发展过程,尤其是近100多年的发展,脱胎换骨,成为一门科学。现代逻辑已经成为与传统逻辑有着根本区别的新东西。因此,同样在逻辑的名义下,人们可以谈论完全不同的东西。这样一来,问题就比较复杂。如今似乎谁都知道逻辑,甚至会谈点逻辑,但是在我看来,逻辑观才是至关重要的。我写的《逻辑的观念》(2000)一书之所以反响非常大,包括受到许多人的批评,就是因为触及了什么是逻辑这个根本的问题。

简单地说,逻辑的观念涉及两个问题。一个是逻辑的理论问题，比如什么是逻辑，什么不是逻辑，这样的讨论厘清对逻辑的认识，有助于逻辑学科自身的发展。另一个是实践问题，比如如何用逻辑、教逻辑等。我写过《走进分析哲学》（1999）和《逻辑与哲学》（2007），这两本书主要是与如何用逻辑有关。我比较赞同一种看法：应该在我国高校哲学系教授现代逻辑，取代传统逻辑。而且这些年来我一直在宣传这种看法。现代逻辑产生之后，对哲学影响极大，促成了哲学中的语言转向，形成了分析哲学和语言哲学，使哲学发生了根本性的变化。学习和研究这样的哲学，必须掌握现代逻辑。而我国过去的教学基本上还是以传统逻辑为主。我认为这种状况必须尽快改变。奇怪的是，我的看法在哲学界得到比较多的赞同，而在逻辑界却招致许多人的反对。有人说我引发了关于逻辑教学的大讨论，不太好听的说法甚至指责我在"砸饭碗"。其实，人们对我的观点有两点误解。一点是我清楚地说明这种"取代"是在"哲学系"。另一点是，虽然我认为应该以现代逻辑取代传统逻辑，但是我并没有批评传统逻辑教学，我批评的是围绕传统逻辑拼凑所谓的"科学体系"。这样的东西是没有的。在我看来，作为逻辑教学，我们应该把逻辑作为一门完整的知识教给学生，包括逻辑的观念和逻辑的技术。因此，归根结底，依然涉及对逻辑的理解。

对哲学的理解也是如此。西方哲学引入中国，对中国思想文化的研究产生影响。反过来，我们在理解西方哲学的时候，也受到我们自己的语言、思想和文化的影响。这样的影响有利有弊。在理解西方哲学中最独特的，但在我们自己语言、思想和文化中本来匮乏或不被重视的东西时，尤其是这样。关于"being"的理解，非常典型地反映出这方面的问题。

简单地说，从一开始，我们就把"being"翻译为"存在"或"有"。久而久之，这样的翻译成了约定俗成的东西，我们也习惯地认为这就是西方哲学最核心的概念和内容。近年来国内学界经过关于"being"的讨论，逐渐认识到这里的问题不是那样简单，也有了不同的翻译和理解。一些人认为应该把它翻译为"是"，即作为"S是P"这种句式中系词的"是"。我赞同这样的观点，而且我的主张可能更极端一些，我认为，应该把这样的理解从古至今贯彻始终。在我看来，这其实主要不是翻译的问题，而是理解的问题。我还主张，理解它要结合"truth"这一概念，而且，我明确主张要把后者翻译为"真"，并且在"是真的"这种意义上来理解。在我看来，这样一种关于"是"和关于"真"的哲学探讨，这样一种求是、求真的理念，正是西方哲学最核心、最独具特色的东西，可能也是中国哲学比较缺乏的东西。

从我们自己的语言、思想和文化出发，谈论"有""无"，谈论"存在"，以及谈论"真理"，我们比较容易理解，似乎也不难找到相应的材料。但是谈论"是"与"真"，我们总是容易产生隔膜。因为在我们的语言中，系词本来并不是必不可少的词，不会成为语言表达中最核心的东西。因此在我们的思想中，作为系词的"是"所表达的东西不会成为重要的东西，更不会成为核心的东西。同样，"是真的"不是我们语言文字中常见的表达，"真"这个概念和它所表达的东西也不会成为核心的东西。问题是，由于语言、思想和文化的差异，我们在字面上觉得可以理解的，比如"存在""有"和"真理"等，是否一定是西方哲学中最核心的概念？我们直观上不太容易理解的，比如"是"与"真"，是否一定不是西方哲学中非常自然的概念？

这里还有一个问题。人们常说，西方哲学的根本概念和核心概念是"存在"。人们又说，西方哲学的主要特征是逻辑分析。但是人们几乎从来也没有想过，这样一个核心概念与这样一个主要特征之间有没有关系，有什么样的关系。这里实际上就涉及逻辑与哲学的关系。字面上看，"存在"与逻辑分析确实没有什么联系。但是，"是"与逻辑分析就有联系了，因为它是亚里士多德逻辑的核心句式"S是P"中的核心概念。我在《"是"与"真"——形而上学的基石》（2003）和《逻辑与哲学》中对这些问题有详细的论述。在我看来，对"是"与"真"的理解，对逻辑与哲学相联系的理解，除了这些问题本身以外，还会牵涉到有关西方哲学的许多认识。比如，人们总说哲学是孕育自然科学和其他学科的母体。那么，为什么哲学会具有这样的功能和作用呢？哲学的这种功能和作用是与其关于"存在"（"有"）和"真理"的探讨相关，还是与其求是、求真的精神以及关于"是"与"真"的探讨相关呢？

"我们这代人是铺路石"

有人曾经问金先生为什么对逻辑感兴趣。金先生回答说："好玩。"把从事一门学科的研究看作"玩",可见他是抛弃了一切功利的念头,纯粹是为学术而学术。求知是人类的本性,这是亚里士多德在《形而上学》开篇中说的话。求知,利用知识来做事情,合情合理,也比较符合中国思想文化。一些知识用处较大,比如自然科学知识、社会科学知识,一些知识用处不那么大,比如文史哲,尤其是逻辑。因此,学习这样的知识,就有一个是不是为了做事情的问题。"以往的哲学家只是以不同的方式解释世界,问题在于改变世界。"马克思的名言对我们的影响太大太深。我认为,这话当然有它的道理,但是它只是对哲学的一种理解。对于哲学,其实还有许多理解。我非常赞同马克思的前一句话,以不同的方式解释世界,这也是我对哲学的理解。

当年读研究生的时候,同学们常常念叨的一句话是:"我们这代人是铺路石。"因为我们都明白,经过十年"文革",我们耽误了许多时间,我们的知识结构是有缺陷的,我们的学术水平是落后的。如今30年过去了,我们这些人大多已有所成就、身居要职,在高校和研究所的,也都是大教授了。我看到,不少同学早已把这句话抛到九霄云外,说话做事,俨然是高高在上的气派。不过,我没有忘记这句话。我清楚我们这代人在历史上的位置。如果说当年说这话有一种对自身的认识和鞭策,那么今天则是明确的选择和心态。我从社科院来到清华,在很大程度上也是想面向学生,为他们成就未来。

(记者:江南宴,原载《中华读书报》2008年11月5日)

光启随笔书目

（按出版时间排序）

《学术的重和轻》　　　　　　　　李剑鸣 著
《社会的恶与善》　　　　　　　　彭小瑜 著
《一只革命的手》　　　　　　　　孙周兴 著
《徜徉在史学与文学之间》　　　　张广智 著
《藤影荷声好读书》　　　　　　　彭　刚 著
《生命是一种充满强度的运动》　　汪民安 著
《凌波微语》　　　　　　　　　　陈建华 著
《希腊与罗马——过去与现在》　　晏绍祥 著
《面目可憎——赵世瑜学术评论选》　赵世瑜 著
《中国的近代：大国的历史转身》　罗志田 著
《随缘求索录》　　　　　　　　　张绪山 著
《诗性之笔与理性之文》　　　　　詹　丹 著
《文学的异与同》　　　　　　　　张　治 著
《难问西东集》　　　　　　　　　徐国琦 著
《西神的黄昏》　　　　　　　　　江晓原 著
《思随心动》　　　　　　　　　　严耀中 著
《浮生·建筑》　　　　　　　　　阮　昕 著
《观念的视界》　　　　　　　　　李宏图 著
《有思想的历史》　　　　　　　　王立新 著

光启随笔书目

《沙发考古随笔》　　　　　　　　　陈　淳 著
《抵达晚清》　　　　　　　　　　　夏晓虹 著
《文思与品鉴：外国文学笔札》　　　虞建华 著
《立雪散记》　　　　　　　　　　　虞云国 著
《留下集》　　　　　　　　　　　　韩水法 著
《踏墟寻城》　　　　　　　　　　　许　宏 著
《从东南到西南——人文区位学随笔》王铭铭 著
《考古寻路》　　　　　　　　　　　霍　巍 著
《玄思窗外风景》　　　　　　　　　丁　帆 著
《法海拾贝》　　　　　　　　　　　季卫东 著
《走出天下秩序：近代中国变革的思想视角》萧功秦 著
《游走在边际》　　　　　　　　　　孙　歌 著
《古代世界的迷踪》　　　　　　　　黄　洋 著
《稽古与随时》　　　　　　　　　　瞿林东 著
《历史的延续与变迁》　　　　　　　向　荣 著
《将军不敢骑白马》　　　　　　　　卜　键 著
《依稀前尘事》　　　　　　　　　　陈思和 著
《秋津岛闲话》　　　　　　　　　　李长声 著
《大师的传统》　　　　　　　　　　王　路 著
《书山行旅》　　　　　　　　　　　罗卫东 著